विचारक मुक्तिबोध
और आलोचना

विचारक मुक्तिबोध और आलोचना

द्वारिका प्रसाद चारुमित्र

वाणी प्रकाशन

प्रकाशन के उत्कृष्टतम 63 वर्ष

सजिल्द पहला संस्करण : 2026

vaniprakashan.com

वाणी प्रकाशन

4695, 21-ए, दरियागंज, नयी दिल्ली-110 002

फ़ोन : + 91 11 23273167, 23275710

शाखाएँ

अशोक राजपथ, पटना-800 004, बिहार

कॉफ़ी हाउस कैम्पस, महात्मा गांधी मार्ग, प्रयागराज-211 001, उत्तर प्रदेश

महात्मा गांधी अन्तरराष्ट्रीय हिन्दी विश्वविद्यालय, वर्धा-442 001, महाराष्ट्र

sales@vaniprakashan.in

vaniprakashan@gmail.com

Vicharak Muktibodh aur Aalochana

by Dwarika Prasad Charumitra

ISBN : 978-93-6944-015-3

Criticism

मूल्य : ₹ 475

जी.एस. ऑफ़सेट, दिल्ली-110 095 में मुद्रित

वाणी प्रकाशन का लोगो मक़बूल फ़िदा हुसैन की कूची से

प्रस्तावना

मुक्तिबोध उन साहित्यकारों में थे जिनका सर्जन और चिन्तन साथ-साथ चलता रहा है। नयी कविता के आत्मसंघर्ष और रचना-प्रक्रिया के मुक्तिबोध साक्षी, सहयात्री और निर्मम विश्लेषक प्रतीत होते हैं। अपने काव्य-जीवन की यात्रा में उन्होंने जो चिन्तन-मनन किया, उनकी आलोचना उसी की ऊपज है।

हिन्दी में आलोचना की विफलता का एक पूरा इतिहास है। प्रतिष्ठित आलोचक नये कवि लेखकों के पक्ष में न केवल देर से आते रहे हैं वरन् उनकी उपेक्षा भी करते रहे हैं। अतएव नये कवि लेखकों के लिए अलोचना परिस्थितिगत अनिवार्यता बनती रही है। 'तीसरा सप्तक' की भूमिका में कवियों को आलोचना कर्म की ओर प्रेरित करते हुए अज्ञेय ने लिखा था : "नयी कविता का पाठक और स्वयं अपने प्रति उत्तरदायित्व बढ़ गया है। यह मानकर कि शास्त्रीय आलोचकों से उसे सहानुभूति तो क्या, पूर्वग्रह रहित अध्ययन भी नहीं मिला है, यह आवश्यक हो गया है कि स्वयं कवि तटस्थ और निर्मम भाव से उसका परीक्षण करें। दूसरे शब्दों में परिस्थिति की माँग यह है कि कविगण स्वयं एक दूसरे के आलोचक बनकर सामने आयें।" इस प्रकार नये सर्जक आलोचकों ने आलोचना कर्म को आपद्-धर्म के रूप में स्वीकार किया और वे केवल एक दूसरे के आलोचक बनकर ही सामने नहीं आये बल्कि स्वयं अपने भी आलोचक बने—अपनी रचनाओं पर लगातार वक्तव्य भूमिकाएँ एवं आलोचनात्मक निबन्ध लिखते रहे।

मुक्तिबोध के लिए आलोचना कर्म आपद् धर्म नहीं, बल्कि धर्म था। उस युग में जबकि अधिकांश कवि-अलोचक आत्म-प्रस्थापना में लगे हुए हों, इस या उस गुट में शामिल होकर पूर्वग्रहों अथवा बेहद कट्टर सिद्धान्तवादी नजरिए से साहित्य को देखते-परखते हों, एक दायित्व-सजग कलाकार के नाते मुक्तिबोध की साहित्य-चिन्ता स्वाभाविक है। अपने समकालीन आलोचकों से मुक्तिबोध को गहरा असन्तोष था। बहुतायत ऐसे अकादमिक आलोचकों की थी जो रस प्रतिमानों की मध्ययुगीन दृष्टि से औचित्य-सिद्धि में संलग्न थे। कुछ आलोचक पाश्चात्य समीक्षा सिद्धान्तों को आँख मूँदकर हिन्दी आलोचना में उतार रहे थे।

प्रतिष्ठित आलोचकों का सम्बन्ध नये साहित्य से—बनते हुए साहित्य की जीवन भूमि से छूट गया था। वे नयी धारा के प्रति न्याय नहीं बरत रहे थे। प्रगतिवादी आलोचकों से मुक्तिबोध की शिकायत यह थी कि उन्होंने नयी काव्य-शैली के प्रति विरक्ति और विरोध भाव रखकर यह पूरा क्षेत्र प्रतिपक्षियों के हाथ में सौंप दिया था। वे इतने असंगठित एवं बिखरे हुए थे कि प्रगतिशील साहित्यकारों की सहानुभूतिपूर्ण आलोचना अथवा योजनाबद्ध अध्ययन-मूल्यांकन तो क्या, एक दूसरे पर ही आक्रमण-प्रत्याक्रमण करने में संलग्न थे। मार्क्सवादी सौन्दर्यशास्त्रीय सवालों की गहरी व्याख्या—जो उस वक्त राष्ट्रीय अन्तर्राष्ट्रीय धरातल पर उठ रहे थे—दूर की बात थी। नये कवि-आलोचकों से मुक्तिबोध इसलिए असन्तुष्ट थे कि उन्हें मानव-मुक्ति के प्रश्न से और जीवन जगत् की वैज्ञानिक व्याख्या करने वाली क्रान्तिकारी दार्शनिक चिन्तन-धारा से कोई मतलब नहीं था। वे शीतयुद्धके उद्देश्यों से पश्चिमी भावबोध वाले कला-सिद्धान्तों से लैस होकर प्रगतिशील आन्दोलन को नष्ट करने पर तुले थे। इस संकट-कालीन, अराजक और धूमिल स्थिति में मुक्तिबोध ने आलोचना कर्म को गम्भीर दायित्व के रूप में लिया। समकालीन आलोचकों की स्थिति पर असन्तोष व्यक्त करते हुए उन्होंने लिखा : “कवि और लेखक होने के नाते साहित्य-समीक्षा की वर्तमान प्रवृत्तियों पर मेरी नज़र जाना स्वाभाविक है। मुझे समीक्षकों की स्थिति पर दुःख होता है।”

अतएव आलोचना को मुक्तिबोध ने युग-धर्म के रूप में अपनाया और उसे अत्यावश्यक समझ कर सम्पन्न किया। अपनी आलोचनात्मक कृतियों में मुक्तिबोध न केवल अपने सांस्कृतिक दायित्व के प्रति सजग दिखलाई देते हैं वरन् उनके सौन्दर्यशास्त्रीय चिन्तन में और समीक्षा दृष्टि में गहरी समझदारी एवं मूल्य-विवेक के दर्शन होते हैं। कला-मर्मज्ञ होने के नाते वे मार्क्सवादी सौन्दर्य-शास्त्रीय दृष्टि से सृजन-प्रक्रिया के रहस्य का गहन विश्लेषण कर उसे यथार्थ का ठोस आधार प्रदान करते हैं और इसी आधार पर नयी कविता के क्षेत्र में आत्मछल को जन्म देने वाली प्रवृत्तियों के उद्घाटन में समर्थ होते हैं। सृजन-प्रक्रिया के सन्दर्भ में ही वे फैंटेसी तत्त्व की भूमिका पर प्रकाश डालते हैं और गीतात्मक दायरे को तोड़कर काव्य में प्रबन्ध, रूपक, फैंटेसी, नाटक आदि के तत्त्वों के समन्वित इस्तेमाल द्वारा लम्बी नाटकीय कविता का दिशाद्वार खोलते हैं। मार्क्सवादी सौन्दर्यशास्त्र में मुक्तिबोध की यह देन अत्यन्त महत्वपूर्ण है और केवल यही उन्हें हिन्दी समीक्षा में महत्वपूर्ण स्थान दिलाने में समर्थ है। चिन्तन के

दूसरे स्तर पर मुक्तिबोध का आलोचक-व्यक्तित्व मार्क्सवादी समीक्षा-सिद्धान्तों के व्याख्याता के रूप में उभरता है। यहाँ वे कला में जीवनपरक समाजशास्त्रीय मूल्यों पर बल देते हुए उसे मनोवैज्ञानिक एवं सौन्दर्यशास्त्रीय मूल्यों से दीप्त करते हैं। काव्य एवं समीक्षा सम्बन्धी मूलभूत सवालों को वे जिस आत्मविश्वास के साथ उठाते हैं वह कई प्रतिष्ठित आलोचकों के लिए भी स्पृहणीय है। चिन्तन के तीसरे स्तर पर मुक्तिबोध के आलोचक व्यक्तित्व का ध्वंसात्मक रूप उभरता है। यहाँ वे नये लेखन में शीतयुद्धीय उद्देश्यों से प्रेरित कला सिद्धान्तों की निर्मम आलोचना करते हैं। तथाकथित आधुनिकताबोध के नाम पर प्रचलित लघुमानववाद, कुण्ठावाद, क्षणवाद, व्यक्तिस्वातन्त्र्य, ईमानदारी, जड़ीभूत सौन्दर्यानुभूति आदि प्रवृत्तियों के पीछे छिपे निहित राजनैतिक दृष्टिकोण का पर्दाफास वे बड़े ही बेबाक ढंग से करते हैं और आधुनिकता के प्रश्न को जीवन की ज्वलन्त समस्याओं एवं मानव मुक्ति के सवाल से जोड़ने पर बल देते हैं। चिन्तन के चौथे स्तर पर मुक्तिबोध के आलोचक व्यक्तित्व का व्यावहारिक पक्ष उभरता है। यहाँ वे नयी कहानी, नयी कविता एवं प्रगतिशील आन्दोलन के अन्तर्विरोधों को वर्ग-संघर्ष के सन्दर्भ में देखते हैं। नये सर्जक आलोचक जहाँ केवल अपने एवं मित्र-बन्धु साहित्यकारों पर लेखनी चला चला कर आत्मस्थापना की राजनीति में लगे हुए थे वहाँ मुक्तिबोध ने अपने पूर्वकालीन कवियों पर भी लिखा है। छायावाद की श्रेष्ठ उपलब्धि 'कामायनी' को प्रतिक्रिया के हाथों दुरुपयोग होते देखकर मुक्तिबोध के लिए उस पर विस्तृत व्यावहारिक समीक्षा लिखना अनिवार्य हो गया। उनका 'कामायनी : एक पुनर्विचार' प्रसाद जी की 'कामायनी' की व्यावहारिक समीक्षा में अपने ढंग का अनूठा प्रयास है। इस प्रयास के समक्ष नन्ददुलारे वाजपेयी एवं डॉ. नगेन्द्र जैसे छायावादी-रसवादी आलोचकों की स्थापित मूर्तियाँ बहुत छोटी लगने लगती हैं। अन्य आलोचनात्मक कृतियों—एक साहित्यिक की डायरी, नयी कविता का आत्मसंघर्ष एवं अन्य निबन्ध, नये साहित्य का सौन्दर्यशास्त्र आदि में मुक्तिबोध की सौन्दर्यशास्त्रीय विचारणा एवं समीक्षा दृष्टि का अत्यन्त प्रखर एवं सक्रिय रूप प्रकट हुआ है।

मुक्तिबोध का साहित्य-चिन्तन इतना प्रखर एवं तेजस्वी है कि कुछ लोग यह सवाल उठा सकते हैं कि वे कवि-रूप में बड़े हैं या आलोचक रूप में? इतना अवश्य है कि उनकी मूल चेतना कवि की है। फिर भी मुक्तिबोध ने यह स्वीकार किया है—कि आज हिन्दी को अच्छे विचारक की जितनी आवश्यकता है उतनी कवि की नहीं। इस अनिवार्यता को महसूस करने के कारण ही मुक्तिबोध अपनी

समस्त रचनाओं में गम्भीर विचारक एवं प्रखर आलोचक के रूप में उपस्थित हैं। चाहे कविता हो या कहानी, डायरी हो या निबन्ध—उनका सजग विचारक सर्वत्र विद्यमान है। दायित्व-सजग मुक्तिबोध की सांस्कृतिक चिंता सभी रचनाओं में व्यक्त हुई है। कथा-साहित्य एवं कविताओं में भी उनकी कला दृष्टि हमारे हाथों में कुछ ऐसे संकेत-सूत्र थमा देती है जिनसे कविता के साथ ही उनकी समीक्षा-दृष्टि को समझने में हमें प्रभूत सहायता मिलती है।

मुक्तिबोध की कविताएँ नयी कविता के क्षेत्र में अपना एक अलग एवं विशिष्ट संसार बनाती हैं। वह संसार एक व्यक्ति का संसार नहीं है। उसमें समग्र युग-जीवन बोलता है। उसमें कवि का व्यक्तित्व ही इन्वाल्व नहीं है वरन् युग का संलिष्ट यथार्थ दुहरे-तिहरे पर्तों में लिपटकर व्याप्त है। युग के संलिष्ट यथार्थ के कलात्मक प्रतिबिम्बन में उनकी कविताएँ असाधरण रूप से लम्बी, जटिल एवं महाकाव्यात्मक हो गयी हैं। उनका कवि वह निःसंग कलाकार नहीं है जो किन्हीं विशिष्ट मानसिक क्षण-चित्रों में ही डूबा रहता है। वह समाज-सम्पृक्त कलाकार है जो अन्तर्द्वन्द्व एवं बहिर्द्वन्द्व से गुजरता हुआ काव्य प्रक्रिया पर भी सचेत नज़र रखता है। यही कारण है कि उनके काव्य-व्यक्तित्व में अद्‌भुत धैर्य, जागरूकता एवं संयम परिलक्षित होता है। मुक्तिबोध के उक्त वैशिष्ट्य का रहस्य क्या है? इस रहस्य को हम उनकी काव्य-दृष्टि अथवा कविता के विषय में उनकी मौलिक धारणा को समझे बिना नहीं सुलझा सकते। अतएव उनके कला-सिद्धान्तों को समझना हमारे लिए अत्यन्त आवश्यक है ताकि हम उनके सर्जनात्मक साहित्य का समुचित मूल्यांकन कर सकें।

मुक्तिबोध के समीक्षा सिद्धान्तों पर विचार करने की आवश्यकता इसलिए भी है कि उनके कृतित्व को नकारने अथवा भ्रष्ट रूप में परिभाषित कर बदरंग बनाने की साजिश व्यापक पैमाने पर चल रही है। 'सतह से उठता आदमी' में श्रीकान्त वर्मा की भूमिका इसी षड्‌यन्त्र का एक नमूना है : जार्ज लुकाच ने टामस मॉन के उपन्यासों के लिए आलोचनात्मक बुर्जुआ यथार्थवाद विशेषण इस्तेमाल किया था। मुक्तिबोध की कहानियों के लिए इससे अच्छा शब्द नहीं मिल सकता : हालाँकि क्या विडम्बना है, मुक्तिबोध की कहानियाँ अपनी धुन्ध, कल्पना और फैंटेसी के कारण टामस मान की नहीं, बल्कि काफ़्का की—जिसके साहित्य को जार्ज लुकाच ने 'बर्जुआ यथार्थवाद कहकर बर्खास्त किया—याद दिलाती हैं।"

यह भी एक विडम्बना ही है कि अपने को मुक्तिबोध का मित्र और सच्चा हमदर्द जताते हुए श्रीकान्त वर्मा मुक्तिबोध की भूमिकाएँ उनके क्रान्तिकारी साहित्य को 'बर्खास्त' करने के लिए लिख रहे हैं। आखिर क्यों? इसलिए कि मुक्तिबोध का यथार्थवादी साहित्य श्रीकान्त वर्मा जैसे बुर्जुआ साहित्यकारों के अस्तित्व के लिए भयंकर खतरा है। मुक्तिबोध के प्रखर यथार्थबोध के लिए उन्हें सबसे अच्छा शब्द 'आलोचनात्मक यथार्थवाद' मिलता है और फिर वह कल्पना और फैंटेसी के कारण काफ़्का के बुर्जुआ यथार्थवाद में बदल जाता है! यह मुक्तिबोध के प्रखर यथार्थ बोध, उनकी सृजन प्रक्रिया और फैंटेसी में निहित यथार्थवादी दृष्टि को नज़र अन्दाज़ कर देने का परिणाम है।

और अभी हाल में ही दिल्ली की एक साहित्यिक गोष्ठी में अज्ञेय द्वारा मुक्तिबोध पर आक्रमण इसी प्रक्रिया की एक कड़ी है। अज्ञेय ने मुक्तिबोध को 'ऊर्जस्वी परन्तु असफल' कवि घोषित करते हुए कहा कि "मुक्तिबोध द्वारा फैंटेसी का प्रयोग इस बात का सूचक था कि वे कविता और सामाजिक सन्दर्भों के बीच की दूरी को कम नहीं कर पाते थे।"

सवाल यह है कि मुक्तिबोध के फैंटेसी-शिल्प पर आश्रित काव्य में जो शक्ति है, वह सामाजिक सन्दर्भों से जुड़े हुए कवि के वेहद संश्लिष्ट यथार्थ के दबावों से उद्‌भूत है अथवा आसमान से टपका है? क्या यह सही नहीं कि अज्ञेय यथार्थ के कलात्मक पुनर्सृजन में फैंटेसी और कल्पना बिम्ब की भूमिका को समझने में असमर्थ हैं? कवि की वृत्तियों और यथार्थ अनुभवों के द्वन्द्व से ही कविता रूप ग्रहण करती है। यह द्वन्द्व ही कवि को फैंटेसी का संसार रचने के लिए प्रेरित करता है, फैंटेसी के इस यथार्थवादी आधार को मुक्तिबोध बहुत गहराई से समझते थे। इसलिए उन्होंने कहा कि यह बहुत सम्भव है कि इस अयथार्थवादी शिल्प (फैंटेसी) के विपरीत जो भाववादी शिल्प है उसमें जीवन को समझने की दृष्टि भाववादी हो। अज्ञेय के काव्य में यह जो ऊर्जाहीनता अथवा निर्जीवता है उसका गहरा सम्बन्ध क्या इसी भाववाद अथवा यथार्थबोध के अभाव से नहीं है? अज्ञेय वस्तुतः सामाजिक सन्दर्भों से कटे हुए पलायनवादी कवि हैं। लम्बी गीतात्मक कविता 'असाध्य वीणा' में उनकी यह पलायनवादी प्रकृति जो अतीतोन्मुख, वनोन्मुख और रहस्योन्मुख है, दुहरे-तिहरे स्तरों पर व्यक्त होती है। अज्ञेय यहाँ भावबोध के स्तर से लेकर शिल्प के स्तर तक एक ठंडा और निष्प्राण असर छोड़ते हैं। यही नहीं वरन् वह पाठक की जाग्रत चेतना को सुलाने में निरन्तर संचेष्टित हैं :

'मैं तो डूब गया था स्वयं शून्य में
महाशून्य
व महामौन अविभाज्य, अनाप्त, अद्रवित, अप्रमेय।

परन्तु इतिहास की बढ़ती हुई गति और पूँजीवाद के ऊपर गहराते संकट के समक्ष अपने को नाकामयाब होते देख इतिहास विरोधी अज्ञेय बौखलाहट में अनर्गल प्रलाप कर रहे हैं जो मुक्तिबोध और उनकी पीढ़ी के समक्ष एक गहरे हीन भाव का सूचक है। आनन्दप्रकाश ने सही कहा है कि "मुक्तिबोध के समक्ष अज्ञेय का हीन भाव एक प्रखर प्रतिभा के सामने द्वितीय स्तर की रचनात्मकता का मात्र सामान्य हीन-भाव न होकर उस अनैतिहासिक चरित्र का सांस्कृतिक प्रतीक है जिसे आजादी के तीस वर्षों में हमारे देश की पूँजीवादी व्यवस्था ने विकसित किया (जनयुग, 11 सितंबर, 1977)

उत्पीड़ित जनता से जुड़े हुए जनवादी कलाकार मुक्तिबोध के सन्दर्भ में 'रक्तपायी वर्ग से नाभिनालबद्ध' इन साहित्यकारों की आत्महीनता तब और भी उजागर होती है जब ये मुक्तिबोध को अपने ही दलदल में घसीटना चाहते हैं। श्रीकान्त वर्मा और अज्ञेय के ही समानधर्मा 'युग्मवादी' जगदीश गुप्त लिखते हैं : "उन्होंने नये जीवन, नये मानव-मूल्यों और नये इंसान का जो चित्र देखा वह नयी कविता के सन्दर्भ में 'लघुमानव, तथा नये मनुष्य की परिकल्पना से भिन्न नहीं है।"

मुक्तिबोध ने जिस मनुष्य का चित्र खींचा है वह संघर्षरत मनुष्य है :

मुझ पर क्षुब्ध बारूदी धुएँ की झार आती है
व उन पर प्यार आता है
कि जिनका तप्त मुख
संवला रहा है
धूम लहरों में
कि जो मानव भविष्यत् युद्ध में रत हैं
जगत् की स्याह सड़कों पर

उन्होंने जिस नये जीवन, नये मानव-मूल्य और नये इंसान की परिकल्पना की है उसमें शोषण और विषमता का कोई स्थान नहीं है। नयी कवितावादियों से मुक्तिबोध की समस्या भिन्न है :

समस्या एक
मेरे सभ्य नगरों और ग्रामों में

सभी मानव

सुखी, सुन्दर व शोषणमुक्त कब होंगे?

'मानव-मूल्य' और 'सम्पूर्ण मनुष्यता' की दुहाई देने वाले नयी कवितावादियों की समस्या इससे अलग है। उन्हें चिंता है तो सिर्फ अपनी मुक्ति की। और यह मुक्ति उन्हें व्यवस्था के प्रति 'मौन समर्पण' में मिलती है, महाशून्य अथवा महामौन के रहस्य में डूबने पर मिलती है, अथवा प्रेम में 'एक तेरा प्यार है न उसी से जीवनमुक्त हुआ हूँ–।" (अज्ञेय) वे यह समझ पाने में असमर्थ हैं कि अपनी 'मुक्ति के रास्ते अकेले में नहीं मिलते' (मुक्तिबोध)। उन्हें उत्पीड़ित मनुष्यता का दुःख-दर्द नहीं सताता—जगद्गति नहीं व्यापती। मूँदहु नयन कतहुँ कोउ नाहीं! इन सम्पूर्ण मानवतावादियों को कितनी चिन्ता है कि प्रगतिवादी अमीरों के दुख-दर्द की उपेक्षा कर रहे हैं :

"कलाकार को अमीर और गरीव, सुखी और दुखी, पीड़ित और पीड़क दोनों के बारे में लिखने का समान अधिकार है। दुख, अपूर्णता, पीड़ा सर्वव्यापी हैं। गरीबों ने इनका ठेका नहीं लिया है—क्यों न हम दोनों वर्गों से ऊपर उठकर सम्पूर्ण मानवता के गुण गायें।" (अज्ञेय, आत्मनेपद)

'ऊपर उठे हुए' इन सम्पूर्ण मानवता-प्रेमियों को अमीर और गरीब, शोषक और शोषित की पीड़ा में कोई अन्तर नज़र नहीं आता, ठीक वैसे ही जैसे इन्हें पूँजीवाद और समाजवाद में, अमरीका और रूस में कोई फ़र्क़ नहीं दिखलाई पड़ता। इनकी 'सम्पूर्ण मानवता' जे.पी. की सम्पूर्ण क्रान्ति की तरह ही अमूर्त और अपरिभाषित है जिसमें बिरला, टाटा और जमींदारों की स्थिति समान रूप से बरकरार रहती है! कुख्यात अमरीकी संस्था सी.आई.ए. को ऐसे ही सम्पूर्ण मानवतावादियों की जरूरत है जो इन्हें डॉलर से खरीद कर 'कांग्रेस फार कल्चरल फ्रीडम' के नाम पर इस अविकसित मुल्क में पिछले दो-तीन दशकों से सांस्कृतिक विभ्रम फैलाने में सक्रिय है।

मानव-मूल्य, लघु मानववाद, व्यक्ति स्वातन्त्र्य, कला की स्वतन्त्रता, सौन्दर्यानुभूति आदि आधुनिकतावादी प्रवृत्तियों के नाम पर कला और समीक्षा के क्षेत्र में जिस वितंडावाद को खड़ा किया गया उसके पीछे 'कांग्रेस फार कल्चरल फ्रीडम' की शीत युद्धीय राजनीति की प्रेरणा ही काम कर रही थी। कला, साहित्य और समीक्षा को इन निहित उद्देश्यों वाले शब्दों की निरर्थक बहस में उलझा देने का यह जो कुचक्र रचा गया उससे मुक्तिबोध अनजान नहीं थे। उन्होंने पूरी शक्ति के साथ इन कलासिद्धान्तों के पीछे शीतयुद्ध की अमरीकी कूटनीति का

भंडाफोड़ किया। और उनके छिपे हुए उद्देश्य से सचेत रहने का आह्वान किया। मार्क्सवादी सौन्दर्यशास्त्रीय दृष्टि से मुक्तिबोध ने जिस प्रकार इन सवालों को हल किया है, उससे साम्राज्यवादियों द्वारा फैलाए गये विभ्रम दूर हो जाते हैं। ऐसी स्थिति में मुक्तिबोध के कला-सिद्धान्तों को समझना साहित्य और समाज के दुहरे दायित्व की अनिवार्य माँग है।

मुक्तिबोध के निधन के बाद उनके काव्य-व्यक्तित्व को समझने की स्वस्थ शुरुआत हुई है लेकिन उनका आलोचक व्यक्तित्व अभी भी उपेक्षित है। यही नहीं वरन् उसका गलत इस्तेमाल भी हुआ है जिससे साहित्य-चिन्तन और आलोचना के क्षेत्र में पर्याप्त भ्रम फैला है। "मुक्तिबोध को केन्द्र में रखकर" डॉ. नामवरजी ने कविता के नये प्रतिमानों की खोज की है। चिन्तनीय यह है कि विसंगति, विडम्बना, तनाव, संरचना आदि जिन प्रतिमानों को मुक्तिबोध के नाम पर प्रतिष्ठित किया गया है वे सारे के सारे प्रतिमान अमरीकी नव्य समीक्षा से उधार लिये गये हैं और उनका मुक्तिबोध से दूर का भी नाता नहीं है। ज़ाहिर है कि कविता के नये प्रतिमानों के केन्द्र में मुक्तिबोध नहीं वरन् कुछ और है! कहना न होगा कि डॉ. नामवर जी को जितनी चिन्ता नये प्रतिमानों के खोज की नहीं है उससे कहीं अधिक अज्ञेय, साही, रघुवीरसहाय, श्रीकान्त वर्मा जैसे नयी कवितावादियों को प्रतिष्ठित करने की रही है! मुक्तिबोध की आड़ में उनका सामरिक उद्देश्य डॉ. नगेन्द्र पर ही नहीं वरन् आचार्य शुक्ल और डॉ. रामविलास शर्मा पर आक्रमण करना रहा है, इस सामरिक खण्डन-मण्डन में अगर उन्हें हिन्दी समीक्षा की प्रगतिशील परम्परा से मुक्तिबोध के कला-सिद्धान्तों का कोई सम्बन्ध सूत्र नज़र न आये तो इसमें क्या आश्चर्य!

इस विडम्बनापूर्ण स्थिति का ही एक दूसरा अतिवाद यह है कि मुक्तिबोध को पूरी सांस्कृतिक प्रक्रिया में न देखकर उनके प्रति एक अतिरिक्त पूजा-भाव विकसित हो रहा है जिसमें हिन्दी साहित्य एवं समीक्षा की प्रगतिशील परम्परा-प्रगतिवाद की समस्त उपलब्धियाँ ओझल हो जाती हैं, मानो मुक्तिबोध चतुर्दिक अँधेरे में एकमात्र आकस्मिक नक्षत्र हों! श्री चंचल चौहान ने अपनी पुस्तक 'मुक्तिबोध प्रतिबद्ध कला के प्रतीक' में व्यापक "सांस्कृतिक ह्रास" को "परिलक्षित" करते हुए कहा है कि बुर्जुआ सर्जक, समीक्षक तो इस सांस्कृतिक ह्रास के शिकार हुए ही "डॉ. नामवर सिंह ने अमरीकी नयी समीक्षा का सड़ा हुआ कारगो उतारा। अंधकारप्रिय समीक्षकों ने मुक्तिबोध-काव्य की छीछालेदर करनी शुरू कर दी। नये साहित्य का सौन्दर्यशास्त्र न समझ सकने में असमर्थ डॉ. रामविलास शर्मा

भी इस दोष से मुक्त न रह सके। छायावादी अवशेषों के प्रभाव के कारण उन्हें मुक्तिबोध में रहस्यवाद नज़र आया..." (पृ. 10) अगर मुक्तिबोध काव्य की छीछालेदार हुई है तो उसकी आलोचना अवश्य की जानी चाहिए। मगर प्रगतिवादी समीक्षा को 'भाववादी' और 'गहरे चिन्तन की कमी से ग्रस्त' बताकर ख़ारिज करने की चेष्टा कतई उचित नहीं होगा जैसा कि श्री चंचल चौहान ने किया है : "वस्तुगत परिस्थितियों और व्यक्तिगत प्रयास के अभाव में प्रगतिवादी समीक्षा पद्धति गहरे चिन्तन की कमी से ग्रस्त हो गयी। उसने सौन्दर्य-शास्त्रीय तथा दर्शन-स्तर के प्रश्नों से टक्कर नहीं ली। कोरा वस्तुवाद एक दूसरे प्रकार का भाववाद होता हैं। फायरबाख का मैटीरियलिज्म भाववादी ही था।" (10 15) इस व्यापक सांस्कृतिक ह्रास के महाप्रलय में बच गये तो एकमात्र मुक्तिबोध!

कर्णसिंह चौहान ने भी कुछ इसी प्रकार की समझ को प्रदर्शित किया है। उनके मतानुसार ऐसे समय में जब प्रगतिवाद के व्याख्याता "अत्यन्त अपरिपक्व" और "कुत्सित समाजशास्त्रीय आग्रहों से ग्रस्त" थे और दूसरी तरफ प्रतिक्रियात्मक धारा के सर्जक समीक्षक "अधिक कला मर्मज्ञ" थे, "कला के आन्तरिक नियमों व मानव की सूक्ष्म संवेदनाओं की इनकी पकड़ अधिक मजबूत थी" प्रगतिवाद इस संघर्ष में "गहरे पराजय" का शिकार हो गया। "यह पराजय इतनी निर्णायक थी कि एक लम्बे अरसे तक साहित्य और जीवन से सम्बन्धित प्रश्नों को उठाने तक का साहस न जुटा। नया लेखक घनघोर प्रगतिवाद विरोधी तथा उनकी नीयत पर शक करने वाला हो गया।" ठीक इसी वक्त जब धर्म की व्यापक ग्लानि हो रही थी मुक्तिबोध ने अवतरित होकर "हारे हुए मैदान को पुनः द्वन्द्व क्षेत्र घोषित किया।" (ओर पृ. 6)

मुक्तिबोध के समय न तो साहित्यिक सांस्कृतिक क्षेत्र में द्वन्द्व समाप्त हो गया था और न ही मुक्तिबोध इस "द्वन्द्व क्षेत्र" में अकेले थे। डॉ. रामविलास शर्मा, यशपाल, राहुल सांकृत्यायन, प्रकाशचन्द्र गुप्त, भैरव प्रसाद गुप्त, नामवर सिंह, अमृतराय, डॉ. रांगेय राघव, मन्मथनाथ गुप्त, नागार्जुन, केदारनाथ अग्रवाल, शमशेर, अमरकान्त, मार्कण्डेय, शेखर जोशी, हरिशंकर परसाई, भीष्म साहनी, आदि अनेक नये पुराने प्रगतिशील साहित्यकार, समीक्षक अपने-अपने स्तर पर और अपनी अपनी समझ के अनुसार संघर्षरत थे। अपने युग का इतिहास इन्हीं की रचनाओं में प्रतिनिधित्व पाता है। कला-सचेतनता, जीवन और संवेदना की गहरी पकड़ की दृष्टि से भी इनकी रचनाएँ तथाकथित 'कला मर्मज्ञ' और 'सूक्ष्म संवेदना वाले सर्जक-समीक्षकों के लिए चुनौती हैं! इनकी नीयत पर शक करने

वाले नये आलोचकों को देखना यह चाहिए कि प्रगतिवादियों और व्यक्तिवादियों की कला-मर्मज्ञता, और सूक्ष्म-संवेदना और जीवन की पकड़ में क्या फ़र्क़ है? निःसन्देह प्रगतिवाद की आन्तरिक कमजोरियाँ थीं परन्तु पराजय के निर्णायक कारणों को हमें तत्कालीन इतिहास के आर्थिक राजनीतिक सन्दर्भों में ही ढूँढ़ना होगा। आजादी के बाद भारतीय जन-मानस में मिथ्या आशावाद का उदय, राजनीतिक रंगमंच पर व्यापक वामपन्थी आन्दोलन का अभाव और ऐसी स्थिति में मध्यवर्गीय लेखक कलाकारों का सामाजिक दायित्व खोकर अवसरवादी बनते चले जाना ज़िसे नवविकसित पूँजीवाद पूरी शक्ति एवं तमाम प्रचार-साधनों से उछाल रहा था, ऐसी वास्तविकताएँ हैं जिन्हें नज़रअन्दाज़ नहीं किया जा सकता। यह वह समय था जब तेलांगाना जैसे जन-आन्दोलन के क्रूर दमन एवं भारतीय कम्यूनिस्ट पार्टी पर प्रतिबन्ध लगाकर राजनीति में प्रत्याक्रमण हावी था। कला, साहित्य अथवा संस्कृति के क्षेत्र में भी यह प्रत्याक्रमण अपनी पूरी शक्ति, संगठन एवं तमाम पूँजीवादी, साम्राज्यवादी प्रचारतन्त्र के साथ प्रकट हुआ। प्रगतिवाद की कमजोरियों को अतिरंजित करके देखने के बजाय हमें प्रत्याक्रमण की संगठित शक्ति को भी देखना चाहिए क्योंकि पराजय के लिए अधिक जिम्मेदार वही है। और अब सन् 70 के बाद से देश में सांस्कृतिक रंगमंच पर जो सशक्त वामपन्थी रुझान प्रकट हुआ है उसका कारण यह नहीं कि आज के रचनाकार और समीक्षक अधिक कला मर्मज्ञ हो गये हैं या जीवन की उनकी पकड़ अधिक गहरी हो गयी है वरन् इसके कारण भी विषम आर्थिक परिस्थितियों, संकटग्रस्त पूँजीवाद, मोहभंग की स्थिति और नये जन उभार में दिखलाई पड़ते हैं। बुर्जुआ रचनाकारों का हतप्रभ हो जाना अथवा वामपन्थी तेवर धारण करने लगना क्या आकस्मिक है?

अतएव किसी भी रचनाकार अथवा साहित्यिक आन्दोलन को हमें वर्ग-संघर्ष से उद्भूत सांस्कृतिक द्वन्द्व की प्रक्रिया में देखना होगा। मुक्तिबोध की आड़ लेकर पुराने प्रगतिवादी साहित्यकार, समीक्षकों पर 'भाववादी', 'अपरिपक्व', 'कुत्सित समाज-शास्त्रीय' जैसे फ़तवे चिपकाकर उनकी उपलब्धियों को नकारने की चेष्टा अनैतिक ही नहीं आत्मघाती भी होगी। जरूरत उनकी शक्ति एवं सीमा को पहचानते हुए उनके संघर्ष, त्याग और अटूट आस्था से अनुप्रेरित होते हुए परम्परा की प्रवहमानता को नयी सृजनात्मकता देने की है।

मुक्तिबोध का समस्त साहित्य और चिन्तन अपने समय की विषम सांस्कृतिक द्वन्द्व की प्रक्रिया से उद्भूत है। मुक्तिबोध के साहित्य-चिन्तन को हमने हिन्दी

के साथ ही विश्व के मार्क्सवादी सौन्दर्यशास्त्रीय चिन्तन के सन्दर्भ में देखने का प्रयत्न किया है। साथ ही हिन्दी समीक्षा की प्रगतिशील परम्परा से—विशेषकर शुक्ल जी से मुक्तिबोध का सम्बन्ध दिखलाया है। परम्परा की इस विरासत को आत्मसात् करके ही हम अपना मार्ग प्रशस्त कर सकते है।

निःसन्देह, मुक्तिबोध ने साहित्य एवं समीक्षा सम्बन्धी जिन सवालों को उठाया है उनपर और भी अधिक गम्भीरता से विचार करने की जरूरत है। अपनी समझ को अधिक समृद्ध एवं युक्तिसंगत बना सकूँ—इसलिए आपके समुचित सुझाव एवं निर्देश सहर्ष स्वीकार्य होंगे।

गुरुवर विश्वनाथ त्रिपाठी, नित्यानन्द तिवारी एवं तारकनाथ बाली से महत्वपूर्ण सुझाव मिलते रहे हैं; इसलिए मैं उनके प्रति आभार व्यक्त करता हूँ।

—द्वारिका प्रसाद चारुमित्र

विषय-सूची

प्रथम अध्याय

द्वितीय अध्याय

प्रथम अध्याय

काव्य की सृजन-प्रक्रिया

(क) सामान्य सिद्धान्त

कला की रचना-प्रक्रिया की चर्चा बहुत पुरानी है। पाश्चात्य काव्य-चिन्तन में प्लेटो में भी इस चर्चा के बीज निहित हैं। किन्तु आधुनिक युग से पहले के तत्सम्बन्धी चिन्तन में बौद्धिक विश्लेषण का अभाव दिखता है। आधुनिक युग तर्क एवं बौद्धिक विश्लेषण का युग है। आज का चिन्तक किसी बात को आँख मूँदकर मान लेने के बजाय उसे तर्क की कसौटी पर कसता है। वह कला की रचना प्रक्रिया को किसी देवी रहस्य-चेतना से न जोड़कर मनोवैज्ञानिक विश्लेषण प्रदान करता है।

सृजन-प्रक्रिया की प्रकृति इतनी सूक्ष्म, जटिल और गूढ़ है कि आधुनिक युग से पहले के विचारक उसे किसी मानवेतर दैवी स्रोत से सम्बद्ध कर देते थे। मध्ययुगीन चिन्तकों की यह धारणा कि सरस्वती या कोई अन्य कला अथवा ज्ञान का देवता मनुष्यों के हृदय में अपनी एक किरण प्रेरणा के रूप में उद्बुद्ध कर देता है और कलाकार माध्यम मात्र रह जाता है, मानवीय गौरव एवं मानसिक शक्ति की उपेक्षा के साथ ही रचना-प्रक्रिया के विश्लेषण से बचने की प्रवृत्ति का सूचक है। आज भी किसी-न-किसी रूप में यह विचारधारा विद्यमान है। अरविन्द ने अपने एक पत्र में कहा है "कवि उच्चतम या सर्वाधिक मुक्त क्षणों में अपने बाह्य सचेत मानस द्वारा नहीं लिखता वरन् अन्तःकरण की प्रेरणा से देवताओं के प्रवक्ता की भाँति लिखता है।"[1] इस दैवी प्रेरणा को नयी कविता के अग्रणी कवि अज्ञेय भी स्वीकारते-से प्रतीत होते हैं। अपनी लम्बी कविता 'असाध्य-वीणा' में कला की सृजन प्रक्रिया को समझाते हुए उन्होंने प्रतिपादित किया है कि कलाकार सचेत मानस द्वारा कला की रचना नहीं करता अपितु कोई अव्यक्त सत्ता (महामौन) अपने को कलाकार के माध्यम से प्रकट करती है, कलाकार तो

1. धर्मवीर भारती : मानव मूल्य और साहित्य, पृ. 7.

माध्यम मात्र है। इसलिए 'असाध्य वीणा' का साधक अपने श्रेय को अस्वीकार करता हुआ सृजन प्रक्रिया का रहस्योद्घाटन करता है—

"श्रेय नहीं कुछ मेरा
मैं तो डूब गया था स्वयं शून्य में—
वीणा के माध्यम से अपने को मैंने
सब-कुछ को सौंप दिया था—
सुना आपने जो वह मेरा नहीं,
न वीणा का था
वह तो सब-कुछ की तथता थी—
महाशून्य
वह महामौन
अविभाज्य, अनाप्त, अद्रवित, अप्रमेय
जो शब्दहीन सबमें गाता है।"[1]

काव्य को 'आत्मा की संकल्पनात्मक अनुभूति' कहकर प्रसाद जी ने भी उसकी व्याख्या एवं अन्तःप्रेरणा को आध्यात्मिक रहस्य का रंग दिया है। काव्य, उनके अनुसार, 'आत्मा की संकल्पनात्मक अनुभूति है, जिसका सम्बन्ध विश्लेषण, विकल्प या विज्ञान से नहीं है। वह एक श्रेयमयी प्रेय रचनात्मक ज्ञानधारा है।'[2] काव्य में संकल्पनात्मक अनुभूति से प्रसाद जी का तात्पर्य 'आत्मा की मनन-शक्ति' की उस असाधारण अवस्था से है, 'जो श्रेय सत्य को उसके मूल चारुत्व में सहसा ग्रहण कर लेती है।' और असाधारण अवस्था क्या है? 'असाधारण अवस्था युगों की समष्टि अनुभूतियों में अन्तर्निहित रहती है, क्योंकि सत्य अथवा श्रेय ज्ञान कोई व्यक्तिगत सत्ता नहीं, वह एक शाश्वत चेतनता है या चिन्मयी ज्ञानधारा है, जो व्यक्तिगत स्थानीय केन्द्रों के नष्ट हो जाने पर भी निर्विशेष रूप से विद्यमान रहती है।'[3]

नन्ददुलारे वाजपेयी ने ठीक ही कहा है कि 'असाधारण अवस्था का इस प्रकार विवेचन कर प्रसाद जी ने काव्य और उसकी व्याख्या को रहस्यात्मक पुट दिया है।'[4]

पश्चिम में सृजन-प्रक्रिया पर गहन अध्ययन का आरम्भ मनोविश्लेषण

---

1. अज्ञेय : आंगन के पार द्वार, पुं. 87
2. प्रसाद : काव्य और कला तथा अन्य निबन्ध, पृ. 37
3. वही, पृ.38
4. वही, पृ. 6

द्वारा सम्भव हुआ। मनोविश्लेषण के जन्मदाता फ्रायड ने सृजन प्रेरणा का सम्बन्ध अवचेतन की अंध-गलियों में दमित काम-वृत्ति से माना और कहा कि कला के द्वारा कलाकार अपनी दमित आकांक्षाओं का उदात्तीकरण करता है। उन्होंने मनुष्य की समस्त सृजनात्मक कार्यों को जागतिक अतृप्तियों की क्षतिपूर्ति अथवा कुण्ठाओं के उन्नयन का माध्यम घोषित किया—कलाकार को रुग्ण एवं कुंठित मन वाला व्यक्ति मानकर कला को स्वस्थीकरण की प्रक्रिया कहा। निःसन्देह यह कला के प्रति एकांगी एवं अस्वस्थ दृष्टिकोण था। सौभाग्य से केवल फायड ही मनोवैज्ञानिक नहीं हुए। उनके बाद ही एडलर और युंग आये जिन्होंने फ्रायड की आलोचना की। एडलर ने कामवृत्ति के स्थान पर आत्मस्थापन वृत्ति (will to dominate) को एक प्रमुख सृजनप्रेरक शक्ति माना। युंग के अनुसार प्रमुख प्रेरक शक्ति आदिम सृजनात्मक चेतना है, जिसमें फ्रायड की कामवृत्ति और एडलर की आत्मस्थापन वृत्ति दोनों आ जाती हैं। "वह उसे जीवन की वह प्रारम्भिक और सामान्य शक्ति मानते हैं जो मानव के सभी व्यवहारों से व्यक्त होती है। यह शक्ति जीवन शक्ति या मनः शक्ति कही जा सकती है।"[1] युंग ने सृजन-प्रक्रिया को अचेतन का व्यापार माना और कहा कि यह प्रक्रिया एक ऐसी स्वतन्त्र मनोग्रन्थि है जो चेतन के क्षेत्र से च्युत होकर अहं को क्रियात्मक सार्थकता प्रदान करती है। इस प्रकार मनोवैज्ञानिकों के अनुसार सृजन की प्रेरणा मन के अवचेतन अथवा अर्द्धचेतन स्तरों पर जागृत होती है। और जब उसका विस्फोट होता है तब कलाकार का 'सचेत मानस' विवश हो जाता है, "उसके हाथ से जैसे भाव-प्रक्रिया के सूत्र छूट जाते हैं और जैसे स्वतः प्रेरित कलाकृति उसकी समस्त कल्पना, बुद्धि, ज्ञान को सहायक उपादान बनाकर अपने को अभिव्यक्त कर डालती है और उस समय कलाकार का बाह्य व्यक्तित्व इतना विवश हो जाता है कि जैसा कि डी.एच. लारेंस ने अपनी कृतियों के बारे में कहा... घटनाओं की तरह कृति भी घटित हो जाती है और मैं खड़ा देखता रह जाता हूँ।"[2]

सृजन-प्रक्रिया का अचेतन में संस्पर्श आवश्यक है और वह संस्पर्श ही सृजनचेतना को सृजन-मूल्यों से दीप्त करता है। यह सृजन-मूल्य सृजनात्मक सन्दर्भ प्राप्त कर लेते हैं क्योंकि यह मूलतः जीवन-यथार्थ से सम्बद्ध होते हैं। सृजन-प्रक्रिया और जीवन मूल्यों के इस सम्बन्ध को देखते हुए मार्क्सवादी आलोचकों ने भी 'मूल्य-सापेक्ष्यप्रक्रिया' को वैयक्तिक सृजनात्मकता का श्रेय

1. हिन्दी साहित्य कोश : भाग-1, पृ. 616
2. धर्मवीर भारती : मानव-मूल्य और साहित्य, पृ. 158

दिया। हावर्ड फास्ट ने कहा था 'कला एक संवाद' है। कलाकार मशीन कदापि नहीं और न हो सकता है। उसका उत्पाद्य सृजनात्मक है, वह सृजेता है और वह जीवन-सामग्री के साथ काम करता है।"[1]

मार्क्स ने कलाकार की स्थिति समाज सापेक्ष्य मानते हुए द्वन्द्वात्मक भौतिकवाद के आधार पर बताया कि कलाकार का सृजन सामाजिक आर्थिक शक्तियों से उदभूत होता है। किन्तु अन्ततोगत्वा वह सृजन व्यक्ति के अन्तर्जगत से सम्बद्ध होता है—उस अन्तर्जगत से जो मुक्तिबोध के अनुसार वाह्य के आभ्यन्तरीकरण का परिणाम है। अतः, जैसाकि राल्फ फाक्स ने कहा है, यह दावा करना कि मार्क्स कलाकृतियों को भौतिक तथा आर्थिक प्रक्रियाओं का प्रतिबिम्ब समझते थे मार्क्स का उपहास करना है।"[2] साहित्य में सामाजिक जीवन की अभिव्यक्ति पर बल देते हुए फाक्स ने उसे बाह्य जीवन की परिस्थितियों तक ही नहीं मनुष्य के आन्तरिक जीवन, उसके भाव-जगत् तक व्याप्त माना है। डॉ. रामविलास शर्मा के अनुसार 'फाक्स की यह स्थापना महत्त्वपूर्ण है कि भावजगत् और बाह्य जगत् में कोई अन्तर्विरोध नहीं है। दोनों के समन्वय से ही भरे-पूरे यथार्थ का विकास हो सकता है।'[3] इस प्रकार मार्क्सवादी आलोचकों ने सृजन-प्रक्रिया को अवचेतन से निकालकर जीवन-यथार्थ से 'सम्पृक्त किया। राल्फ फाक्स के अनुसार 'सृजनात्मक प्रक्रिया का तत्व सृजनकर्ता और बाह्य यथार्थ के बीच संघर्ष में, इस यथार्थ को काबू करने में तथा इसकी पुनः रचना करने की आवश्यकताओं में निहित है।'[4] वे आगे कहते हैं—'कला एक साधन है जिसके द्वारा मानव वास्तविकता से जूझता और उसे आत्मसात् करता है। अपनी भीतरी चेतना की निहाई पर लेखक वास्तविकता रूपी लाल भभूका धातु को रखता, हथौड़ियों की चोट से ठोक पीटकर अपने उद्देश्य के अनुकूल उसे नयी शक्ल में ढालता और एकदम बेसुध होकर विचारों के हिंस्र हथोड़े उस पर बरसाता है। सृजन की समूची प्रक्रिया, कलाकार की सम्पूर्ण वेदना वास्तविकता के साथ इसी हिंस्र द्वन्द्व में, और दुनिया को एक सत्यपूर्ण चित्र गढ़ने के प्रयास में निहित है।'[5] मार्क्सवादी आलोचकों ने सृजनप्रक्रिया को यथार्थ सापेक्ष मानते हुए भी उसे एक अयान्त्रिक प्रक्रिया माना है। इलिया एहरेन बुर्ग के अनुसार किसी

1. वातायन : मई 67, पृ. 47
2. राल्फ फाक्स : उपन्यास और लोकजीवन, पृ. 16
3. रामविलास शर्मा : उपन्यास और लोकजीवन (भूमिका), पृ. 4
4. राल्फ फाक्स : उपन्यास और लोकजीवन, पृ. 12
5. वही, पृ. 21

कृति का रचयिता विभिन्न प्रसंगों को यान्त्रिक विधि से दर्ज करने वाला उपकरण मात्र नहीं है।' उनके शब्दों में 'कलाकार की कल्पना व्यक्ति, वस्तु, भाव या क्रिया को किसी सीमा तक परिवर्तित कर सकती है, लेकिन यथार्थता से वह पूरी तरह विच्छिन्न नहीं होती। सामाजिक परिवेश उसे पग-पग पर नियन्त्रित करता है, उसके विचारों को, उसकी संवेदनाओं को, उसके जीवन तथा उसके कृतित्व को प्रतिक्षण निर्धारित करता है।'[1] इस प्रकार कला की सृजन-प्रक्रिया को मार्क्सवादी आलोचकों ने ठोस वस्तुगत धरातल प्रदान किया। इस सन्दर्भ में प्लेखानोव का विचार भी ध्यातव्य है। उनके विचार से 'कला का जन्म तब होता है जब मनुष्य अपने बाह्य जीवन की यथार्थता के प्रभाव में अपने द्वारा अनुभूत भावों तथा विचारों को पुनर्जागृत करते हुए सुनिश्चित सम्मूर्तनों के माध्यम से व्यक्त करता है।'[2] प्लेखानोव ने कला को एक सामाजिक प्रक्रिया की संज्ञा दी है।[3] डॉ. रांगेय राघव का भी कुछ ऐसा ही विचार है। उनके अनुसार 'जब कलाकार कला का सृजन करता है तब कला उस अभिव्यक्ति का पर्याय है जो कलाकार अपने व्यक्तित्व से वस्तु का तादात्म्य करके सृजन करता है। कलाकार में वस्तु से सम्बन्ध में होने पर विशेष विचारों, अनुभूतियों तथा भावों का जागरण होता है। कलाकार का व्यक्तित्व उन सब को अपने भीतर लेकर उसे दूसरों को सुना देने की इच्छा करता है, क्योंकि उसका व्यक्तित्व अपने आप में पूर्ण नहीं हो जाता, उसकी पूर्णता उसके व्यक्तित्व के समाज-सम्बन्धों पर निर्मित तथा निर्भर भी होती है। वह अपने को प्रकट कर देता है।'[4]

हिन्दी में पहले-पहल मुक्तिबोध ने ही काव्य की रचना प्रक्रिया पर गम्भीरता एवं गहराई से विचार किया। उल्लेखनीय है कि कई विचारकों ने सृजन-प्रक्रिया के अध्ययन की सार्थकता पर ही प्रश्न चिह्न लगा दिया। लक्ष्मीकान्त वर्मा रचना-प्रक्रिया की चर्चा को महत्वपूर्ण इसलिए नहीं मानते हैं क्योंकि जब हम किसी कवि की कविता पढ़ते हैं तो उसकी रचना-प्रक्रिया जितनी आवश्यक होती है वह स्वयं उसकी कृति के माध्यम से उद्घाटित होती है। उससे अधिक रचना प्रक्रिया पर बल देना रचना को गौण बनाना है। आज कविता समझने की जो प्रवृत्ति विकसित हुई है उसमें रचना-प्रक्रिया का महत्व रचना से बढ़

---

1. इलिया एहरेनबुर्ग : द राइटर एण्ड हिज क्राफ़्ट, पृ. 13
2. प्लेखानोव : आर्ट एण्ड सोशल लाइफ, पृ. 8
3. वही पृ. 6
4. डॉ. रांगेय राघव : समीक्षा और आदर्श, पृ. 8

गया है। मैं समझता हूँ कि यही कारण है कि प्रक्रियाएँ अच्छी लिखी जाती हैं और कविताएँ साधारण। इसलिए मेरा बल कविताओं पर है और यदि कविताएँ उचित रूप से प्रेरणीय हैं तो फिर कवि की जन्मकुण्डली और उसका विश्लेषण नहीं मांगा जाना चाहिए। कवि से केवल कविता की मांग ही उचित है अन्य मांगे व्यर्थ हैं।'[1]

अज्ञेय जी जैसे समर्थ रचनाकार ने भी रचना-प्रक्रिया के विषय में अपनी अरुचि का परिचय दिया है। उनके शब्द हैं—'रचना प्रक्रिया के विषय में इतना अधिक आत्मचेतन होना स्वास्थ्यकर नहीं है, फिर भी कृतिकार के लिए अपने कर्म के इस पक्ष पर बल देना आधुनिक परिस्थिति में आवश्यक है। यह एक विपर्यय है।'[2] अज्ञेय के अनुसार रचना-प्रक्रिया के विश्लेषण में कठिनाई यह है कि वास्तव में कृतिकार अपने मानस के इस अंश को देख भी नहीं सकता जिसमें रचना का कार्य सम्पन्न होता है। अतः वह अपनी रचना के बारे में कोई प्रामाणिक बात नहीं कह सकता।'[3] अज्ञेय जी रचना-प्रक्रिया से अधिक सम्प्रेषण प्रक्रिया पर बल देते हैं। कारण यह है कि 'कवि रचना-प्रक्रिया का विश्लेषण करके वहीं तक रह जाये तो वह घातक होगा क्योंकि जो ऊर्जा रचना में लगती वह विश्लेषण में व्यय हो जायेगी और 'मेरे भीतर क्या हो रहा है' इसकी पड़ताल में कवि सम्प्रेषण-कर्म से विरत हो जायेगा।'[4]

रचना-प्रक्रिया पर ध्यान केन्द्रित होने का कारण उनकी समझ से यह है कि रचनाकार-रूपी विशेष प्रकार के यन्त्र को चलाने के नियम जानना आवश्यक हो गया था। रचना-प्रक्रिया के समकालीन गौरव का यह एक पक्ष है।' दूसरा पक्ष 'यन्त्र की उपयोगिता का नहीं, स्वयं यन्त्र का है। यह भी एक मार्के की बात है कि इसी काल में यन्त्र स्वयं भी अपनी प्रक्रिया के विषय में सजग हो उठा।' परिणाम यह हुआ कि 'रचना-प्रक्रिया की आधुनिक सब चर्चा विस्फारित अहं के गुब्बारे में भरी हुई गैस भर है।'[5]

इसके विपरीत, मुक्तिबोध हैं, जो न केवल रचना प्रक्रिया के अध्ययन को महत्वपूर्ण मानते थे बल्कि उन्होंने अपने अनेक निबन्धों में इसका गहन विश्लेषण किया है। इसी से पता चलता है कि वे इस प्रश्न को कितना

1. कल्पना, अक्तूबर 67
2. अज्ञेय : हिन्दी साहित्य : एक आधुनिक परिदृश्य, पृ. 125
3. वही, पृ. 136
4. अज्ञेय : लिखि कागद कोरे, पृ. 72
5. अज्ञेय : हिन्दी साहित्य एक आधुनिक परिदृश्य, पृ. 134-35

महत्वपूर्ण एवं सार्थक समझते थे। रचना-प्रक्रिया में मुक्तिबोध की दिलचस्पी कई कारणों से थी। प्रथमतः, उनकी धारणा थी कि सृजन प्रक्रिया के विश्लेषण से सौन्दर्य-सम्बन्धी किसी सामान्य सिद्धान्त पर आया जा सकता है। दूसरे, जीवन के विस्तृत क्षेत्र को साहित्य में लाने के लिए सृजन-प्रक्रिया की जानकारी उपयोगी होगी। तीसरे, अपनी विशेष काव्यप्रवृत्ति का औचित्य सिद्ध करने के लिए रचना प्रक्रिया का विश्लेषण किया जाये। चौथे, किसी कृति के समुचित मूल्यांकन की दिशा में सृजन-प्रक्रिया की समझ उपयोगी होगी। पाँचवे, सृजनशील साहित्य का मार्ग प्रशस्त करने के लिए भी यह विवेचन उपयोगी सिद्ध होगा।

कलाकार का सृजन अपने आप में एक व्यापार है जो अपने गन्तव्य के प्रति पूर्णतः सजग नहीं रहती। इसलिए रचना-प्रक्रिया को मुक्तिबोध एक खोज और एक ग्रहण का नाम देते हैं। इस प्रक्रिया को समझाने के लिए मुक्तिबोध ने एक उपमाचित्र का सहारा लिया है—

'वीरान-मैदान, अँधेरी रात, खोया रास्ता, हाथ में एक पीली मद्धिम लालटेन। यह लालटेन समूचे पथ को पहले से उद्‌घाटित करने में असमर्थ है। केवल थोड़ी-सी जगह पर ही उसका प्रकाश है। ज्यों-ज्यों वह पग बढ़ाता जायेगा थोड़ा-थोड़ा उद्‌घाटन होता जायेगा।'[1] यह अवचेतनवादी सिद्धान्त का निरूपण नहीं है। कोई भी रचनाकार यह जानता है कि रचना बढ़ते जाने के मार्ग का नक्शा रचना के पूर्व नहीं बनाया जा सकता और यदि बनाया गया तो वह यथातथ्य नहीं हो सकता। "रचना-प्रक्रिया वस्तुतः एक स्वायत प्रक्रिया है। और वह किन्हीं मूल उद्वेगों या अनुरोधों के सहारे चली चलती है। ये उद्वेग और अनुरोध ही वह लालटेन है, जिसको हाथ में लेकर उसे चलना होता है।[2] और वह पथ क्या है? वह पथ है वाह्य-संसार का आभ्यंतरीकृत रूप। बाह्य जगत के आभ्यन्तरीकरण से बना हुआ कवि का अन्तजर्गत जब 'किन्ही' उद्वेगों या अनुरोधों से विचलित होकर कल्पना नेत्रों के सम्मुख चंचल हो उठता है तब उसे प्रतीत होता है कि उसकी चेतना अँधेरे मैदान में बहने वाली सरिता है, जिसकी लहरें कुछ क्षणों के लिए चमक चमक उठती हैं। ध्यान के ओट के कारण वह इस आभ्यन्तर वास्तव को रहस्यमय समझता है। किन्तु जब वह रचना कर चुकता है तब उसकी रचना पुनर्रचित जीवन ही होती है—वह जीवन जो आत्मपक्ष और वस्तुजगत् की क्रिया-प्रतिक्रिया के उलझे रूप से बना हुआ है।'[3]

1. मुक्तिबोध : नयी कविता का आत्मसंघर्ष, पृ. 26
2. वही पृ. 27
3. मुक्तिबोध : नयी कविता का आत्मसंघर्ष, पृ. 27

इस प्रकार मुक्तिबोध ने सृजन प्रक्रिया की रहस्यमयता का उद्घाटन करते हुए उसकी वास्तविक प्रकृति को समझाया है। यहीं पर यह बात स्पष्ट हो जाती है कि वे रचना प्रक्रिया को न तो दैवी रहस्य-चेतना से जोड़ते हैं और न अवचेतनवादी सिद्धान्त से। उसे वे एक मनोवैज्ञानिक प्रक्रिया मानते हुए वस्तुजगत से सम्बद्ध करते हैं। हाँ, यह अवश्य है कि 'ध्यान के ओट' के कारण वे कला-प्रेरणा को सचेत भाव-प्रक्रिया के बाहर की वस्तु समझते हैं। इस सन्दर्भ में फ्रांसीसी कलाकार काक्तूयों का मत ध्यातव्य है—'मैं यह नहीं मानता कि कला की अन्तःप्रेरणा हमें आकाश से मिलती है। मैं समझता हूँ कि हममें एक उपेक्षा या असमर्थता की भावना होती है जिसके कारण हम अन्तजर्गत की कुछ शक्तियों को उपयोग में नहीं ला पाते। ये अज्ञात शक्तियाँ हमारे दैनिक जीवन के तत्वों, उसके परिवेश और संवेगों से संयुक्त होकर अन्तस्तल के गहन स्तरों में कार्य करती हैं और हम उनके भार से आक्रान्त हो उठते हैं और तब वे हमें अपनी निष्क्रियता की भावना को जीतने के लिए विवश करती हैं किन्तु यही वह क्षण है जब कलाकार की सचेत भावना को उसकी अवचेतना को पीछे छोड़कर कलासृजन के सूत्र अपने हाथ में ले लेने चाहिए।' इन पंक्तियों में अन्तःप्रेरणा का मनोवैज्ञानिक आधार स्पष्ट है।

मुक्तिबोध के अनुसार विभिन्न कवियों की रचना-प्रक्रिया भिन्न-भिन्न होती है। और वह कवि-स्वभाव, कवि दृष्टि और विषय-वस्तु के अनुसार बनती बदलती रहती हैं। रचना-प्रक्रिया का कोई निर्विशिष्ट सामान्य रूप नहीं है, यद्यपि यह सही है कि उस प्रक्रिया के मूल तत्व सर्वसामान्य हैं।'[1] ये सर्वसामान्य तत्व हैं संवेदनात्मक उद्देश्य, कल्पना, भावना और बुद्धि। ये रचना-प्रक्रिया के अन्तर्वर्ती तत्व हैं जो उसे सम्भव बनाते हैं। उन तत्वों की विभिन्न मात्राओं, विभिन्न अनुपातों और विभिन्न प्रकार के योगों से रचना-प्रक्रिया को भिन्न एवं विशिष्ट रूप मिलता है।

रचना-प्रक्रिया में युगानुरूप परिवर्तन भी होता है। इसका कारण यह है कि "जीवन परिस्थितियों में परिवर्तन से और यथार्थ के नये-नये पहलुओं के खुलने से उनके आभ्यन्तरीकरण के द्वारा लेखक का जो संवेदनात्मक वैयक्तिक इतिहास बनता है वह इतिहास पूर्ववर्ती प्रवृत्ति के कवियों से सर्वथा भिन्न होता है, अतएव इस नवीन प्रवृत्ति वाले की रचना-प्रक्रिया भी बदल जाया करती है और तदनुसार अभिव्यक्ति शैली भी।'[2] युगानुरूप भिन्नता के आधार पर नयी कविता को पहले

1. मुक्तिबोध : नये साहित्य का सौन्दर्य शास्त्र, पृ. 82
2. मृक्तिबोध : नये साहित्य का सौन्दर्यशास्त्र, पृ. 86

की कविता से अलगाते हुए मुक्तिबोध ने कहा है : 'रोमैंटिक कवियों की भाँति आवेशयुक्त होकर, आज का कवि भावों के अनायास, स्वच्छन्द अप्रतिहत प्रवाह में नहीं बहता, इसके विपरीत वह किन्हीं अनुभूत मानसिक प्रतिक्रियाओं को ही व्यक्त करता है।'[1]

स्पष्ट है कि मुक्तिबोध काव्य-रचना को न तो 'सशक्त भावनाओं का स्वच्छन्द प्रवाह' मानते हैं, न कल्पना की उड़ान मात्र और न आत्माभिव्यक्ति मात्र। आज की कविता उनकी दृष्टि में जीवन के संवेदनात्मक ज्ञान और ज्ञानात्मक संवेदनों के तीव्र मानसिक प्रतिक्रियाघातों को प्रकट करना चाहती है।

इसलिए मुक्तिबोध कवि को 'नदी के द्वीप' के दायरे से निकालकर उसे अपने व्यापक परिवेश से जोड़ना चाहते हैं ताकि वह 'युगजीवन की लहर लहर को हृदयंगम कर उसे समुचित वाणी दे सके।' उनका आग्रह है कि सच्चे संवेदनशील लेखक कलाकार को बाह्य प्रभावों को ग्रहण करने के लिए अपने को छुट्टा छोड़ देना चाहिए। जीवन-जगत की तुलना में कलाकार का अन्तर्जगत् छोटा ही होता है। इसीलिए 'वह जीवन-जगत के बिम्बों, प्रेरणापूर्ण दृश्यों, भाव-विचार-धाराओं के सार-सत्यों को पीता रहता है।' यही वाह्य जगत् का आभ्यन्तरीकरण है। बिना इसके—बाह्य जीवन के सत्यांशों को अपने अन्तर्जीवन में मिलाये बिना—कवि कलाकार के व्यक्तित्व का विकास नहीं हो सकता। कीट्स ने इस बात का स्पष्टता से उल्लेख किया है। उसका कहना है कि 'कवि का वस्तुतः स्वयं अपने में कोई काव्यमय व्यक्तित्व नहीं होता। वह तो संसृति की वस्तुओं को देखता है। उसकी चित्तवृत्ति इन वस्तुओं में रमती है और उन्हीं के प्रभाव से उसके काव्य में स्फुरण होता है।'[2] अतः कला-साधना के लिए जीवनानुभव की ठोस आधारभूमि अनिवार्य है। मुक्तिबोध के अनुसार जीवन के अनुभव ज्ञान की उपेक्षा करके काव्य की रचना-प्रक्रिया नहीं चल सकती 'वास्तविक जीवन-साधना' के बिना मुक्तिबोध कलात्मक साधना को असम्भव बताते हैं। यद्यपि कलात्मक साधना की, आपेक्षिक रूप से, अपनी स्वतन्त्र क्रिया और गति हुआ करती है, किन्तु उसकी मूल प्रेरणा उसके तत्व उसी सम्पदा का अंग होते हैं कि जो सम्पदा अपने वास्तविक जीवन में संवेदनात्मक रूप से अर्जित की जाती है और एक जीवन संवेदनात्मक ज्ञानव्यवस्था के रूप में विकसित की जाती है।'[3]

---

1. मुक्तिबोध : नयी कविता का आत्मसंघर्ष, पृ. 11
2. उद्धृत – डॉ. शिवकरणसिंह : कला सृजन प्रक्रिया, पृ 7
3. मुक्तिबोध नयी कविता का आत्मसंघर्ष, पृ. 22

इस संवेदनात्मक ज्ञानव्यवस्था के अतिरिक्त रचना-प्रक्रिया में संवेदनात्मक उद्देश्य भी होते हैं, संवेदनात्मक उद्देश्य कल्पना, भावना और बुद्धि को प्रभावित करते हुए रचना प्रक्रिया को भी प्रभावित करते हैं। रचना-प्रक्रिया में संवेदनात्मक उद्देश्य की भूमिका यह है कि ये अपने धक्के से हृदय में स्थित जीवन अनुभवों अर्थात् ज्ञानात्मक संवेदन और संवेदनात्मक ज्ञान को जागृत और संकलित करके उन्हें अपनी दिशा में प्रवाहित करते हैं। इस प्रक्रिया में कल्पना उत्तेजित होकर अनुभवों के साकार चित्र प्रस्तुत करती है। संक्षेप में 'रचना प्रक्रिया के भीतर न केवल भावना, कल्पना, बुद्धि और संवेदनात्मक उद्देश्य होते हैं, वरन् वह जीवनानुभव होता है जो लेखक के अन्तर्जगत का अंग है।'[1]

कवि को कवि होने के लिए अपने वास्तविक जीवन में रचनाबाह्य काव्यानुभव जीना पड़ता है, व्यक्तिबद्धता की दीवारें तोड़कर 'विश्वचेतस् और आत्मचेतस्' होना पड़ता है, युगीन वास्तविकता के आर पार भेदने वाली मर्मदृष्टि पानी होती है। मुक्तिबोध कहते हैं कि 'कवि केवल रचना-प्रक्रिया में पड़कर ही कवि नहीं होता, वरन् उसे वास्तविक जीवन में आत्मसमृद्धि को प्राप्त करना होता है। 'काव्य एक सीमित शिक्षा और संस्करण नहीं है, वरन् ए क व्यापक, भावनात्मक और बौद्धिक परिष्करण है—वह कल्चर, वह परिष्कृति जो वास्तविक जीवन में प्राप्त करनी पड़ती है।'[2] 'कारण यह है कि यदि कलाकार का जीवन तुच्छ है अर्थात् नव नवीन संवेदनात्मक ज्ञान और ज्ञानात्मक संवेदनों से हीन है, यदि उसमें उदार सहानुभूतियों का विस्तार नहीं है, यदि उसमें नितान्त आत्मवद्धता है, तो फिर ऐसा अन्तर्जगत कलाभिव्यक्ति के लिए महत्वहीन है।'[3]

सृजन-प्रक्रिया के सन्दर्भ में जीवन प्रक्रिया की चर्चा का मुख्य कारण यह है कि जीवन प्रक्रिया और रचना-प्रक्रिया की परस्पर समानान्तर गति है। ऐसा नहीं है कि समूची जीवन-प्रक्रिया अलग चलती रहती है और रचना-प्रक्रिया का धनीभूत क्षण अकस्मात् आ उपस्थित होता हो। यह सच है कि अनुभव संवेदन और अनुभव प्रक्षेपण दोनों साथ-साथ नहीं चलते किन्तु जिस व्यक्ति का मन मूलतः क्रिएटिव (सर्जनशील) और कल्पना-प्रवण है, वह टेबिल पर लिखते वक्त

1. मुक्तिबोध—नये साहित्य का सौन्दर्यशास्त्र, पृ. 81
2. मुक्तिबोध : नयी कविता का आत्मसंघर्ष, पृ. 28
3. मुक्तिबोध : नये साहित्य का सौन्दर्यशास्त्र, पृ. 86

कल्पना-प्रवण होता है, यह बात नहीं। उसकी सर्जनशील कल्पना-प्रवणता वस्तुतः दिन भर चलती रहती है। सच तो यह है कि वह उसके जीवन का एक धर्म है।[1] रचना-प्रक्रिया और जीवन प्रक्रिया की इससे अधिक अभिन्नता और क्या हो सकती है? सामरसेट माम भी कुछ इसी तरह के विचार रखते हैं—कलाकार केवल उसी समय नहीं लिखता जब वह अपने डेस्क पर बैठा रहता है, वह उस समय भी लिखता है जब वह जीवन की अन्य क्रियाओं को सम्पादित करता रहता है। इन क्रियाओं से वह दृश्य या अदृश्य रूप से अपनी सामग्री संगृहीत करता रहता है। ये संग्रह उसे सृजन में विशेष रूप से सहायक होते हैं।'[2] धर्मवीर भारती के अनुसार 'जो खरा काव्य है उसकी रचना-प्रक्रिया में, कितने ही अप्रत्यक्ष रूप में हो, किन्तु जीवन प्रक्रिया अनिवार्यतः उलझी रहती है। और यह प्रक्रिया केवल कुछ चुने हुए अत्यन्त सुविधापूर्ण क्षणों में ही घटित नहीं होती। रोजमर्रा की जिन्दगी के तथाकथित अत्यन्त गद्यात्मक नीरस काम, दफ़्तर, बाजार, सौदासुलुफ, हारी-बीमारी, रोजगार के बीच भी रचनाकार का मन अनजाने चुपचाप ही भूमिका प्रस्तुत करता रह सकता है। इसलिए जाने कितने रूपों में कितने प्रकार से जीवन तथा बाह्य परिवेश काव्यकृति में समाविष्ट होता चलता है। काव्य में सजीवता नामक गुण इसी कारण आता है।'[3]

रचना-प्रक्रिया को जीवन प्रक्रिया के समानान्तर मानने के कारण ही मुक्ति बोध सृजन को किसी विशेष क्षण तक ही सीमित नहीं मानते। उनके विचार से 'कला' के तीन क्षण होते हैं। कला का पहला क्षण है जीवन का तीव्र उत्कट अनुभव क्षण। दूसरा क्षण है इस अनुभव का अपने कसकते दुखते हुए मूलों से पृथक् हो जाना और एक ऐसी फैंटेसी का रूप ले लेना मानों वह फैंटेसी अपनी आँखों के सामने ही खड़ी हो। तीसरा और अन्तिम क्षण है इस फैंटेसी के शब्दबद्ध होने की प्रक्रिया का आरम्भ और उस प्रक्रिया की परिपूर्णावस्था तक की गतिमानता।'[4] शब्दबद्ध होने की प्रक्रिया में जो अनुभव-प्रवाह होता है वह सम्पूर्ण जीवन का प्रभाव होता है। इसलिए मुक्तिबोध काव्य की रचना-प्रक्रिया को एक लम्बी प्रक्रिया मानते हैं।

ध्यान देने की बात यह है कि आधुनिक युग के अधिकांश विचारकों ने सृजनप्रक्रिया की तीन स्थितियों को स्वीकार किया है। सृजन प्रक्रिया के सम्बन्ध

1. मुक्तिबोध : एक साहित्यिक की डायरी, पृ. 30-31
2. डॉ. शिवकरणसिंह : कला सृजन प्रक्रिया, पृ. 14.
3. डॉ. धर्मवीर भारती : सात गीत वर्ष, पृ. 10-11
4. मुक्तिबोध : एक साहित्यिक की डायरी, पृ. 19

में मतों की विभिन्नता के बावजूद यह आश्चर्यजनक समानता परिलक्षित होती है। मलयज के अनुसार 'एक प्रक्रिया होती है अनुभव की, अनुभुति क्षण के प्रति सम्पृक्त होने की, एक होती है उस अनुभुत किए हुए को सहेजने की, उसे टटोलने, पहचानने और आंकने की। यह प्रक्रिया हमें गन्तव्यबोध के सजग धरातल की ओर ले जाती है। इस धरातल पर खड़े होकर ही विचारों का आदान-प्रदान किया जा सकता है, क्योंकि टटके छायाभासों से निकलकर तब अनुभूति की रेखाएँ मूर्त्त सत्यों के रूप में स्पष्ट दीखने लगती हैं।'[1] और तीसरी प्रक्रिया है अभिव्यक्ति की।

डॉ. रघुवंश ने सृजन-प्रक्रिया के त्रिगुणात्मक सूत्र को इस प्रकार रखा है—

1. बौद्धिक चेतना में यथार्थ का सही रूप
2. देशकाल व्यक्तित्व और उसकी नियति का स्वरूप
3. मानवीय संचरण की सम्भावना।

अधिकांश लोगों के विचार जहाँ अप्रयाप्त हैं और उनमें सरलीकरण स्पष्ट हैं वहाँ मुक्तिबोध प्रामाणिक और वैज्ञानिक विश्लेषण के साथ सृजन प्रक्रिया के रहस्य का उदघाटन करते हैं। डॉ. रघुवंश और मुक्तिबोध के त्रिसूत्रीय सिद्धान्त की परस्पर तुलना करते हुए गुरुचरण सिंह मोंगिया ने लिखा है—'रघुवंश जी के तीनों मुक्तिबोध के त्रिसूत्रीय सिद्धान्त के अन्तर्गत आ जाते हैं। मुक्तिबोध की विशिष्टता इस बात में है कि उन्होंने अधिक वैज्ञानिक स्पष्टता के साथ इन तीनों क्षणों को व्याख्यायित करते हुए एक सृजन-सिद्धान्त की स्थापना भी की है जबकि रघुवंश जी के संकेत अधूरे तथा कुछ हद तक यथार्थ भी हैं। दोनों के त्रिसूत्रों को मिलाकर इस रूप में रख सकते हैं—1. यथार्थ का सही तथा बौद्धिक अनुभव, 2. अनुभव का अपने भावनात्मक स्रोतों से पृथक होकर देशकाल सन्दर्भ में सम्पृक्त होना, 3. अनुभूति का शब्दबद्ध होना और शब्दवाहन द्वारा संचारित होकर अपनी परिपूर्णावस्था अर्थात् प्रेषणीयता तक पहुँचना। लेकिन रघुवंश जी बीच के एक सौपान को हजम कर गये हैं जिसके बगैर इस प्रक्रिया विवेचन के अधूरे रह जाने की आशंका है। वह सौपान है भावानुभूति का कल्पीकरण अर्थात् फैटेसी के रूप में उसका रूपान्तरण।[2]

फैंटेसी के सौपान का हजम होना रघुवंश जी के चिन्तन में स्वाभाविक है। ऐसी कविताएँ भी होती हैं जिनमें फैंटेसी का उपयोग नहीं होता अथवा

1. माध्यम, जून 64
2. वातायन, मई 67, पृ. 52, 53

जिनमें कलाकार का अनुभव फैंटेसी में रूपान्तरित नहीं होता। स्वयं मुक्तिबोध ने सृजन-प्रक्रिया में मतों की विभिन्नता को स्वाभाविक माना है क्योंकि सृजन प्रक्रियाएँ कवि दृष्टि, कवि स्वभाव के अनुसार भिन्न-भिन्न होती है।

अपने विभिन्न निबन्धों में मुक्तिबोध ने रचना-प्रक्रिया के भीतर चलने वाली प्रक्रियाओं का विस्तृत विवेचन किया है। 'एक साहित्यिक की डायरी' में मुक्तिबोध ने बताया है कि कला का प्रथम क्षण एक झटके के साथ मूल अनुभव को आवेग में परिवर्तित कर देता है। फलतः कलाकार के आभ्यन्तर लोक के अन्तर्तत्व उद्वेलित, तरंगायित एवं मानसिक दृष्टि के सम्मुख उद्‌घाटित हो जाते हैं, उनमें रूप आ जाता है अर्थात कल्पना, बिम्ब अथवा स्वर या प्रवाह से वे संवृत हो उठते हैं। कला का यह प्रथम क्षण सृजनप्रक्रिया की गति और दिशा निर्धारित करती है।

कला के दूसरे क्षण में प्रधान अनुभव व्यक्तिबद्ध पीड़ा अथवा अपने कसकते दुखते हुए मूलों से पृथक होकर एक मूर्त फैंटेसी का रूप धारण कर लेता है। प्रथम और द्वितीय क्षण के बीच कल्पना की भूमिका महत्वपूर्ण है। वही फैंटेसी की जनक है। वह उद्दीप्त होकर संवेदना से युक्त मूल तत्व (अनुभव) को समरूप जीवनानुभवों और जीवन मूल्यों से संश्लेषित करती हुई, एक संश्लिष्ट जीवन चित्रशाला उपस्थित कर देती है। वह अनुभव और विचारों को बिम्बों का रूप प्रदान करती है। इसी आधार पर बेलिन्सकी ने यह निर्णय दिया था कि कला सत्य का सहज तात्कालिक अवगहन या बिम्बों अथवा छबियों में सोचने की प्रक्रिया है।

कलप्ना-विबों की उपस्थिति के पश्चात् इस तत्व रूप को देखने वाली कलाकार की मानसिक दृष्टि रस में निमग्न-सी होने लगती है साथ ही बोधपक्ष यानी ज्ञानवृत्ति की सक्रियता के फलस्वरूप वह तटस्थ भी हो जाती है। मतलब यह कि भोक्तृत्व और दर्शकत्व का द्वन्द्व एक समन्वय में लीन होकर एक दूसरे के गुणों का आदान-प्रदान करता हुआ सृजन-प्रक्रिया आगे बढ़ा देता है। दर्शक का ज्ञान और भोक्ता की संवेदना परस्पर विलीन होकर अपने से परे उठने की भंगिमा को प्रोत्साहित करती रहती है। इस प्रकार सृजन प्रक्रिया के विशिष्ट में सर्वसामान्य महत्व प्रतिबिम्बित होता है।'[1] यह स्पष्ट है कि मुक्तिबोध की यह मान्यता ईलियटवादी अज्ञेय की इस धारणा से कि 'भोगने वाले प्राणी और सृजन करने वाले कलाकार में सदा एक अन्तर रहता है और जितना बड़ा कलाकार

1. मुक्तिबोध एक साहित्यिक की डायरी, पृ. 22

होता है उतना ही भारी यह अन्तर होता है'[1] भिन्नता रखती है। अज्ञेय का तो यहाँ तक विचार है कि तटस्थता या दूरी लाने की प्रक्रिया ही सृजन-प्रक्रिया है।[2] मुक्तिबोध कला-सृजन के लिए भोक्ता और द्रष्टा के सह-अस्तित्व को बहुत दूर तक स्वीकार करते हैं। इसलिए वे कहते हैं कि सौन्दर्य क्षणों में संवेदनात्मक ज्ञान और ज्ञानात्मक संवेदन के आधार पर हम एक साथ तटस्थ और तन्मय, अपने से परे और निमग्न, अपने से बाहर और अपने अन्दर एक साथ रहते है।'[3] इसका कारण यह है कि द्रष्टा और दृश्य में एक विशेष प्रकार का सम्बन्ध होता है। इसी सम्बन्ध के कारण द्रष्टा की विषयगत भावनाएँ निरस्त हो जाती हैं। यह तटस्थता या दूरी की भावना उपादान से हमारे सम्बन्ध को इस रूप में नियोजित करने में समर्थ है कि वे हमें काल्पनिक मालूम होने लगते हैं। ये सम्बन्ध वैयक्तिक होते हुए भी निर्वैयक्तिक ज्ञात होने लगते हैं। इस दृष्टि से कला के क्षेत्र में तटस्थता या दूरी के अन्तर्विरोध की बात महत्वपूर्ण है।'[4]

यह विधायक कल्पना ही है जो कलाकार को आत्मविस्तार के लिए प्रेरित करती है। ऐसे क्षण केवल कलाकार को ही नहीं, सामान्य जनों को भी उपलब्ध होते हैं। अन्तर यह है कि सामान्य व्यक्ति में सम्प्रेषण की क्षमता नहीं होती जबकि कलाकार में होती है। 'कवि-मन भोक्ता स्थिति के संवेदनापुँजों में आत्मलीन होता हुआ भी ऐसी क्षमता रखता है कि वह सामान्य भूमि पर आकर जीवन-मूल्य और जीवनदृष्टियों के समन्वित होने से अपने को उन संवेदनापुँजों से ऊपर उठा हुआ अर्थात् तटस्थ महसूस करता है तथा वे संवेदनापुँज जीवन-मूल्यों तथा जीवन-दृष्टियों से तथा पूर्वगत अनुभवों से मिलकर अपने को व्यापक महत्व और प्रकाश से युक्त कर लेते हैं। अतएव उन संवेदनापुँजों में दर्शक-मन को एक अद्वितीय आनन्द प्राप्त होता है।'[5] और इस स्थिति में जबकि कलाकार का विशिष्ट अनुभव सामान्य में घुलने लगता है तब उसे लगता है कि उसका अनुभव सभी के लिए महत्वपूर्ण है और वह अभिव्यक्ति की छटपटाहट महसूस करता है। इस प्रकार मुक्तिबोध रचना-प्रक्रिया के प्रसंग में सम्प्रेषण-प्रक्रिया का भी रहस्योद्घाटन करते हैं। उनके उपर्युक्त विवेचन से स्पष्ट है कि जो कलाकार अपने प्राथमिक विशिष्ट अनुभव को व्यक्तिबद्ध मूलों से पृथक् नहीं कर

1. अज्ञेय : शेखर एक जीवनी भाग-1
2. अज्ञेय : भवन्ती पृ. 1
3. मुक्तिबोध : नये साहित्य का सौन्दर्यशास्त्र, पृ. 61
4. डॉ. शिवकरणसिंह : कला-सृजन प्रक्रिया, पृ. 77
5. मुक्तिबोध : नयी कविता का आत्मसंघर्ष, पृ. 5

पाता... उसे समरूप जीवनानुभवों का परिप्रेक्ष्य नहीं देता, कवि हृदय को लोकहृदय में लीन नहीं करता उसकी कलाकृति न केवल महत्वहीन बल्कि प्रेषणीयता में अक्षम सिद्ध होगी।

कला के तीसरे क्षण में अभिव्यक्ति का संघर्ष चलता है। यह एक दीर्घ प्रक्रिया है। इस काल में मूल द्वन्द्व 'भाव तथा भाषा के बीच चलता है। इन दोनों की परस्पर क्रिया प्रतिक्रिया और संघर्ष बहुत उलझे हुए होते हैं और वे उन दोनों को बदलते रहते हैं।'[1] अभिव्यक्ति संघर्ष में कलाकार को निरन्तर भावसम्पादन करना पड़ता है ताकि मूल अनुभव के अनुकूल और पुष्ट करने वाले स्वर-भाव तथा चित्र ही कविता में आ सकें। वह शब्दों में वास करने वाले अर्थबिम्बों और अर्थध्वनियों की तुलना अपने भाव-दृश्यों से करता है और जो शब्द उसे उपयुक्त एवं प्रातिनिधिक प्रतीत होते हैं, उनकी योजना करता है। प्रत्येक शब्द अपने साथ एक विशेष प्रकार का वातावरण और अर्थानुषंग लिए हुए आते हैं। कलाकार को देखना यह होता कि कौन-से शब्द उसके मनोमय तत्वरूप और भावों के अनुकूल हैं। विशेष प्रकार के शाब्दिक अर्थानुषंग को आत्मसात् कर कलाकार के भाव अथवा मनोमय तत्वरूप अपने को पुष्ट करते हैं, फलतः वे इस हद तक बदल भी जाते हैं। इस प्रकार कलाकार न केवल भावसम्पादन करता है बल्कि शब्दसम्पादन और भाषा-निर्माण भी करता है। वह नवीन भाव-विषय के अनुकूल शब्दों का चयन कर उन्हें नवीन अर्थच्छबियाँ प्रदान करता है। वास्तव में यह कठिन कार्य है। कभी-कभी ऐसा होता है कि कलाकार अपने जिन भावों की अभिव्यक्ति करना चाहता है वे भाव इतने अस्पष्ट होते हैं कि कलाकार को उसके लिए उपयुक्त शब्द ही नहीं मिलते। मुक्तिबोध के शब्दों में—

'ज्यों कोई च्यूंटी शिलालेख पर चढ़ती है
अक्षर अक्षर रेंगती नहीं कुछ पढ़ती है
त्यों मन
भीतर के लेखों को छू लेता है
बैचेन भटकता है बेकार ठिठकता है
पर पकड़ नहीं पाता शब्दों के अक्षर...'[2]

यह कलाकार की असमर्थता और अक्षमता का सूचक नही है। समर्थ से समर्थ साहित्यकार इस समस्या से जूझता है। इसलिए मुक्तिबोध इसे अभिव्यक्ति

1. मुक्तिबोध : एक साहित्यिक की डायरी, पृ. 28
2. मुक्तिबोध : चाँद का मुँह टेढ़ा है, पृ. 27

संघर्ष की संज्ञा देते हैं। अभिव्यक्ति संघर्ष के दौरान कलाकार के जीवन और व्यक्तित्व का सम्पूर्ण प्रवाह—सम्पूर्ण जीवनानुभव प्रवाहित हो उठता है। दूसरे शब्दों में मूल अनुभव अपने अनुकूल अन्य जीवनानुभव एवं मनस्तत्वों से जुड़ता हुआ एक परिप्रेक्ष्य (पर्सपैक्टिव) की शक्ल में बदल जाता है। मुक्तिबोध के अनुसार 'शब्दबद्ध होने की प्रक्रिया के दौरान जब तक उस भर्म में ओज और बल कायम है तब तक वह नये तत्व समेटता रहेगा। किन्तु जब वह चुक जायेगा तब गति बन्द हो जायेगी। कविता वहाँ पूरी हो जानी चाहिए।'[1]

इस प्रकार हम देखते हैं कि अभिव्यक्ति संघर्ष के दौरान मूल फैंटेसी इस प्रकार बदलती रहती है कि कविता समाप्त होने पर कवि को यह देखकर विस्मय होता है कि फैंटेसी को क्या होना था और क्या बन गया। और जब कवि पूर्व स्थिति को अन्तिम-स्थिति से मिलान करके देखता है तो आश्चर्य से चीख उठता है—

'मैं उसका नहीं कर्ता
पिता धाता
कि वह दुहिता नहीं होती
परम स्वाधीन है, वह विश्वशास्त्री है।'[2]

काव्य की रचना-प्रक्रिया को जीवन-सापेक्ष मानते हुए भी सर्जना-व्यापार की विशिष्टता की यह उद्घोषणा प्रगतिवादी समीक्षा को मुक्तिबोध की विशिष्ट देन है।

डॉ. धनंजय वर्मा ने लिखा है 'रचना का जो स्वरूप प्रारम्भिक स्थिति में होता है, वह उसके सम्पूर्ण होते होते बिल्कुल बदल जाता है।'[3] किन्तु क्या मूल अनुभव अथवा संवेदनात्मक उद्देश्य भी बदल जाता है? रचना का प्रारम्भिक स्वरूप अथवा मूल फैंटेसी अपने प्रधान मर्म का परित्याग कभी नहीं करता। इस प्रधान मर्म के अनुकूल अनेक भाव या स्वर तैर आने के कारण ही रचना के प्रारम्भिक स्वरूप में परिवर्तन होता है।

काव्य की रचना-प्रक्रिया अथवा अभिव्यक्ति संघर्ष की प्रक्रिया में सबसे बड़ा बाधक तत्व है भाव एवं अभिव्यक्ति की वह जड़ीभूत वृत्ति जिसे मुक्तिबोध 'कंडीशंड साहित्यिक रिफ़्लैक्सेस' कहते हैं। कंडीशंड साहित्यिक रिफ़्लैक्सेस

---

1. मुक्तिबोध : एक साहित्यिक की डायरी, पृ. 24
2. मुक्तिबोध : चाँद का मुँह टेढ़ा है, पृ. 163
3. डॉ. धनंजय वर्मा : माध्यम, सितम्बर 67

यन्त्रवत् कविताएँ तैयार करवाते हैं। आदतन बने हुए पुरानी भावाभिव्यक्ति के जड़ीभूत रूप नवीन मार्ग के अन्वेषण अथवा नवीन भावों की व्यंजना में पग पग पर कवि के आड़े आते हैं। 'अगर वह आत्मानुभूत नये भावों को प्रकट करने की कोशिश करता है। तो भी पुराने भावों से गृहीत उपमाएँ और रूप-तत्त्व नवीन अर्थसत्ता को समाप्त कर देने पर तुले रहते हैं।'[1] कवि को अपनी विकास यात्रा में इस बाधा से निरन्तर जूझते रहना पड़ता है[2] अन्यथा वह अपने ही बनाये कटघरे में फंस जाता है। बहुत से कवि आत्म-संघर्ष का खतरा उठाने से डरते हैं क्योंकि–

खतरा उठाया तो
मानसिक यन्त्र-सी बनी हुई आत्मा
आदतन बने हुए अमूर्तन भाव-चित्र,
विचार-चरित्र ही
टूट-फूट जायेगें
फ्रेमें सब टूटेंगी व टंटा होगा निज से।
इसलिए सत्य हमारे यहाँ हैं सतही
पहले से बनी हुई राहों पर घूमते हैं
यन्त्रवद्ध गति से

अतः मुक्तिबोध की ललकार है कि–

'अब अभिव्यक्ति के खतरे उठाने ही होंगे
तोड़ने ही होंगे मठ और गढ़ सब
पहुँचना होगा दुर्गम पहाड़ों के उस पार
तब कहीं देखने मिलेंगी बाहें
जिनमें कि प्रतिपल काँपता रहता
अरुण कमल एक।[3]

खतरा उठाने और अभिव्यक्ति संघर्ष पर बल देने के कारण ही मुक्तिबोध सृजन-प्रक्रिया में बुद्धितत्व को भी समुचित महत्व देते हैं। सचमुच सृजन और बुद्धि का अभिन्न सम्बन्ध होता है। कला में अनुभूति की व्याख्या, जीवन की आलोचना और कलाकार की परिवेश के प्रति प्रतिक्रिया प्रतिफलित होती है।

---

1. मुक्तिबोध : नयी कविता का आत्मसंघर्ष, पृ. 25
2. मुक्तिबोध : चाँद का मुँह टेढ़ा है, पृ. 84
3. मुक्तिबोध : चाँद का मुँह टेढ़ा है, पृ. 84

कलाकार चिन्तक होता है। सृजन की स्थिति में कलाकार को विधि और निषेध के बीच गुजरना पड़ता ह। यह क्रिया बुद्धि संवलित होती हैं। बुद्धि एक साथ ही सृजन प्रक्रिया में कई भूमिकाएँ निभाती है। वह जीवन-यथार्थ में प्रवेश करने के साथ ही 'भाव-यात्रा में ठीक दिशा को सूचित करती रहती है, संवेदनात्मक उद्देश्य से प्रेरित होने के कारण जीवन अनुभवों में सूक्ष्म दृष्टि फल को वह समान्यीकरणों का रूप देती चलती है। तीसरी ओर वह अभिव्यक्ति निर्माण में सम्पादक संशोधक का काम भी करती है।[1] इसका मतलब यह नहीं कि मुक्तिबोध काव्य-रचना में बुद्धितत्व को अधिक महत्व देते हैं। कविता को अभ्यास, संवेदन, कल्पना और बुद्धि के संश्लेषण से गठित रचना मानने के कारण वे इन सभी तत्वों को काव्य-सर्जन में समान रूप से महत्वपूर्ण मानते हैं।

उपर्युक्त विश्लेषण के आधार पर मुक्तिबोध की विशिष्टता उभरती है। मार्क्सवादी विचारकों की तरह वे उसे जीवन-सापेक्ष तो मानते हैं लेकिन उसकी स्वायत्तता से इंकार नहीं करते। किन्तु यह स्वायत्तता कलावादी स्वायत्तता नहीं है जो जीवन एवं समाज से निरपेक्ष भावजगत् में कला को स्वतः पूर्ण मुक्त सृष्टि मानती है। मुक्तिबोध का विवेचन कलावादियों द्वारा प्रस्तुत कला की स्वतन्त्रता के प्रश्न का दो टूक उत्तर है। कला की स्वतन्त्रता का अर्थ जीवन-यथार्थ से कला को अलग हटाना नहीं है। यह स्वायत्तता भाव एवं भाषा के बीच द्वन्द्व का अनिवार्य परिणाम है। कला की यह स्वाधीनता अवचेतनवादी स्वतःचालित रचना-प्रक्रिया से भी मेल नहीं खाती। काव्य-सृजन को वे एक सचेत बौद्धिक प्रयास मानते हैं। सृजनप्रतिभा उनके अनुसार जन्मजात नहीं, श्रमसाध्य है। अवचेतनवादियों की तरह मुक्तिबोध भी मानते हैं कि सृजन का आवेग रोके नहीं रुकता। कविता को वे 'आवेगत्वरित कालयात्री'[2] कहते हैं। यह आवेग किसी दैवी विस्फोट का परिणाम नहीं बल्कि संगृहीत भावों एवं विचारों की उत्तेजना' है। इस आवेग का मतलब यह नहीं कि अतियथार्थवादी अथवा बीट पीढ़ी की तरह कवि के मन में जो भी स्वप्न-चित्र अथवा भाव-चित्र आयें सबको वह आँख मूँदकर स्वचालित यन्त्र की तरह अभिव्यक्त करता जाये बल्कि इसके विपरीत मुक्तिबोध के अनुसार उसे भाव-सम्पादन एवं अभिव्यक्तिसंघर्ष की दीर्घ एवं पीड़ादायक प्रक्रिया से गुजरना पड़ता है। मुक्तिबोध की सृजनप्रक्रिया किन्हीं विशेष क्षणों में 'अनायास स्फुरण' की प्रक्रिया नहीं है। उनकी रचना-प्रक्रिया का

1. मुक्तिबोध : नये साहित्य का सौन्दर्यशास्त्र, पृ. 17
2. मुक्तिबोध : चाँद का मुँह टेढ़ा है, पृ. 166

सम्बन्ध न तो कॉलरिज की 'कुबला खां' की स्वप्न सृष्टि से जोड़ा जा सकता है और न कविता को अदमनीय सशक्त भाव-प्रवाह मानने वाले वर्डस्वर्थ से। मुक्तिबोध न तो क्रोचे और प्रसाद की तरह सहजानुभूति जनित ज्ञान और तर्कमूलक ज्ञान के बीच अन्तर बनाए रखकर ही कविता का सृजन स्वीकार करते हैं और न प्राचीनों द्वारा स्वीकृत किसी आध्यात्मिक दैवी शक्ति के आसरे ही कविता के सृजन क्षण के लिए टुकुर-टुकुर निहारते हैं।

बात यह है कि मुक्तिबोध ने काव्य-सृजन प्रक्रिया को जीवन प्रक्रिया के समानान्तर प्रतिष्ठित किया है। उनकी कविताओं के आधार पर यह बात और भी प्रमाणित हो जाती है। जीवन की तरह उनकी कविताएँ लम्बी होते हुए भी अधूरी सी लगती हैं। कारण यह है कि वास्तविकता का एक साक्षात्कार कवि को दूसरे साक्षात्कार तक पहुँचा देता है और यह प्रक्रिया कभी समाप्त नहीं होती; चलती रहती है। वास्तविकता का यह अन्तहीन साक्षात्कार ही उनकी कविताओं को गति और विस्तार देता है, उसमें जीवन एवं व्यक्तित्व का समस्त प्रवाह बहने लगता है और अन्ततः कवि को खीझकर कहना पड़ता है—

"नहीं होती कहीं भी खतम कविता नहीं होती
कि वह आवेग-त्वरित काल-यात्री है
व मैं उसका नहीं कर्त्ता
पिता-धाता
कि वह कभी दुहिता नहीं होती
परम स्वाधीन है वह विश्व-शास्त्री है
गहन-गम्भीर छाया आगमिष्यत् की
लिए वह जन-चरित्री है।
नये अनुभव व संवेदन
नये अध्याय प्रकरण जुड़
तुम्हारे कारणों से जगमगाती है
व मेरे कारणों से सकुच जाती है।"[1]

जीवन का अनुभव संवेदन ही कविता को विस्तार देता है और वह जीवनयथार्थ के वैभव से जगमगा उठती है किन्तु कवि के अभिव्यक्ति सामर्थ्य के सीमित होने के कारण कविता की रचना प्रक्रिया का सकुचना स्वाभाविक हो जाता है। अभिव्यक्ति संघर्ष पर मुक्तिबोध जो इतना बल देते हैं उसका कारण यही है।

1. मुक्तिबोध : चाँद का मुँह टेढ़ा है, पृ. 163

यहीं पर एक बात और स्पष्ट कर देना अपेक्षित है कि मुक्तिबोध रचना-प्रक्रिया को रचना से पहले ही समाप्त होना नहीं समझते। कई लोगों का मत है कि रचनाकार के मन में पहले मूल रचना उभरती है और "जब अकस्मात उसका विस्फोट होता है" तब घण्टे भर में, दो घण्टे भर में मोहाविष्ट-सा रचनाकार उसे प्रस्तुत कर देता है" और "फिर रचनाकार का कार्य समाप्त हो जाता है"[1] किन्तु मुक्तिबोध की रचना प्रक्रिया की विशिष्टता यह है कि वह रचना के बाद ही समाप्त नहीं हो जाती। वह रचना से पहले, रचना के भीतर और रचना के बाद तक निरन्तर चलती रहती है। सच तो यह है कि "एक कविता अपने आप में पूरी नहीं होती, एक चिन्तन प्रक्रिया जो कवि के मन में लम्बे अरसे तक चलती रहती है, कई कविताओं में अलग-अलग पहलुओं के रूप में अभिव्यक्त होती है। जिस कवि की सृजनात्मक चिन्ता जितनी तीखी होती है, उसके साथ यह कठिनाई प्रायः आती है कि वह कई रचनाओं में क्रमशः एक वृहत्तर अर्थ-संवेदना को व्यक्त करता है।"[2]

इस प्रकार काव्य की रचना-प्रक्रिया जीवन प्रक्रिया के समानान्तर ही चलती रहती है। कविता चूँकि जीवन-यथार्थ की ही पुनर्रचना है और जीवन यथार्थ गतिशील है, इसलिए रचना प्रक्रिया का गतिशील होना अनिवार्य है। और यह प्रक्रिया सरल प्रक्रिया नहीं है। सरल न होने का कारण यह है कि "यथार्थ के तत्व गुंफित होते है, साथ ही पूरा यथार्थ गतिशील होता है। अभिव्यक्ति का विषय बनकर जो यथार्थ प्रस्तुत होता है वह भी ऐसा ही गतिशील है और उसके तत्व भी परस्पर गुंफित होते है।"[3] यही कारण है कि मुक्तिबोध छोटी कविता लिख नहीं पाते और एक-एक कविता पर घंटा-दो घंटा नहीं महीनों मेहनत करते हैं और उनकी कविताएँ 'वास्तव की विस्फारित प्रतिमाएँ'[4] बनती चलती हैं। उल्लेखनीय है कवि कविता के द्वारा 'वास्तविकता को प्रक्षेपित' मात्र नहीं करता वह उसे और अच्छी तरह जानता है उसे पुनः जीता है, पुनः अनुभव करता है। फ़ाउस्ट ने कहा था कि जीवन तभी समाकलित किया जा सकता है, जब उसे पुनर्स्मृति के धरातल पर पुनः भोगा जाए। पुनर्स्मृति के धरातल पर जीवन को भोगने और उसे समझने की प्रक्रिया ही कलाकार को मुक्त करती है—

1. धर्मवीर भारती : सात गीत वर्ष (भूमिका), पृ. 13
2. परमानन्द श्रीवास्तव, उद्धृत माध्यम, सितम्बर 64
3. मुक्तिबोध : एक साहित्यिक की डायरी, पृ. 31
4. मुक्तिबोध : चाँद का मुँह टेढ़ा है। पृ. 190

"मैं अपनी अधूरी दीर्घ कविता में
उमग कर जन्म लेना चाहता फिर से
कि व्यक्तित्वान्तरित होकर
नये सिर से समझना और जीना
चाहता हूँ सच।"[1]

(ख) यथार्थाधारित फैंटेसी

काव्य की रचना-प्रक्रिया का अध्ययन फैंटेसी की चर्चा के बिना अधूरा होगा। 'एक साहित्यिक की डायरी' और 'कामायनी एक पुनर्विचार' में मुक्तिबोध ने इस सम्बन्ध में अपने सुचिन्तित विचार व्यक्त किए हैं।

'डायरी' में मुक्तिबोध ने बताया है कि कला के प्रथम क्षण की तीव्र अनुभूति ही कला के दूसरे क्षण में विधायक कल्पना के द्वारा फैंटेसी में बदल जाती है और तीसरे क्षण अर्थात शब्दबद्ध होने की लम्बी प्रक्रिया में वह विकसित परिवर्तित होती हुई अन्त में नवीन रूप में अवतरित होती है।

सृजनशील-कल्पना की भूमिका द्वारा मूल फैंटेसी अनुभव की व्यक्तिबद्ध पीड़ा से पृथक् होकर अर्थात् उनसे तटस्थ होकर अनुभव के भीतर की ही संवेदनाओं द्वारा 'उत्सर्जित' और प्रक्षेपित होती है। वह जीवन के अन्य अनुभवों से जुड़कर विस्तृत सन्दर्भ प्राप्त कर लेती है। वह एक अर्थ में वैयक्तिक होते हुए भी दूसरे अर्थ में नितान्त निर्वैयक्तिक होती है। उसमें 'संवेदनात्मक ज्ञान और ज्ञानात्मक संवेदना कुछ इस प्रकार समाई रहती है कि लेखक उन्हें शब्दबद्ध करने के लिए तत्पर हो उठता है।"[2]

यहाँ पर कई बातें स्पष्टीकरण की अपेक्षा रखती हैं। पहली बात तो यह है कि सृजन के प्रथम क्षण में ही कलाकार के मन में कहीं न कहीं पाठक वर्ग मौजूद रहता है। मुक्तिबोध के शब्दों में 'कलाकार को लगातार महसूस होता रहता है कि उसका अनुभव सभी के लिए महत्वपूर्ण और मूल्यवान है।'[3] इस प्रकार मुक्तिबोध की फैंटेसी आत्मबद्धता के घेरे से मुक्त होकर वृहतर सन्दर्भ से जुड़ जाती है। यह जीवन के 'संवेदनात्मक ज्ञान' के कारण होता है। काडवेल ने भी कहा है कि सामान्य वस्तुजगत से सम्बद्ध होने के कारण कविता की संवेदना सामाजिक

1. वही, पृ. 162
2. मुक्तिबोध : एक साहित्यिक की डायरी, पृ. 20
3. वही, पृ. 19

रूप ले लेती है।'[1] कवि अपने भावों को सामाजिक मूल्य प्रदान करता है। इस प्रकार कविता स्वप्न और दिवास्वप्न की तरह व्यक्तिबद्ध नहीं होती, वह निर्वैयक्तिक हो जाती है।

दूसरी बात यह है कि मुक्तिबोध के 'संवेदनात्मक ज्ञान और ज्ञानात्मक संवेदन में' इन्द्रियबोध, भाव और विचार तीनों का संश्लिष्ट योग है। यहाँ बुद्धि और हृदय, विचार और भाव का द्वैत—तथा विरोधभाव समाप्त हो गया है। सच्चाई तो यह है कि भाव और विचार दो अलग-अलग तत्व हैं ही नहीं। वे कोई हवाई सत्ताएँ नहीं हैं। वे तो एक समग्र परिस्थिति के लक्षण हैं... बिना उस परिस्थिति के न तो भाव की कोई सत्ता है और न विचार की। दोनों संयुक्त रूप से ही परिस्थिति को विशिष्ट करते है। यह हो सकता है कि कोई परिस्थिति भाव-प्रधान हो या विचार-प्रधान। लेकिन ऐसा तो सम्भव ही नहीं है कि किसी परिस्थिति में विशुद्ध भाव हो और किसी में विशुद्ध विचार।'[2] इसलिए मुक्तिबोध के 'संवेदनात्मक ज्ञान और ज्ञानात्मक संवेदना' में एक में संवेदना प्रधान है और ज्ञान गौण तो दूसरे में ज्ञान प्रधान है और संवेदना गौण। काव्य में ज्ञान और संवेदना, भाव और विचार सम्पृक्त रूप में ही आते हैं।

स्पष्ट है कि कविता की फैंटेसी का वास्तविक जीवन के अनुभव ज्ञान से बाह्य यथार्थ से अपरिहार्य सम्बन्ध है। इस सम्बन्ध को दर्शाते हुए काडवेल ने कहा है—'कविता कवि की मूल वृत्तियों और जीवनानुभवों के संघर्ष से उदित होती है। इस संघर्ष का तनाव उसे भ्रान्तिपूर्ण फैंटेसी का संसार रचने को प्रेरित करता है जो कि यथार्थ जगत से भी एक निश्चित और क्रियात्मक सम्बन्ध रखता है, जिसकी कि वह ऊपज है।'[3]

मुक्तिबोध के अनुसार 'फैटेसी अनुभव-प्रसूत होते हुए भी अनुभव बिंबित होती है।'[4] काडवेल ने भी बिम्ब-प्रवाह को फैंटेसी की संज्ञा दी है।[5] 'रचना करते समय जिन अनुभवों की सृजन-बिम्बों के रूप में परिणति होती है कलाकार उन्हें आसपास के फैले हुए यथार्थ के प्रभावों से ग्रहण करता है और निश्चित

---

1. काडवेल : इल्यूजन एण्ड रियेलिटी, पृ. 1
2. डॉ. तारकनाथ बाली : आलोचना प्रकृति और परिवेश, पृ. 5
3. काडवेल : इल्यूजन एण्ड रियेलिटी, पृ. 16
4. मुक्तिबोध : एक साहित्यिक की डायरी, पृ. 23
5. काडवेल : एल्यूजन एण्ड रियेलिटी, पृ. 6

बिम्बों के रूप में अभिव्यक्त कर देता है।"[1] कलाकार यह कार्य अपने भावों और विचारों को मूर्त बिम्बों के माध्यम से अमूर्त बनाने के लिए ही करता है[2] क्योंकि कविता संगीत को छोड़कर अन्य सभी कलाओं से अमूर्त है। गोर्की के अनुसार 'कल्पना-बिम्ब का अर्थ है यथार्थ के तात्विक विचार को अमूर्त करना, जो कि यथार्थवाद का मूलाधार है।'[3] यह फैंटेसी का काम्य रूप है।

लेकिन 'बुर्जुआ समाज में इसका अर्थ बदल गया है। बुर्जुआ व्यक्तिबद्ध स्वच्छन्दतावाद, फैंटास्टिक और रचनात्मक झुकाव के साथ कल्पना-बिम्बों को विचार के प्रोत्साहन के लिए तीव्र नहीं करता, यथार्थ से विलगता के कारण, यह बिम्ब के प्रति विश्वस्त भाव नहीं रखता, बल्कि सम्पूर्णतः 'शब्दों के जादू' पर आधारित होता है।'[4] यह फैंटेसी का काम्य रूप नहीं है क्योंकि यह कलाकार को यथार्थ से अलग कर देता है। यथार्थ संसार से विलगाव के कारण इसमें कलाकार अपने वैयक्तिक स्वप्नों एवं असम्बद्ध स्वप्न-चित्रों में ही खोया रहता है। अनातोले लूनाचार्स्की के अनुसार जो व्यक्ति जीवन से कटे हुए होते हैं, जो यथार्थ से असन्तुष्ट रहते हैं, अनिवार्यतः सपनों और फैंटेसी के संसार की ओर मुड़ते हैं।'[5]

किन्तु मुक्तिबोध की फैंटेसी जीवन-यथार्थ से कटने का परिणाम नहीं है क्योंकि वह यथार्थबोध के तीव्र आघात द्वारा ही प्रसूत होती है और शब्दबद्ध होने की प्रक्रिया में उसमें कलाकार के जीवन और व्यक्तित्व का सम्पूर्ण अनुभव प्रवाहित हो उठता है।

मुक्तिबोध के अनुसार "फैंटेसी में एक भावात्मक उद्देश्य समाया रहता है। उसमें एक संवेदनात्मक दिशा रहती है। दिशा और उद्देश्य के मर्म प्राण को धारण कर फैंटेसी गतिहीन नहीं रह सकती। फैंटेसी गतिहीन स्थिर चित्र नहीं है।... फैंटेसी जो शुरू में एक आभास-रूप होती है वह तुरन्त ही अनेक चित्रों की सुसंगत पांत बनने लगती है।[6] स्पष्ट है कि कविता की फैंटेसी स्वप्न की तरह अक्रमबद्ध बिबों का स्वच्छन्द प्रवाह नहीं है; अनेक बिम्बों की सुसंगत पाँत है। कारण यह है कि यहाँ यथार्थ के बिम्ब स्वप्न की तरह अवचेतन की इच्छाओं

1. प्लेखानोव : आर्ट एण्ड सोशल लाइफ, पृ. 8
2. मुक्तिबोध : डायरी, पृ. 36
3. गोर्की : आन लिटरेचर, पृ. 244
4. वही, पृ. 244
5. लूनाचार्स्की : आन लिटरेचर एण्ड आर्ट, 64
6. मुक्तिवोब : एक साहित्यिक की डायरी, पृ. 22-23

द्वारा परिचालित नहीं होते, फैंटेसी में निहित संवेदनात्मक उद्देश्य द्वारा नियोजित होते हैं।

ध्यान देने की बात है कि मुक्तिबोध के 'संवेदनात्मक उद्देश्य' में काडवेल का 'अनुशासित चिन्तन' और 'अनुशासित अनुभव' दोनों का सुन्दर सम्मिलन है। काडवेल के अनुसार अनुशासित चिन्तन (डाइरेक्टेड थिंकिंग) चिन्तन की वैज्ञानिक प्रणाली है जो विवेकपूर्ण मार्ग का अनुगमन करता है, यथार्थ के सचेत ज्ञान से सम्बद्ध होता है और जिसके द्वारा हम बाह्य यथार्थ जगत् के अनुभवों को सजाते-संवारते हैं।[1] अनुशासित चिन्तन यदि हमारे विवेक और सत्य के सामाजिक प्रतिमानों द्वारा निर्धारित होता है तो अनुशासित अनुभव (डाइरेक्टेड फिलिंग) हृदय के द्वारा अथवा सौन्दर्य या अच्छाई के सामाजिक प्रतिमानों के द्वारा। चिन्तन की सत्यता की कसौटी अनुशासित संवेदन ही है। काडवेल ने बताया कि कविता डाइरेक्टेड फिलिंग होती है और इसी कारण सर्जनात्मक होती है।[2] किन्तु केवल भाव या केवल चिन्तन कविता को गतिशील या सर्जनात्मक नहीं बना सकता, दोनों का योग आवश्यक है। मुक्तिबोध के 'संवेदनात्मक उद्देश्य' में अनुशासित चिन्तन और अनुशासित अनुभव दोनों की अर्थच्छायाएँ विद्यमान हैं। अतएव उनकी दृष्टि काडवेल की अपेक्षा अधिक सन्तुलित है।

संवेदनात्मक उद्देश्य के चलते ही मूल फैंटेसी गतिशील होती है। 'महत्व की बात यह है कि ज्यों ही फैंटेसी शब्दबद्ध होने लगती है, फैंटेसी का संवेदनात्मक उद्देश्य या कहिए कि फैंटेसी की प्रधान पीड़ा अपना समर्थन, संरक्षण और पोषण करने वाले अन्य अनेक जीवनानुभवों के तत्वों को समेटने लगती है। फैंटेसी के भीतर का वह मर्म जिसमें एक उद्देश्य है, एक पीड़ा है और एक दिशा है—अनेक जीवनानुभवों से समर्थित सम्बन्धित और पुष्ट होकर प्रकट होना चाहता है। इन जीवन अनुभवों के चित्र, भाव और स्वर फैंटेसी के मर्म में घुलने लगते हैं। फैंटेसी की गतिमानता की धारा में वे प्रवाहित होकर उस धारा को वे अधिक सार्थक और पुष्ट करते हैं।[3]

स्पष्ट है कि मुक्तिबोध की फैटैसी न केवल जीवनानुभवों से जुड़ी होती है बल्कि सर्जनात्मक होती है, सर्जनात्मक इसलिए कि उसमें एक संवेदनात्मक उद्देश्य होता है। उद्देश्य दिशा की अनुगामिनी होने के कारण फैंटेसी सचेतन रूप से क्रियाशील होती है, स्वप्न प्रक्रिया की तरह अचेतन नहीं होती। उसमें

---

1. काडवेल : इल्यूजन एण्ड रियेलिटी, पृ. 163
2. वही पृ. 219
3. मुक्तिबोध : एक साहित्यिक की डायरी, पृ. 23

कलाकार की विवेकबुद्धि भाव सम्पादन एवं शब्द-सम्पादन के क्रम में निरन्तर जागरूक रहती है।

चूँकि फैंटेसी के मर्म को शब्द बद्ध करते समय अनेक अनुभव-चित्र, भाव और स्वर तैर आते हैं, इसलिए फैंटेसी के उद्देश्य और दिशा के निर्वाह के लिए कलाकार को भाव-सम्पादन करना पड़ता है जिससे कि केवल मर्म के अनुकूल और उसको पुष्ट करने वाले स्वर, भाव तथा चित्र ही कविता में आ सकें और इस बीच 'यदि कोई मार्मिक अनुभव तैर आये तो उसे भी फैंटेसी के मर्म की उद्देश्य दिशा में प्रवाहित कर दिया जाए।'[1] भाव-सम्पादन के इस क्रम में कवि की आलोचना-संशोधन वृत्ति को सक्रिय होना आवश्यक है ताकि फैंटेसी की काट-छांट और बनाव-शृंगार हो सके—

> खूब काट-छांट और गहरी छील-छाल
> रन्दों और बसूलों से मेरी देख भाल
> मेरा अभिनव संशोधन अविरत
> क्रमागत

अभिव्यक्ति संघर्ष की प्रक्रिया में फैंटेसी का सिकुड़ा हुआ मूल मर्म अनेक सम्बन्धित जीवनानुभवों से उत्पन्न भावों और स्वरों से युक्त होकर एक पर्सपेक्टिव का रूप धारण कर लेता है। उसमें नये मनस्तत्व आ जाते हैं। जब तक मूल मर्म में ओज और बल कायम रहता है वह नये तत्व समेटता रहेगा किन्तु जब वह चुक जायेगा तब गति बन्द हो जाएगी, उद्देश्य समाप्त हो जायेगा, कविता वहाँ पूरी हो जानी चाहिए।'[2]

कलाकृति की पूर्णता के विषय में माइकेल एंजेलो का भी कुछ ऐसा ही विचार है—'शिल्पकृति कभी पूर्ण नहीं होती...आप तब तक नहीं रुकते जब तक कि वे आरंभिक संवेग चुक नहीं जाते। संवेग चुक जाने पर भी यदि आप अपना कार्य जारी रखते हैं तो आपकी रचना बारीकियों के अतिरेक में डूब जायेगी।'

डॉ. इन्द्रनाथ मदान ने मुक्तिबोध की समस्त कविता को अधूरी बताया है और कहा है कि उनकी कविता पूरी होना नहीं चाहती, पहुँचना नहीं चाहती, शमन से बचना चाहती है। उन्होंने एक ही कविता लिखी है जो अधूरी है और

---

1. वही, पृ. 23
2. मुक्तिबोध : एक साहित्यिक की डायरी, पृ. 23

पूरी से बेहतर है।'[1] 'अँधेरे में' के सम्बन्ध में उनका मत है कि उसमें अन्त देने का सायास प्रयास है। 'अन्तिम तान परम अभिव्यक्ति पर तोड़ी गयी है, जो शायद टूटने की गवाही नहीं देती, सायास है। क्या यह कविता की संरचना की विवशता का परिणाम है या कविता के अन्त देने की लाचारी का? अन्त का देना लाजिमी समझा जाता रहा है। इसलिए 'अँधेरे में भी अन्त का देना आवश्यक है।'[2] कहना न होगा कि मदान जी का उक्त मत मुक्तिबोध की रचना प्रक्रिया को नज़र अन्दाज़ कर देने का परिणाम है। क्या मुक्तिबोध की प्रत्येक कविता अधूरी है? क्या प्रत्येक कविता की संरचना विशिष्ट नहीं होती? मुक्तिबोध ने केवल अपनी छोटी कविताओं को ही अधूरी कहा है।'[3] 'अँधेरे में' कविता के अन्त को सायास भी नहीं कहा जा सकता। मुक्तिबोध ने स्वयं कहा है कि शब्दबद्ध होने की प्रक्रिया में जब तक फैंटेसी के मूल मर्म और संवेदनात्मक उद्देश्य में ओज बल कायम रहता है तब तक वह गतिशील रहती है किन्तु जब वह चुक जाता है तब कविता पूरी हो जाती है। पूरी न होने का मतलब है 'मर्म के साक्षात्कार में ही कहीं कुछ कमी रह गयी, दिशा-ज्ञान ठीक नहीं रहा, उद्देश्य में कुछ कमजोरी आ गयी है।'[4] 'अँधेरे में' कविता की पूर्णता भी अपने मूल मर्म के ओज बल का स्वाभाविक परिणाम है, उसका अन्त सायास नहीं है। उसमें एक संवेदनात्मक दिशा है। इस संवेदनात्मक उद्देश्य के कारण ही 'अँधेरे में' का काव्य-नायक जो शुरू में कमरे के अँधेरे में पड़ा है, असंग साधक है, रक्तालोकस्नात पुरुष की प्रेरणा पाकर उसकी खोज में बाहर निकलकर बाह्य परिवेश के जलते यथार्थ का दर्शन करता है, तालस्ताय, गाँधी, तिलक, पागल आदि से संकल्प की दृढ़ता अर्जित करता हुआ और तीव्र मानसिक द्वन्द्व की प्रक्रिया से गुजरता हुआ अन्त में क्रान्ति में सक्रिय भाग लेता है। इसलिए अँधेरे से प्रारम्भ होकर कविता सुबह के प्रकाश में पर्यवसान पाती है। कविता का यह अन्त बिल्कुल ही स्वाभाविक जान पड़ता है।

मूल फैंटेसी में बदलाव का कारण क्या है? बात यह है कि 'कलाकार अपने हृदय के तत्व और रंग रूप और आकार के अनुसार, अभिव्यक्ति का रंग रूप और आकार तैयार करना चाहता है। इसके लिए उसे अपने हृदय की

1. डॉ. इन्द्रनाथ मदान : आलोचना और आलोचना, पृ. 152
2. डॉ. इन्द्रनाथ मदान : आधुनिकता और हिन्दी साहित्य, पृ.28-29
3. मुक्तिबोध : एक साहित्यिक की डायरी, पृ. 31
4. वही, पृ. 24

भाव-ध्वनियों की शब्दों की अर्थध्वनियों से अनवरत तुलना करनी पड़ती है। शब्दों के अर्थस्पन्दनों के पीछे सार्वजनिक सामाजिक अनुभवों की परम्परा होती है। इसलिए अर्थपरम्पराएँ न केवल मूल फैंटेसी को काट देती हैं, तराशती हैं, रंग उड़ा देती हैं, वरन् इसके साथ ही वे नया रंग चढ़ा देती हैं, नये भावों और प्रवाहों से उसे सम्पन्न करती हैं, उसके अर्थ-क्षेत्र का विस्तार कर देती हैं।'[1] और तब फैंटेसी अधिक सम्पन्न, समृद्ध और सार्वजनिक हो जाती है।

अभिव्यक्ति का संघर्ष कितना तीखा होता है और इस संघर्ष के दौरान फैंटेसी किस प्रकार बदलती चलती है इसका संकेत मुक्तिबोध की निम्नांकित पंक्तियों में मिलता है–

ये गरजती, गूंजती, आन्दोलिता
गहराइयों से उठ रहीं ध्वनियाँ, अतः
उद्भ्रान्त शब्दों के नये आवर्त में
हर शब्द निज-प्रतिशब्द को भी काटता,
वह रूप अपने बिम्ब से भी जूझ
विकृताकार कृति
है बन रहा
ध्वनि लड़ रही अपनी प्रतिध्वनि से यहाँ[2]

फैंटेसी की रचना-प्रक्रिया के पीछे भाषा की अनवरत साधना शक्ति काम करती है। भाषा अगर फैंटेसी को काटती-छाँटती है, उसे सम्पन्न और समृद्ध बनाती है तो फैंटेसी भी कवि की भाषा को काटती छाँटती, उसे सम्पन्न और समृद्ध बनाती है। 'फैंटेंसी अपने मूल रंगों के निर्वाह के लिए भाषा पर दबाव डालती है, उसके शब्दों और मुहावरों में नयी अर्थक्षमता, नयी अभिव्यक्ति भर देती है।'[3] इस प्रकार कवि भाषा का निर्माण करता है।

डॉ. जगदीश गुप्त ने फैंटेसी के आधार पर मुक्तिबोध को अतियथार्थवादी सिद्ध किया है। यह गलत है। मुक्तिबोध की फैंटेसी अतियथार्थवादियों के स्वतःचालित लेखन से भिन्न है। स्वतःचालित लेखन को पारिभाषित करते हुए अपने निबन्ध 'मिथ, ड्रीम एण्ड पोइम' में हर्बर्ट रीड ने कहा है 'स्वतःचालित लेखन से हमारा तात्पर्य मन की उस अवस्था से है, जिसमें अभिव्यक्ति तत्काल

1. मुक्तिबोध : एक साहित्यिक की डायरी, पृ. 24
2. मुक्तिबोध : चाँद का मुँह टेढ़ा है, पृ. 13
3. मुक्तिबोध : एक साहित्यिक की डायरी, पृ. 28

एवं नैसर्गिक रूप में होती है, जहाँ कि भाव-चित्र और उसकी शाब्दिक प्रतिकृति में समय का कोई अन्तर नहीं पड़ता।'[1] मुक्तिबोध की अभिव्यक्ति प्रक्रिया इस यान्त्रिक प्रक्रिया से निश्चय ही भिन्न है। वह 'नैसर्गिक' और 'तत्काल' न होकर अयास-साध्य है। अतियथार्थवादी कलाकार मानसिक अधीक्षणों और चेतन मन के नियन्त्रणों से मुक्ति चाहते थे ताकि स्वतःचालित लेखन में कलाकार की चेतना स्वच्छन्द विहार कर सके। फलस्वरूप वे अपनी रचनाओं में किसी प्रकार का संशोधन या परिवर्द्धन सिद्धान्ततः नापसन्द करते हैं। अतः उनकी कृतियों में शिल्पानुशासन का अभाव होता है। इसके विपरीत, मुक्तिबोध फैंटेसी में संशोधन-परिशोधन करने पर बल देते हैं। उनकी स्थिति यह है कि कविताओं को अंडर रिपेयर के बस्ते में डाल देते थे। अपनी किसी बात को अन्तिम नहीं मानते थे। 'सुझावों पर सिर भी हिलाते थे लेकिन कविता को फिर कभी रिपेयर करने के लिए रख देते थे।'[2]

अतियथार्थवादी कृतित्व का सम्बन्ध मुख्य रूप से स्वप्नों तथा व्यक्ति की अर्द्धजाग्रत अवस्थाओं से होता है। हर्बर्ट रीड का विचार है कि यदि हम अपने स्वप्नों को दूसरों को बता सकें तो हम अनवरत रूप से बोलकर कविता लिख सकते हैं। रीड महोदय के अनुसार श्रेष्ठ काव्य की रचना के लिए तंद्रा (ट्रांस) से अधिक उपयुक्त और कोई मानसिक अवस्था नहीं है।[3] अतियथार्थवादी कृतित्व सम्पूर्णतः विचारों के स्वतः चालन पर आश्रित है और आत्मा स्वयं अपने अवचेतन की आवाज सुनती है तथा कवि इसे बिना तर्क का आघात लगे हुए ज्यों का त्यों उतार लेता है।[4] इस प्रकार अतियथार्थवादियों ने कविता का अनिवार्य सम्बन्ध स्वप्न से माना और स्वप्न के असम्बद्ध अनियन्त्रित बिम्बों और उन्मुक्त विचार अनुषंगों को ज्यों का त्यों उतार लेने में ही अपने कर्त्तव्य की इतिश्री मान ली—यथार्थ से अलग हटकर काल्पनिक स्वप्न-लोकों और अवचेतन मन के गुहान्धकार में भटकना ही उचित समझा। रेमी द गौरमान्ट के शब्दों में 'कला के क्षेत्र में यह स्वच्छन्दता का सिद्धान्त था, जो चिन्तन और रूप की पूर्ण स्वतन्त्रता का समर्थक था।[5]

1. हर्बर्ट रीड : उद्धृत, हिन्दी साहित्य कोश, भाग-1
2. अनिल कुमार : वीणा, मुक्तिबोध विशेषांक, पृ. 42
3. हर्बर्ट रीड उद्धृत रामस्वरूप चतुर्वेदी, पाश्चात्य आलोचना की अर्वाचीन, पृ. 64
4. वही, पृ. 65
5. काडवेल : इल्यूजन एण्ड रियेलिटी, पृ. 213

मुक्तिबोध की रचना-प्रक्रिया अतियथार्थवादियों की उक्त सृजन-प्रक्रिया के बिल्कुल विपरीत हैं। वे रात देखे गये स्वप्न को यान्त्रिकतापूर्वक व्यक्त करने की अपेक्षा यथार्थ को ही स्वप्न-चित्रों में बदल देते हैं। डॉ. रामविलास शर्मा के शब्दों में—स्वप्न उनके मन की सहज वृत्ति है। यथार्थ को स्वप्न चित्रों में बदले बिना वह मानो उसे समझ ही नहीं सकते।'[1] मुक्तिबोध यथार्थ को अधिक सशक्तता, तीव्रता एवं सघनता के साथ प्रेषित करने के लिए ही उसे स्वप्न चित्रों में बदलते हैं, उसे समझने के लिए नहीं। यथार्थ की पहचान और समझ ही उनकी फैंटेसी को जन्म देता है। मुक्तिबोध ने फैंटेसी को यथार्थ के 'अनुभव की कन्या' कहा है। यथार्थ की पहचान न तो मुक्तिबोध की कविताओं में धुन्धली है और न आलोचनाओं में। यहाँ तक कि जहाँ फैंटेसी कुछ अधिक रंगीन हो जाती है, प्रतीक कुछ जटिल हो जाते हैं वहाँ वे इस बात से अवगत हैं कि कविता ने 'भयानक हिडिम्बा' का रूप ले लिया है। मुक्तिबोध किसी लाचारी में नहीं, अपितु सोच समझकर ही अपने स्वप्न चित्रों को गढ़ते हैं। सोच समझकर गढ़े गये मुक्तिबोध के स्वप्न चित्र, अचेतन इच्छाओं द्वारा नियोजित स्वप्न के अनियन्त्रित बिम्बों से भिन्न होते हैं। अतः मुक्तिबोध के स्वप्न चित्र अतियथार्थवादियों की याद नहीं दिला सकते और न ही उन्हें अतियथार्थवादी कहा जा सकता है।

कविता न तो पागल मस्तिष्क का प्रलाप है और न असम्बद्ध स्वप्न-चित्रों की लड़ी। वह जीवन की पुनर्रचना है। अतियथार्थवादियों का विरोध करते हुए बेलिंस्की ने कहा था सुप्त मनुष्य की बड़बड़हाट और पागल आदमी का स्वप्न कविता नहीं है। कविता यथार्थ की यथासम्भव पुनर्रचना है। इसलिए जो वास्तविकता में नहीं हो सकता, कविता में भी वह समान रूप से मिथ्या होगा। दूसरे शब्दों में जो यथार्थ में नहीं है वह कभी काव्यात्मक नहीं हो सकता। अतः कवि को कवि होने के लिए जरूरी है कि वह न तो व्यक्तिबद्ध भावनाओं और आकांक्षाओं को प्रकट करे और न ही निष्क्रिय स्वप्नों को अंपितु अपने समय के यथार्थ को गहरी सहानुभूति प्रदान करे।'[2]

मुक्तिबोध के सन्दर्भ में बेलिंस्की के इस उद्धरण को देखना उचित होगा। मुक्तिबोध की फैंटेसी प्रधान कविताएँ अपने शिल्प में अयथार्थवादी हैं परन्तु उनमें न तो व्यक्तिबद्ध भावनाओं और आकांक्षाओं को स्वर मिला है और न ही निष्क्रिय सपनों का कोई स्थान है। वे अत्यन्त गहरे रूप में युग के जलते

1. डॉ. रामविलास शर्मा, उद्धृत धर्मयुग
2. बेलिंस्की : उद्धृत, जेम्स एल कुगेल : द टेकनिक आफ स्ट्रेंजनेस इन सिम्बोलिस्ट पोइट्री, पृ. 18.

यथार्थ से साक्षात्कार कराती हैं! अपने समय की सच्चाई के प्रति सहानुभूति को सशक्त बनाने के लिए ही उन्होंने फैंटेसी का सहारा लिया। उनकी फैंटेसी कभी भी वस्तुजगत् से अलग नहीं होती। अपने ढाँचे में अयथार्थात्मक दीखने पर भी उनका कथ्य और आन्तरिक स्वरूप यथार्थ से इतना जुड़ा रहता है और यथार्थ को इतना स्पष्ट कर देता है कि उसकी ऊपरी अयथार्थता थोड़ा ही ध्यान देने पर गायब हो जाती है। क्या उनकी अँधेरे में कविता का 'वह मशाल जुलूस' अवास्तविक है जिसमें रात को वही पत्रकार, कवि, आलोचक, मंत्री, उद्योगपति आदि शहर के कुख्यात हत्यारों के साथ शामिल होते हैं जो दिन में विभिन्न दफ़्तरों, कार्यालयों, केन्द्रों और घरों में मिलकर षडयन्त्र करते हैं। एक फासिस्ट खतरे का आभास देने वाला यह जलूस कैसे अवास्तविक कहा जा सकता है, जबकि दंगों में इससे भी भयानक अनुभव से हम गुजर चुके हैं? इसी प्रकार सैनिक प्रशासन भी यथार्थ से अधिक अतिरंजित नहीं। इस माहौल में 'भागता मैं दम छोड़', घूम गया कई मोड़' की बेचैनी भी काफी जानी पहचानी अनुभूति है। परन्तु सबसे दहशत भरा दृश्य है स्क्रीनिंग का, जब काव्य-नायक को टूटे से स्टूल पर बिठाकर उसके शीश की हड्डी तोड़ी जा रही है और अस्थिकवच को निकालकर मस्तक-यन्त्र की जाँच की जा रही है। पढ़ते-पढ़ते जार्ज आर्वेल '1984' याद आ जाता है जो अब फैंटेसी न होकर एक जीती जागती सच्चाई बन गया है।'[1] स्पष्ट है कि मुक्तिबोध दैनिक जीवन की वास्तविकता को ही फैंटेसी के माध्यम से और अधिक उजागर कर देते हैं। मृत दल की शोभा यात्रा, मार्शल-ला का दृश्य, काव्य नायक का लोमहर्षक दमन आदि 'अँधेरे में' की घटनाएँ दैनिक जीवन की घटनाएँ हैं जो फैंटेसी के रूप में परिवर्तित होकर आईं हैं।

किन्तु इसका मतलब यह नहीं कि मुक्तिबोध स्वप्न नहीं देखते। लेनिन ने अपनी पुस्तक 'व्हाट इज टू बी डन' में लिखा था—'हमें स्वप्न देखने चाहिए। मुक्तिबोध भी स्वप्न देखते हैं किन्तु वह स्वप्न न तो कोरा स्वप्न है और न दिवास्वप्न ही जो असंगत, निरर्थक और हास्यास्पद हो। वे सपने देखते हैं किन्तु आगामी के। वे जिस फैंटेसी में विचरण करते हैं वह आज का सत्य भले न हो कल का सत्य अवश्य है—'मैं विचरण करता-सा हूँ एक फैंटेसी में। यह निश्चित है कि फैंटेसी कल वास्तव होगी।'[2] इस प्रकार मुक्तिबोध कल होने वाली घटनाओं का स्वप्न देखते हैं। कलाकार युगद्रष्टा ही नहीं, भविष्यद्रष्टा होता है। वह केवल

---

1. डॉ. नामवरसिंह : कविता के नये प्रतिमान, पृ. 241
2. मुक्तिबोध : चाँद का मुँह टेढ़ा है, पृ. 118

आज के सत्य को ही नहीं कल के सत्य को भी वाणी देता है। 'अँधेरे में' कविता में मुक्तिबोध ने क्रान्ति का एक विराट् स्वप्न देखा है। कोई इसे काल्पनिक इच्छापूर्ति भी कह सकता है। किन्तु कला शेष की पूर्ति भी तो है। जिसका जीवन में अभाव है कलाकार उसका स्वप्न देखे भी तो क्या हर्ज है? किन्तु मुक्तिबोध निष्क्रिय स्वप्न नहीं देखते। उनके सपनों में चलता है आलोचन और विचारों के चित्रों की अवलि में चिन्तन।'[1] साथ ही जगत-समीक्षा भी–

'वे जगत-समीक्षा करते-से
मेरे प्रतीक रूपक सपने फैलाते हैं
आगामी के
दरवाजे दुनिया के सारे खुल जाते हैं...'[2]

जगत-समीक्षा करने वाली, आगामी के सपने फैलाने वाली और दुनिया के सारे बन्द दरवाजों को खोलने वाली मुक्तिबोध की फैंटेसी न तो स्वप्न हो सकती है और न दिवास्वप्न ही।

अपनी कविताओं में फैंटेसी का उपयोग कर मुक्तिबोध एक रहस्यमय विराट् बिम्ब-लोक की सृष्टि करते हैं। उनके बिम्ब ऊपरी दृष्टि से असम्बद्ध दीखते हुए भी किसी आन्तरिक सूत्र में अन्तर्ग्रंथित होते हैं–कभी कथा के सूत्र में, कभी कथ्य के सूत्र में तो कभी किसी अन्य सूत्र में। उदाहरण के लिए 'अँधेरे में' का काव्य-नायक जब गाँधी जी से शिशु लेकर आगे बढ़ता है तो थोड़ी देर बाद शिशु फूलों के गुच्छों में बदल जाता है जिनसे प्रकाश झर रहे हैं और फिर फूलों की जगह वजनदार रायफल आ जाती है। ये सारे बिम्ब असम्बद्ध और असंगत प्रतीत होते हुए भी स्वप्न कथा के सन्दर्भ सूत्र में पिरोये हुए हैं और अर्थ स्पष्ट होने पर उनकी सम्बद्धता का पता चलता है। शिशु दायित्वबोध का प्रतीक है, फूलों का गुच्छा आदर्श का और रायफल सक्रियता का। दायित्व का भार लेकर काव्य-नायक जब आदर्शों के प्रकाश-पथ पर बढ़ना चाहता है तब उसमें संघर्ष की सक्रियता का बड़ा तीखा बोध उभरता है। इस प्रकार मुक्तिबोध की फैंटेसी मुक्त विचार अनुषंगों को कविता का आधार बनाने वाली दृष्टि के विपरीत ठहरती है। मुक्त मनःचालन से प्रेरित उड़ते हुए छाया बिम्बों को आधार बनाने वाली कविता निरर्थक बनकर रह जाती है। यथार्थ से उनका कोई सचेत सम्बन्ध नहीं होता जबकि मुक्तिबोध के बिम्ब यथार्थ से सम्पृक्त होते हैं। ऊपर से विशृंखल

1. वही, पृ. 278
2. वही, पृ. 115

प्रतीत होते हुए भी वे आन्तरिक रूप से सम्बद्ध होते हैं। संक्षेप में उनमें सम्बद्ध विशृंखलता होती है।

मुक्तिबोध प्रायः अनेक स्वप्न-कथाओं को एक ही कविता में गूँथ देते हैं। एक-एक कर फैंटेसी की रील चलचित्र की तरह खुलती चलती है और उसके साथ ही यथार्थ का पर्त्त-दर-पर्त्त उद्घाटित होता चलता है। स्वप्न की तरह ही रहस्यमय वातावरण की सृष्टि में मुक्तिबोध कोई कसर नहीं छोड़ते। वे केवल स्वप्न में ही विचरण नहीं करते। कई बार स्वप्न के बाहर आकर भी उनका अर्थ खोलने का प्रयास करते हैं–

समझ न पाया कि चल रहा स्वप्न या
जाग्रति शुरू है।[1]

अथवा–

एकाएक टूट गया स्वप्न व छिन्न-भिन्न हो गये
सब चित्र
जागते में फिर से याद आने लगा वह स्वप्न
फिर से याद आने लगे वे चेहरे
और तब मुझे प्रतीत हुआ भयानक
गहन मृतात्माएँ इसी नगर की
हर रात जुलूस में चलतीं
परन्तु, दिन में
बैठती हैं मिलकर करती हुई षड्यन्त्र
विभिन्न दफ़्तरों में–कार्यालयों, केन्द्रों में, घरों में।

अथवा–

एकाएक फिर स्वप्न भंग
बिखर गये चित्र कि मैं फिर अकेला।[2]

उपर्युक्त पंक्तियाँ इस बात का प्रमाण है कि मुक्तिबोध न केवल अपनी फैंटेसी में स्वप्न कथा की शैली का भरपूर उपयोग करते हैं बल्कि स्वप्न से बाहर निकल कर पाठकों के हाथ में अर्थों के संकेत सूत्र भी थमा देते हैं। जब वे कहते हैं कि 'मैं उन सपनों का खोजता हूँ आशय, अर्थों की वेदना घिरती है मन में' तब यह नहीं समझना चाहिए कि मुक्तिबोध को अपनी फैंटेसी का आशय सचमुच

---

1. मुक्तिबोध : चाँद का मुँह टेढ़ा है, पृ. 252
2. मुक्तिबोध : चाँद का मुँह टेढ़ा है, पृ. 257. 2. वही, पृ. 288

पता नहीं है और 'अर्थों की वेदना' उनकी अपनी वेदना है। उनकी तो स्थिति ही यह है कि 'प्रत्येक अर्थ की छाया में झलकता अन्य अर्थ साफ़ साफ़।' अतः उक्त वेदना पाठक की वेदना है जिसकी ओर मुक्तिबोध संकेत कर रहे हैं। हमने पहले ही कहा था कि काव्य-सृजन के क्षणों में मुक्तिबोध के मन में पाठक वर्ग भी विद्यमान होता है। उनकी वेदना है तो इस बात की कि कहीं पाठक उनकी कविताओं को दुरूह समझकर उपेक्षित न छोड़ दे।

'फैंटेसी' शब्द का प्रयोग मुक्तिबोध ने व्यापक अर्थों में किया है, मात्र स्वप्न-कथा के अर्थ में नहीं। उनके लिए 'कामायनी' भी एक फैंटेसी है। स्वप्न-कथा तो फैंटेसी का एक प्रकार विशेष है। 'कामायनी' को स्वप्न-कथा मानने के पीछे मुक्तिबोध की यह धारणा काम करती रही है कि फैंटेसी के रूप में कामायनी में जो कथा प्रस्तुत हुई है और कथा के अन्तर्गत जो पात्र, चरित्र और कार्य प्रस्तुत हुए हैं, वे सब प्रतीक हैं वास्तविक जीवन तथ्यों के। देवसभ्यता सामन्ती व्यवस्था का प्रतीक है और प्रलय इस सभ्यता में आमूल-चूल परिवर्तन का। सारस्वत सभ्यता पूँजीवादी व्यवस्था का प्रतीक है। मनु एक ओर तो प्रसाद जी के अपने व्यक्तित्व की मूलवृत्तियों का प्रतिनिधित्व करता है, दूसरी ओर अहंवादी विलासप्रिय सामन्ती व्यक्ति का, जिसकी शासन-सत्ता और ऐश्वर्य छिन गया हो। इड़ा ह्रासग्रस्त पूँजीवादी सभ्यता की उन्नायिका का प्रतीक है, तो श्रद्धा अतीतोन्मुख भावुक आदर्शवाद और सामन्तयुगीन आध्यात्मिकता का काव्यात्मक प्रतिबिम्ब। कामायनी के अन्य प्रतीकों को भी मुक्तिबोध ने प्रसाद जी के अनुभूत जीवन तथ्यों से जोड़ा है। मुक्तिबोध ने बताया है कि कामायनी में कथावस्तु फैंटेसी के रूप में उपस्थित हुई है इसलिए कामायनी उस अर्थ में कथा काव्य या चरित्र काव्य नहीं है जिस अर्थ में साकेत या प्रिय-प्रवास। साधारणतः कथा के भीतर पात्र अपने व्यक्ति चरित्र का स्वतन्त्र रूप से विकास किया करते हैं अर्थात् लेखक की स्वतन्त्र इच्छाशक्ति से पृथक होकर पात्र चरित्र विकसित होते हैं, किन्तु कामायनी के पात्र, घटनाएँ आदि लेखक की भावना के अधीन हैं।[1]

यद्यपि मुक्तिबोध ने फैंटेसी को व्याख्यायित करने का प्रयास किया है किन्तु वे सामान्य काव्य या कथा काव्य और फैंटेसी के बीच कोई स्पष्ट विभाजन रेखा नहीं खींच पाये हैं। इसलिए मतभेद की गुंजाइस बनी रह जाती है। एक स्थान पर वे कहते हैं—जिस प्रकार फैंटेसी में मन की निगूढ़ वृत्तियों का अनुभूत

1. मुक्तिबोध : कामायनी एक पुनर्विचार, पृ. 11

जीवन-समस्याओं का, इच्छित विश्वासों और इच्छित जीवन स्थितियों का प्रक्षेप होता है उसी प्रकार कामायनी में भी हुआ है।'[1] इस दृष्टि से तो सारे काव्य फैंटेसी में आ जायेंगे। क्या साकेत, प्रिय-प्रवास या रामचरितमानस में ऐसा नहीं हुआ है? कहना न होगा कि मुक्तिबोध 'फैंटेसी' शब्द के प्रयोग में उतने सचेत नहीं हैं जितना कि अपेक्षित था।

मुक्तिबोध के अनुसार फैंटेसी में कलाकार का व्यक्तित्व प्राथमिक है। फैंटेसी में इच्छित विश्वासों का सन्निवेश हो जाता है और व्यक्तित्व की कुछ मूलभूत कमजोरियों या कमियों की भी मनोवैज्ञानिक मानसिक पूर्ति हो जाती है।'[2] व्यक्तित्व का आधार तो स्वप्न, दिवास्वप्न, काव्य या कला सभी में मूलभूत होता है। प्रत्येक व्यक्ति के स्वप्न अथवा कलाकृतियों में इसी कारण विशिष्ट व्यक्तित्व की छाप अनिवार्यतः अन्तर्निहित होता है। दमित इच्छाओं की काल्पनिक इच्छापूर्ति को फ्रायड ने स्वप्न या दिवास्वप्न का ही नहीं कला और साहित्य का भी मूल माना है। यहाँ मुक्तिबोध का तात्पर्य केवल यह है कि सामान्य कथाकाव्य की तुलना में फैंटेसी प्रधान काव्यकृति में कथा या पात्र उतने महत्वपूर्ण नहीं हैं जितना कि उसका अपना स्वयं का व्यक्तित्व, उसकी अपनी इच्छाएँ, वृत्तियाँ एवं मनोभाव। मनोवैज्ञानिकों ने भी फैंटेसी को काल्पनिक चिन्तन का ही एक रूप माना है जो वस्तुजगत की परिस्थितियों से उतना निर्धारित नहीं होता जितना कि व्यक्ति की इच्छाओं, मूल वृत्तियों और भावों के द्वारा।'[3] फैंटेसी के दोनों बड़े .रूपों स्वप्न और दिवास्वप्न को फ्रायड ने इच्छापूर्ति का साधन माना है। उनका विश्वास था इनके सचेत अध्ययन से व्यक्ति की आकांक्षाओं एवं व्यक्तित्व के अन्य दूसरे पक्षों पर प्रकाश पड़ सकता है। किन्तु कविता की फैंटेसी उक्त फैंटेसी से भिन्न होती है। फैंटेसी में कलाकार का व्यक्तित्व और उसकी इच्छाएँ जिस प्रकार महत्वपूर्ण भूमिका अदा करती है इसे स्पष्ट करने के लिए मुक्तिबोध की कविता से ही उद्धरण देकर समझना होगा। 'अँधेरे में' का काव्य-नायक जब क्रान्ति का स्वप्न देखकर उठता है तब उसे लगता है कि मानो कि कल रात किसी अनपेक्षित क्षण में ही सहसा—

प्रेम कर लिया हो
जीवन भर के लिए!!

1. वही, पृ. 2
2. वही, पृ. 10
3. इण्साइक्लोपिडिया अमेरिकाना, खण्ड-11, पृ. 176

कमरे में सुबह की धूप था गयी है और वह सोचता है—

क्या कोई प्रेमिका सचमुच मिलेगी?
हाय यह वेदना स्नेह की गहरी
जाग गयी क्योंकर?[1]

यह प्रेमिका हाड़-मांस की बनी कोई स्थूल प्रेमिका नहीं है। यह तो क्रान्ति की देवी है जिसके लिए मुक्तिबोध जीवन भर तरसते रहे, जिसके लिए उनमें 'स्नेह की गहरी वेदना' थी। सम्पूर्ण व्यक्तित्व और 'आत्मा की चमकीली प्यास' से क्रान्ति को चाहने वाला कवि स्वप्न में ही उसे पा सकता था। किन्तु यह इच्छापूर्ति मनोवैज्ञानिकों द्वारा विवेचित स्वप्न या कला की इच्छापूर्ति से भिन्न है। यह निष्क्रिय और अचेतन न होकर सक्रिय और सचेतन है। यह वैयक्तिक स्तर पर ही नहीं सर्वसामान्य घरातल पर है : इसमें युग की आकांक्षा को फैंटेसी के रूप में रचनात्मक धरातल पर प्रतिफलित किया गया है। उसमें गहरी अर्थवत्ता एवं उद्देश्य छिपा है। यह फैंटेसी का वह रूप है, जिसमें काव्य यथार्थ की काल्पनिक पूर्ति होती है और जो सम्भावित क्षेत्र में ही विचरण करती है। जार्ज थामसन ने भी कला की 'फैंटेसी' को 'इच्छित यथार्थ की पूर्ति कहा है, यह एक जादू है—एक भ्रान्ति है जो कि यथार्थ के ही ढंग की है लेकिन यह भ्रान्ति भी बेकार नहीं है। वह यथार्थ के प्रति मनुष्य के रवैये को बदलता है और इस प्रकार अप्रत्यक्ष रूप से यथार्थ को भी बदलता है।'[2]

मुक्तिबोध के अनुसार कविता की फैंटेसी का ढाँचा तो अपना होता है किन्तु वह जीवन तथ्यों के रंग से अनुस्यूत होता है। उन्होंने प्रसाद जी की निम्न पंक्तियों को उद्धृत किया है—

'तुम हो कौन और मैं क्या हूँ
इसमें क्या है धरा सुनो,
मानस जलधि रहे चिर चुम्बित,
मेरे छितिज उदार बनो।'

इस फैंटेसी का ढाँचा अध्यात्मवादी रहस्यवादी है, किन्तु उसका मूल कथ्य प्रणय-तथ्य है कि जिसने संवेदनात्मक उद्देश्यों द्वारा कल्पना-विधान किया।'[3]

1. मुक्तिबोध : चाँद का मुँह टेढ़ा है, पृ. 225
2. जार्ज थामसन : मार्कसिज़्म एण्ड पोइट्री, पृ. 8
3. मुक्तिबोध : कामायनी एक पुनर्विचार, पृ. 8

यथार्थवादी दृष्टिकोण के अन्तर्गत अयथार्थवादी शिल्प के औचित्य का प्रश्न भी मुक्तिबोध ने उठाया है। 'समाजवादी यथार्थवाद' के आग्रही कुछ जड़ लेखकों ने काफ़्का के ही नहीं बर्टोल्ट ब्रेस्ट के अयथार्थवादी शिल्प पर एतराज किया है। इस सम्बन्ध में मुक्तिबोध की स्पष्ट मान्यता है कि यथार्थवादी शिल्प और यथार्थवादी दृष्टिकोण में अन्तर है। यह बहुत ही सम्भव है कि यथार्थवादी शिल्प के विपरीत जो भाववादी शिल्प है—उस शिल्प के अन्तर्गत जीवन को समझने की दृष्टि यथार्थवादी हो। उनके अनुसार यह बहुत सम्भव है कि तथाकथित यथार्थवादी कलाकार यथार्थ को रंगीन चश्में से देखकर उसकी अशुद्ध व्याख्या कर सकता है।' इसलिए 'कलाकृति में यथार्थवादी रूपविधान का अर्थ यह नहीं है कि लेखक ने वास्तविकता को वैज्ञानिक दृष्टि से, यथार्थवादी दृष्टि से समझा हो और वैसा उसका आकलन और मूल्यांकन भी किया हो।'[1] मुक्तिबोध का उक्त मत हावर्ड फास्ट के अनुरूप है—'हो सकता है कोई कलाकृति ऊपर से यथार्थवादी दिखायी पड़े किन्तु यह आवश्यक नहीं है कि उसका यथार्थ से भी सम्बन्ध हो। यथार्थता की कसौटी लेखकों की कोई विशिष्ट शैली या रूप नहीं, वस्तुनिष्ठ सत्य का अन्वेषण है, चाहे वह अन्वेषण सामान्य में हो अथवा विशिष्ट में।'[2]

कविता में फैंटेसी के उपयोग की कलात्मक सार्थकता क्या है? मुक्तिबोध के अनुसार 'कविता के अन्तर्गत फैंटेसी के उपयोग की सबसे बड़ी सुविधा यह है कि लेखक वास्तविकता के प्रदीर्घ चित्रण से बच जाता है। वह संक्षेप में ज्ञानगर्भ फैंटेसी द्वारा सार रूप में जीवन की पुनर्रचना करता है।'[3] मुक्तिबोध की कठिनाई यह है कि उन्हें पग-पग पर चौराहे, सौ-सौ राहें और नव नवीन रूप-दृश्य वाले सौ-सौ विषय रोज-रोज मिलते हैं' 'और एक पैर रखता हूँ कि सौ राहें फूटतीं व मैं उन सब पर गुजरना चाहता हूँ।'[4] एक साथ इतनी राहों और इतने विषयों पर स्वप्न में ही गुजरा जा सकता है। कविता में यथार्थ की असमापनीयता, विसंगति, संश्लिष्टता, आत्मपक्ष और वस्तुपक्ष सबको एक साथ समेटने के लिए जरूरी है कि कवि फैंटेसी का सहारा ले। मुक्तिबोध की उक्त कठिनाई ने ही उन्हें फैंटेसी का सहारा लेने के लिए विवश किया। और यही

1. वही, पृ. 6
2. हावर्ड फास्ट : लिटरेचर एण्ड रियेलिटी, पृ. 46
3. मुक्तिबोध : कामायनी एक पुनर्चावार पृ. 7
4. मुक्तिबोध : चाँद का मुँह टेढ़ा है

कारण है कि उनकी कविताओं में अनेक स्वप्न, अनेक भावधाराएँ, अनेक कथ्य एक दूसरे में घुलमिल जाते हैं—

'स्वप्न के भीतर एक स्वप्न
विचारधारा के भीतर और
एक अन्य
सघन विचारधारा प्रच्छन्न।
कथ्य के भीतर एक अनुरोधी
विरुद्ध विपरीत,
नेपथ्य-संगीत।'

यह नेपथ्य क्या है? मुक्तिबोध के शब्दों में फैंटेसी के अन्तर्गत कवि-कल्पना, जीवन की सारभूत विशेषताएँ प्रकट करते हुए, एक ऐसी चित्रावली प्रस्तुत करती है कि जिससे वह तथ्यात्मक जीवन, जिसकी कि स्वानुभूत विशेषताएँ प्रोद्भासित की गयी हैं, अधिकाधिक प्रच्छन्न, गौण और नेपथ्यवासी हो जाएँ।'[1] फैंटेसी का तथ्यात्मक जीवन ही वह संगीत है, जो नेपथ्य के पीछे निनादित होते हैं। मुक्तिबोध के अनुसार फैंटेसी एक झीना परदा है जिसमें से जीवन-तथ्य झाँक-झाँक उठते हैं। फैंटेसी का तानाबाना कल्पना-बिम्बों में होने वाली विविध क्रियाओं प्रतिक्रियाओं से बना हुआ होता है। दूसरे शब्दों में तथ्यों का उद्घाटन अत्यन्त गौण और विकारपूर्ण होता है, किन्तु तथ्यों के प्रति की गयी क्रिया-प्रतिक्रियाएँ प्रधान होती हैं।[2] इस स्थिति में फैंटेसी का विश्लेषण किस प्रकार किया जाए? मुक्तिबोध उत्तर देते हैं सबसे पहले हम फैंटेसी में गुंथी हुई क्रिया-प्रतिक्रिया जाने और उन क्रिया-प्रतिक्रियाओं के सूत्र से हम प्रच्छन्न और अर्द्धप्रच्छन्न जीवन-तथ्यों तक जावें।'[3] इस प्रकार मुक्तिबोध फैंटेसी के विश्लेषण की प्रक्रिया की ओर संकेत कर पाठकों को अर्थ-प्रक्रिया तक पहुचाने में योग देते-से दीखते हैं।

शमशेर बहादुर सिंह ने लिखा है—मुक्तिबोध हमेशा एक विस्तृत केनवास लेता है जो सामाजिक जीवन के 'धर्मक्षेत्र' और व्यक्ति चेतना की रंगभूमि को निरन्तर जोड़ते हुए कई काल-क्षणों को प्रायः एक साथ आयामित करता है।'[4] बाह्य जगत् और अन्तजर्गत् तथा समय के कई काल क्षणों को एक

1. भुक्तिबोध : कामायनी एक पुनर्विचार पृ. 3
2. वही पृ. 7
3. वही 8
4. शमशेर बहादुर सिंह : भूमिका 'चाँद का मुँह टेढ़ा है,' पृ. 21

साथ आयामित करने की प्रक्रिया ही मुक्तिबोध की फैंटेसी को जन्म देती है। स्वप्न-कथन शैली के कारण कविता में देश और काल की दृष्टि से नितान्त असम्बद्ध एवं दूर की वस्तुओं और विचित्र एवं असम्भव घटनाओं को एक साथ रखा जा सकता है और औचित्य पर कोई अंगुली भी नहीं उठा सकता क्योंकि स्वप्न क्रम में स्वभावतः अतार्किक असम्बद्धता एवं असंभाव्यता होती है। इस फैंटेसी-शिल्प के माध्यम से कवि कविता में अनेक चमत्कारों की सृष्टि कर सकता है। शर्त यह है कि उन चमत्कारों को वास्तविकता से सम्बद्धता बनाये रखनी चाहिए। यथार्थ से जुड़े रहने और समाजवाद के धरातल पर प्रतिष्ठित किए जाने के कारण ही मुक्तिबोध की फैंटेसी एक ऐसी प्रखर स्पष्टता धारण कर लेती है कि 'उनकी भयानक से भयानक, विद्रूप से विद्रूप (और कोमल से कोमल भी)—फैंटेसी को हम अपनी सांस में महसूस कर सकते हैं।'[1]

सृजन-प्रक्रिया के विश्लेषण और मुक्तिबोध की कविताओं में निहित प्रखर यथार्थ को देखते हुए कहा जा सकता है अयथार्थवादी शिल्प फैंटेसी पूर्णतः यथार्थाधारित है।

1. शमशेर बहादुर सिंह : चाँद का मुँह टेढ़ा है (भूमिका), पृ. 27

द्वितीय अध्याय

सैद्धान्तिक समीक्षा

मुक्तिबोध उन नव्य प्रगतिवादी आलोचकों में हैं जिन्होंने साहित्य की आर्थिक, सामाजिक व्याख्या को ही पर्याप्त नहीं माना। मार्क्स और एंगेल्स ने जिस साहित्य-चिन्तन का सूत्रपात किया था उसे आधार रूप में ग्रहण कर अनेक चिन्तकों ने उसके अनेक स्तरों एवं आयामों का उद्घाटन किया है। प्रगतिवादी समीक्षकों में ऐसे अनेक चिंतक आये हैं जिन्होंने साहित्य की आर्थिक सामाजिक व्याख्या को अपर्याप्त माना है और अन्य दृष्टियों का समावेश कर उसे नये उन्मेष से संयुक्त किया है। यह नया उन्मेष कृति की समाजशास्त्रीय व्याख्या के साथ-साथ उसके सृजनमूलक, मनौवैज्ञानिक एवं सौन्दर्यात्मक तत्वों का विश्लेषण भी करता है। मुक्तिबोध की समीक्षा इस नये उन्मेष से पर्याप्त रूप से प्रभावित है।

साहित्य-चिन्तन का केन्द्र बिन्दु : जीवन

मुक्तिबोध ने अपनी साहित्य-सबंधी धारणाओं का निर्माण मार्क्सवादी समीक्षा के आधार पर किया है। उन्होंने वास्तविक साहित्य[1] एवं जीवन के अध्ययन विश्लेषण को आधार रूप में ग्रहण किया है। इसलिए उनके समीक्षा-सिद्धान्तों में वैज्ञानिकता एवं वस्तुनिष्ठता है। वे सिद्धान्त निर्माण के पहले जीवन पर दृष्टि डालते हैं और जीवन के ठोस अनुभवों के आधार पर साहित्य का अध्ययन विश्लेषण और मूल्यांकन करने का आग्रह करते हैं। मार्क्सवादी दृष्टि से लैश होकर उन्होंने मानव जीवन को समस्त चिन्तन के केन्द्र में प्रतिपादित किया है। चूँकि 'जीवन किसी दायरे में बंध नहीं सकता और जहाँ-जहाँ जीवन के प्रति सच्चाई प्रकट की गयी है वहाँ-वहाँ कला अपने सम्पूर्ण सौन्दर्य के साथ प्रकट हुई है। उनके अनुसार साहित्य की कसौटी एक नहीं, अनेक हैं। 'केवल साहित्यिक कसौटी से ही साहित्य को नापना अथवा केवल समाजशास्त्रीय अथवा केवल

1. मुक्तिबोध : एक साहित्यिक की डायरी, पृ. 13

मनोविज्ञान की दृष्टि से उनका मूल्यांकन करना' उनकी दृष्टि में असंगत है।[1] मुक्तिबोध इन सभी दृष्टियों से साहित्य का मूल्यांकन करना चाहते हैं किन्तु साहित्य की अन्तिम कसौटी उनके अनुसार जीवन है। 'जब साहित्य जीवन से प्रसूत होकर जीवन को प्रभावित करता है, तो वस्तुतः उसकी खरी कसौटी जीवन ही है।'[2]

जीवन जगत् मुक्तिबोध की समीक्षा दृष्टि का केन्द्रबिन्दु है—वह जीवन जगत् 'जो आभ्यन्तर एवं बाह्य इन दो तत्वों से निर्मित है, जो जीवन-जगत् मानवसम्बन्धों, जीवन-मूल्यों, ज्ञान-दृष्टियों तथा गहन मानसिक प्रतिक्रियाओं का एक संवेदनात्मक समवाय है जो कलाकार के अन्तःकरण में अनेक मिश्र रूपों में संचित होकर, अभिव्यक्ति क्षणों में प्रोद्भासित हो उठता है, अपने सारे वैभव और समृद्धि के साथ।'[3] मुक्तिबोध के चिन्तन का यह प्रधान सूत्र है। यह वह संधि स्थल है जहाँ अन्तर और बाह्य, व्यक्ति और समाज, मनोविज्ञान और समाजशास्त्र, प्रयोगवाद और प्रगतिवाद परस्पर एक दूसरे के गले मिलते हैं। इसी आधार पर वे प्रयोगवादी और प्रगतिवादी—शुद्ध साहित्यिक और समाजशास्त्रीय मान्यताओं की एकांगिकता की ओर निर्देश करते हैं और हिन्दी समीक्षा को सार्थक पूर्णता तक पहुँचने के लिए अपना मौलिक सुझाव पेश करते हैं। इसी आधार पर वे काव्य की रचना-प्रक्रिया का सूक्ष्म विश्लेषण करते हैं और आत्मपक्ष और वस्तुपक्ष दोनों को एक साथ समेटने के हेतु नये काव्यमूल्यों एवं समीक्षा-सिद्धान्तों का प्रतिपादन करते हैं।

साहित्य समीक्षा का आधार : जीवन की संवेदनात्मक समीक्षाशक्ति

मुक्तिबोध का मत है कि 'साहित्य-समीक्षा के मूलबीज वास्तविक जीवन में तजुर्बों के बतौर उपलब्ध होने वाले ज्ञान संवेदन और संवेदन ज्ञान में ही है।'[4] मुक्तिबोध की समीक्षा का यह मूल आधार है। वास्तविक जीवन के संवेदनात्मक ज्ञान को साहित्यसमीक्षा को मूल दृष्टि या मूल्य के रूप में वे इसलिए स्वीकार करते हैं कि 'वास्तविक जीवन का संवेदनात्मक ज्ञान न केवल लेखक और समीक्षक में होता है वरन् पाठक में भी होता है।'[5] मुक्तिबोध की मान्यता है कि जीवन के

1. वही, पृ. 125
2. मुक्तिबोध : एक साहित्यिक की डायरी, पृ. 126
3. वही, पृ. 126
4. मुक्तिबोध : नयी कविता का आत्मसंघर्ष, पृ. 18
5. वही पृ. 100

वास्तविक अनुभवों से प्राप्त सत्यों के द्वारा ही समीक्षा सृजनशील और प्रभावी हो सकती है। वास्तविक जीवन का संवेदनात्मक ज्ञान ही मनुष्य को वह क्षमता देता है जिसके आधार पर वह जीवन की आलोचना करता हुआ अपना मार्ग बनाता चलता है। इस क्षमता को मुक्तिबोध 'संवेदनात्मक समीक्षाशक्ति' कहते हैं और उसे समीक्षक में होना अनिवार्य बताते हैं क्योंकि 'वास्तविक जीवन की संवेदनात्मक समीक्षाशक्ति के अभाव में साहित्य की समीक्षा थोथी होती है।'[1] इस समीक्षाशक्ति के समुचित विकास के लिए समीक्षक का व्यापक जिन्दगी से जुड़ना—सामाजिक परिवेश की परिस्थितियों, प्रवृत्तियों, गतिविधियों एवं उसमें पले व्यक्तियों का संवेदनात्मक ज्ञान प्राप्त करना अनिवार्य है।

यह जीवन-सापेक्ष, मूल्य-सम्पृक्त और समाज प्रतिबद्ध समीक्षा दृष्टि है जो 'जीवन-मूल्य और कलात्मक साहित्यिक मूल्य में आवयविक सम्बन्ध' मानती है। यह दृष्टि कोरे सिद्धान्तों के आधार पर साहित्य को नहीं परखती, जीवन-सत्यों के आधार पर स्वयं सिद्धान्तों का परीक्षण और प्रयोग करती है और तदुपरान्त साहित्य का मूल्यांकन करती हैं। जीवन मूल्यों को साहित्यिक मूल्यों से जोड़ने के कारण ही, मुक्तिबोध समीक्षक में मानव दुःख के प्रति सहज मानवीय संवेदना का होना अनिवार्य बताते हैं। उनके अनुसार समीक्षक का पहला कर्तव्य आज की स्थिति में मानव-दुख के प्रति, दुखात्मक अवस्थाओं के प्रति सहज मानवीय कला-समीक्षात्मक सहानुभूति प्रकट करना है। जीवन-मूल्यों को कला-मूल्यों से पृथक् करने के पीछे निहित राजनीतिक दृष्टि का पर्दाफास करते हुए मुक्तिबोध आगे कहते हैं—"वर्तमान जीवन में पुनः-पुनः प्राप्त दुखात्मक जीवन स्थितियों में आलोचना के जो सूत्र चलते हैं उनमें भावना के रंग में भीगे हुए जीवन मूल्य होते हैं, मूल्य संवेदना होती है। कुछ लोगों को भय हुआ कि ये मूल्य-संवेदनाएँ किसी आध्यात्मिक आदर्श अथवा प्रगतिवादी आदर्श में विलीन न हों।"[2]

जीवन की समग्र अवधारणा

मुक्तिबोध जब जीवन को साहित्य की कसौटी स्वीकार करते हैं तब उनके समक्ष जीवन की समग्र अवधारणा विद्यमान होती है। अन्तर्जगत और बाह्यजगत, व्यक्ति और समाज के कृत्रिम विभाजन वहाँ चरमराकर टूट जाते हैं। चूँकि मुक्तिबोध कलाकृति को 'स्वानुभूत जीवन की कल्पना द्वारा पुनर्रचना'[3] कहते

1. वही, पृ. 19
2. मुक्तिबोध : नयी कविता का आत्मसंघर्ष, पृ. 161
3. मुक्तिबोध : कामायनी एक पुनर्विचार, पृ. 1

हैं। इसलिए उनके द्वारा जीवन की व्याख्या को समझ लेना अप्रसंगिक न होगा। मुक्तिबोध ने जीवन को त्रिकोणात्मक माना है। जीवन की एक भुजा है बाह्य जगत्, दूसरी भुजा है अन्तर्जगत् और आधार रेखा है हमारी चेतना। बाह्य जगत् मानव-सम्बन्धों का विशिष्ट क्षेत्र है। जीवन की यह भुजा वर्ग-जगत् और जगत् के विविध जीवन-मूल्यों आदर्शों के बीच होती हुई उस छोर तक पहुँच जाती है, जिसे हम देश और जाति की राजनैतिक, सामाजिक स्थिति कह सकते हैं कि जो स्थिति मानवेतिहास के विकास के एक विशेष स्तर और विशेष अवस्था का नाम है।'[1] अन्तर्जगत् का निर्माण और विकास इस बाह्य जगत् के तत्वों पर ही निर्भर है। हमारा अन्तर्जीवन 'बाल्यकाल से ही बाह्य को, बाह्य की क्रियाओं और रूपों को आत्मसात करता हुआ, उस बाह्य के अनुकूल या प्रतिकूल प्रतिक्रियाएँ करता हुआ, उन प्रतिक्रियाओं के विभिन्न संवेदनात्मक पुंज बनाता हुआ और उन पुंजों के सहारे जीवन ज्ञान का विकास करता हुआ और उस जीवन-ज्ञान के सहारे स्वयं को बाह्य से मिलाने और बाह्य को अपने से मिलाने—अर्थात् उस बाह्य के साथ स्वयं को द्वन्द्व रूप में या सामंजस्य रूप में स्थापित करने का प्रयत्न करता रहता है।'[2] मुक्तिबोध का यह मत आचार्य शुक्ल के मत से मेल खाता है—मनुष्य अपने भावों, विचारों और व्यापारों को लिए दिए दूसरों के भावों, विचारों और व्यापारों के साथ कहीं मिलता और कहीं लड़ता हुआ अन्त तक चला चलता है और इसी को जीना कहता है। जिस अनन्त रूपात्मक क्षेत्र में यह व्यवसाय चलता रहता है उसका नाम जगत् है।'[3] अन्तर एवं बाह्य का यही द्वन्द्वात्मक सम्बन्ध जीवन है। काडवेल का भी यही विचार है 'मूल प्रवृत्ति और बाह्य परिवेश के बीच का अन्तर्विरोध—मनुष्य और प्रकृति का अनवरत संघर्ष ही जीवन है। और वही काव्य का आधार भी है।[4] मुक्तिबोध के अनुसार 'जीवन के त्रिभुज की आधार रेखा हमारी अपनी चेतना है कि जो चेतना उपर्युक्त भुजाओं के बिना अपना स्वरूप और आकार ही स्थापित नहीं कर सकती। चेतना के तत्व बाह्य के ही आत्मसातकृत बिम्ब हैं।'[5] इस प्रकार मुक्तिबोध ने आत्मजगत् एवं वस्तुजगत् में अभेद स्थापित करने की चेष्टा की है। शुक्ल जी ने कहा है, भीतर बाहर का भेद व्यर्थ है। जो भीतर है वही बाहर है। यही बाहर हंसता-खेलता, रोता-गाता,

1. वही पृ. 1
2. मुक्तिबोध : कामायनी एक पुनर्विचार, पृ. 1
3. आचार्य शुवल : रस-मीमांसा, पृ. 5
4. काडवेल : इल्युजन एण्ड रियलिटी, पृ. 102
5. मुक्तिबोध : कामायनी एक पुनर्विचार, पृ. 2

खिलता-मुस्कराता जगत् भीतर भी है जिसे हम मन कहते हैं। जिस प्रकार यह जगत् रूपमय और गतिमय है उसी प्रकार मन भी। मन भी रूप गति का संघात ही है।'[1] मुक्तिबोध के अनुसार अन्तर्जगत् अर्थात् मन की सत्ता का निर्माण बाह्य जगत् के आभ्यन्तरीकरण के फलस्वरूप होता है।

और काव्य क्या है?

काव्य आभ्यन्तर जीवन जगत् का ही बाह्यीकृत रूप है, वह कवि द्वारा स्वानुभूत जीवन की पुनर्रचना है। 'हमारी भाव-सम्पदा, ज्ञान-सम्पदा, अनुभव-समृद्धि उस अन्तर्तत्व व्यवस्था का ही अभिन्न अंग है जिसे अपने बाह्य जीवन जगत् को आभ्यन्तरीकरण से प्राप्त की है।'[2] यह मुक्तिबोध द्वारा स्वानुभूत जीवन की व्याख्या है। काव्य को स्वानुभूत जीवन की प्रकृति मानने के कारण ही मुक्तिबोध बाह्य जीवन के ज्ञान और उसके आभ्यन्तरीकरण पर बल देते हैं और उन्हें यह चिन्ता सताती है–

'हम दिल के सुनहले तीर
बाहर क्यों नहीं फेंक पाते
तेज तेज
और बाहर की चीज
उसी तेजी से वापस क्यों नहीं फेंकती
अपने पूरे लहरीले रंग
कि जिनसे दिल
जरा-सा सुलगे और भभक जाय
उस बाहर के भीतर की तस्वीर
उभर आए–'[3]

'बाहर के भीतर की तस्वीर' है काव्य। बात यह है कि मुक्तिबोध काव्य को जीवन के समानान्तर प्रतिष्ठित करना चाहते थे। उनकी कविताएँ जीवन को उसकी समग्रता में समेट लेना चाहती है। उनकी कविताओं के लम्बी होने का यही कारण है। मुक्तिबोध का 'काव्यात्मन् फणिधर' से आग्रह है कि वह अन्तर बाह्य का व्यापक सर्वेक्षण करें–

1. आचार्य शुक्ल : रस-मीमांसा, पृ. 24
2. मुक्तिबोध : कामायनी एक पुनर्विचार, पृ. 8
3. मुक्तिबोध : 'रंगों में सुलगी हुई एक सुनहली शनाख्त' उद्धत ज्ञानोदय, फरवरी 68

'ओ भू-गर्भ-शास्त्री
भीतर का बाहर का
व्यापक सर्वेक्षण कर डालो'[1]

मगर इसका तात्पर्य यह नहीं है कि मुक्तिबोध आत्मानुभूति को काव्य का प्रयोजन मानते हैं। वे काव्य का प्रयोजन 'आत्मानुभूति' मानने वालों से अपना मतभेद प्रकट करते हुए कहते हैं कि कवि आत्मोद्घाटन नहीं करता, 'अपने अन्तर में व्याप्त जीवन-जगत् को प्रकट करता है।'[2] यह सच है कि कवि जीवन-यथार्थ को व्यक्त करता है किन्तु वह लेखक द्वारा स्वानुभूत जीवन-यथार्थ होता है, यह व्यक्ति में से छनकर ही बाहर आता है। इसलिए उस पर निजता की—व्यक्तित्व की छाप होती है। अज्ञेय के शब्दों में 'साधारण का साधारण वर्णन कविता नहीं है, कविता तभी होती है जब साधारण पहले निजी होता है और फिर व्यक्ति में से छनकर बाहर आता है।'[3] स्वयं मुक्तिबोध ने इसी कारण बाह्य के आभ्यन्तरीकरण और आभ्यन्तर के बाह्यीकरण पर बहुत बल दिया है। अतः यह कहना कि काव्य में आत्मोद्घाटन नहीं होता पूर्णतः सही नहीं है।

लीबनिज के शब्दों में 'कलाकार उसी परिवेश को अभिव्यक्त करता है जिसका वह अभिन्न अंग है। वह इसकी अन्तर्निहित संकुलता से लड़ता झगड़ता है, इन्हें दुलराता पुचकारता है और अन्ततोगत्वा इनकी अनुभूतिमय प्रतिक्रिया को कलात्मक कलेवर प्रदान करता है। इस प्रकार कला के विषय वस्तु से उसका 'आत्म' ही ध्वनित नहीं होता, अपितु वह वस्तुगत स्वरूप भी स्पष्ट होता है जिसका कलाकार ने अपने आत्मविकास में उपयोग किया है। सामान्य कोटि के कलाकार के लिए आत्माभिव्यक्ति अपने को प्रकट करने का प्रमुख साधन है, पर असामान्य और उत्कृष्ट कोटि का कलाकार इसी के माध्यम से व्यापक और विश्वजनीन सत्यों को प्रकट करता है।'[4]

मुक्तिबोध का भी यही मतलब है। उनकी मान्यता काव्य को आत्मा की संकल्पनात्मक अनुभूति अथवा स्वानुभूति की विवृत्ति मानने वाली छायावादी दृष्टि के विरोध में खड़ी है। आत्मा में तो बहुतेरा अनुभव संचित होता है वह सब साहित्य में क्यों नहीं आता? कारण यह है कि लेखक अपने वर्गीय सौन्दर्यमानों एवं आग्रहों के अनुसार अपने भावों एवं विचारों की कांट-छांट करता है और

1. मक्तिबोध : चाँद का मुँह टेढ़ा है, पृ. 141
2. मुक्तिबोध : नयी कविता का आत्मसंघर्ष, पृ. 5
3. अज्ञेय : आत्मनेपद, पृ. 42
4. उद्धृत : कला सृजन प्रक्रिया, पृ. 143

कलाकृति प्रस्तुत करते समय ग्रहण और त्याग का अधिकार अपने पास रखता है। 'सच तो यह है कि मनुष्य जब काव्य में अपने को प्रकट करता है तब केवल वह आत्मप्रस्थापना ही नहीं करता वरन् वह आत्म-औचित्य की स्थापना भी करता है।'[1] इसलिए 'कविता में कवि का आत्मोद्‌घाटन उतना विश्वसनीय नहीं है जितनी की उसकी सामान्य भूमि।'[2] 'सामान्य भूमि' में वे जीवन-मूल्य है, वे जीवन-दृष्टियाँ हैं जो कवि ने अपने बाह्य विस्तृत जीवन में पायी है।'[3]

साहित्य और समाज

इस सन्दर्भ में साहित्य और समाज की अभिन्नता के तात्विक आधार पर विचार कर लेना अपेक्षित है। 'चेतना को बाह्य का ही आभ्यन्तरीकृत रूप'[4] मानने के कारण मुक्तिबोध मार्क्स के इस मत के समीप चले आते हैं कि 'मनुष्यों की चेतना उसके अस्तित्व को निर्धारित नहीं करती बल्कि उल्टे उनका सामाजिक अस्तित्व ही उनकी चेतना को निर्धारित करता है।'[5] मुक्तिबोध का स्पष्ट मत है कि 'हमारी आत्मा में जो कुछ है वह समाज प्रदत्त है... हमारा सामाजिक व्यक्तित्व ही हमारी आत्मा है।'[6] मार्क्स की तरह मुक्तिबोध भी मानवीय चेतना को 'मानव सम्बन्धों से निर्मित तथा उसी से 'उद्‌गत चेतना' मानते हैं। 'सामाजिक उत्पादन प्रणाली, कार्यविभाजन के अनुसार विविध वर्ग तथा उनके जीवन-यापन की विशेष प्रणालियाँ ही मानव-सम्बन्धों को निर्धारित करते हैं। ये मानव-सम्बन्ध समाज के विकास के साथ परिवर्तित होते रहते हैं तथा समाज की विशेष परिस्थितियों की उनमें विशेषताएँ प्रकट होती रहती हैं। विशेषता-संयुक्त ये मानव-सम्बन्ध मानव चेतना की मूलभूत नींवें हैं जिनके आधार पर कला, दर्शन, धर्म तथा साहित्य की सृष्टि होती है।'[7] मुक्तिबोध का मत है कि 'मानवसम्बन्धों की अवस्था विशेष के अनुसार ही मानव की विश्वदृष्टि, जीवन मूल्य एवं भाव-जगत् का निर्माण होता है जो उसकी चेतना के ही अंग हैं। मानव चेतना बदलते हुए मानव-सम्बन्धों के साथ ही बदलती रहती है। किन्तु इसका अर्थ यह नहीं है कि मानव-सम्बन्धों के

1. मुक्तिबोध : नयी कविता का आत्मसंघर्ष, पृ. 5
2. वही, पृ. 7
3. वही, पृ. 5
4. मुक्तिबोध : कामायनी एक पुनर्विचार, पृ. 2
5. प्रीफेस टु ए कंट्रीव्यूसन टू द किरिटीक आफ पोलिटिकल इकानामी, पृ. 182
6. मुक्तिबोध : नयी कविता का आत्मसंघर्ष, पृ. 57-58
7. मुक्तिबोध : नये साहित्य का सौन्दर्यशास्त्र, पृ. 113

आमूल परिवर्तन के साथ ही चेतना स्वयं भी यान्त्रिकतापूर्वक बदल जाती है। चेतना के विकास के अपने गतिनियम है जो सापेक्ष्य रूप से स्वतन्त्र हैं।'[1] इस सम्बन्ध में राल्फ फाक्स का मत भी यही है—'मार्क्स का निःसन्देह यह विश्वास था कि जीवन का भौतिक विधान अन्ततोगत्वा बौद्धिक विधान को निर्धारित करता है किन्तु एक क्षण के लिए भी कभी उन्होंने नहीं सोचा कि इन दोनों के बीच का सम्बन्ध सीधा है, सहज ही दीखने और यन्त्रवत् विकसित होने वाला है।[2] स्पष्ट है कि साहित्य या कला भौतिक जीवन से केवल यान्त्रिक प्रभाव ग्रहण नहीं करती। सामाजिक जीवन का यथार्थ अपने संश्लिष्ट रूप में ही साहित्य या कला को प्रभावित करता है।

साहित्य और समाज के इस अभिन्न सम्बन्ध को देखते हुए मुक्तिबोध सामाजिक जीवन के परिप्रेक्ष्य में साहित्य और कला को देखने का आग्रह करते हैं और सामाजिक दृष्टि को असाहित्यिक या साहित्य-बाह्य नहीं मानते। वे सामाजिक दृष्टि को सौन्दर्य-प्रतीति से विच्छिन्न करके नहीं देखते—'कवि, कहानी-लेखक, उपन्यासकार की सौन्दर्यप्रतीति में वह सामाजिक दृष्टि सन्निहित है, जिसका उसने उन जीवनप्रसंगों के मार्मिक आकलन के समय उपयोग किया था... जिस समाज में हम रहते हैं, उसके द्वारा प्रदत्त अथवा उत्सर्जित भाव-परम्परा तथा मूल्यों से विच्छिन्न होकर, सृजन प्रक्रिया के अंगभूत मूल्यों का अस्तित्व ही नहीं है। सौन्दर्य-प्रतीति की डुग्गी पीटने वाले लोग सामाजिक दृष्टि को भले ही ऊपर से थोपी हुई समझें, वह वस्तुतः यदि दृष्टि है, तो कभी भी थोपी हुई नहीं रहती, वरन् हमारे अन्तर का एक निजचेतस् आलोक बनकर सामने आती है।'[3] यह सामाजिक दृष्टि 'कृति की राह' से गुजरने में प्रकाश शक्ति का काम करती है।

काव्य : एक सांस्कृतिक प्रक्रिया

मुक्तिबोध काव्य को व्यक्तिगत प्रयास मानते हुए भी उसे एक सामाजिक एवं 'सांस्कृतिक प्रक्रिया' मानते हैं। 'उसमें जो सांस्कृतिक मूल्य परिलक्षित होते हैं, वे व्यक्ति की अपनी नहीं, समाज एवं वर्ग की देन हैं।'[4] किन्तु वह इस अर्थ में सांस्कृतिक प्रक्रिया नहीं है कि लेखक काव्य में नेतृत्व प्रदान करता है या उपदेश

1. वही पृ. 113
2. उपन्यास और लोकजीवन, पृ. 13
3. मुक्तिबोध : नयी कविता का आत्मसंघर्ष, पृ. 57
4. वही, पृ. 19

देता है अथवा केवल उच्च उदात्त, श्रेष्ठ तथा महापुरुषोचित भावनाओं को ही प्रकट करता है। वह सामान्य मानव के रूप में, सामान्य किन्तु प्रधान भावनाएँ प्रकट करता है।'[1] मुक्तिबोध की यह धारणा व्यक्तिवादी धारा के विपरीत पड़ती है जो यह मानती है कि कलाकार विशिष्ट सत्य और अद्वितीय भावनाओं को अभिव्यक्त करता है और जो कला को संस्कृति से अलग करती है। अज्ञेय के शब्दों में, 'एक बिन्दु ऐसा है जहाँ कला का मार्ग संस्कृति के मार्ग से अलग हो जाता है। संस्कृति का आधार समाज है, उसका सत्य व्यापक सत्य है और उसकी दृष्टि भी तद्नुकूल है। पर कला का क्षेत्र विशिष्ट का क्षेत्र है, उसका सत्य विशिष्ट, अद्वितीय और मौलिक सत्य है, और उसकी दृष्टि भी एक और अद्वितीय।'[2]

काव्य-कला को सांस्कृतिक प्रक्रिया मानने के पीछे मुक्तिबोध की ऐतिहासिक समाजशास्त्रीय दृष्टि काम करती रही है। उनका स्पष्ट मत है कि लेखक के जीवनानुभव समाज-विकास की ऐतिहासिक सामाजिक शक्तियों द्वारा लेखक के हृदय के भीतर से अभिव्यक्त होते हैं। लेखक जीवन तथ्यों का, भावों का स्रष्टा नहीं होता उनका केवल अनुभविता, भोक्ता और अभिव्यंजक होता है। ...वस्तुतः वे जीवनतथ्य लेखक के भीतर उपस्थित होते हुए भी, अपने अस्तित्व के लिए, मात्र उसकी सत्ता पर ही अवलम्बित नहीं रहते। वे सामाजिक अनुभवों के रूप में सबके हृदय में विराजमान रहते हैं।'[3] इसलिए मुक्तिबोध साहित्य की समाजशास्त्रीय व्याख्या को उतनी बाहरी नहीं मानते जितनी कि वह समझी जाती है। वह उसे 'बाहरी' और 'भीतरी' दोनों से युक्त और दोनों से परे कहते हैं। आभ्यन्तरीकृत यथार्थ में बाह्य स्थूल जगत् और आन्तरिक चेतना दोनों ही अखंड रूप से सम्पृक्त रहते हैं। यह अखंडता ही साहित्य का रूप धारण करती है।

इस सन्दर्भ में मुक्तिबोध युग और साहित्य के घनिष्ठ सम्बन्ध पर भी ध्यान देते हैं। उनके अनुसार प्रत्येक युग अपनी सामाजिक ऐतिहासिक स्थिति की अनुभूत आवश्यकता के अनुसार साहित्य निर्माण किया करता है।'[4] मुक्तिबोध की मान्यता है कि युग ही साहित्यिक विषय का संकलन करता है, ये विषय विभिन्न वर्गों की विभिन्न स्थितियों तथा विविध मानव-सम्बन्धों से निर्धारित होते हैं। ये विविध विषय अपने को अभिव्यक्त करने के लिए उस वर्ग के हृदय में

---

1. वही, पृ. 127
2. अज्ञेय : आत्मनेपद, पृ. 257
3. मुक्तिबोध : नये साहित्य का सौन्दर्यशास्त्र, पृ. 145
4. मुक्तिबोध : नये साहित्य का सौन्दर्यशास्त्र, पृ. 120

अकुलाते रहते हैं जो उस काल में साहित्यिक-सांस्कृतिक क्षेत्र के भीतर निर्णायक रूप से प्रभावशाली हो उठते हैं।'[1] अतएव साहित्य क्षेत्र में 'युग-स्थिति का सच्चा अर्थ उस विशेष श्रेणी की स्थिति से है जो साहित्यिक-सांस्कृतिक क्षेत्र का नेतृत्व करती है।'[2]

साहित्य की इस वर्गीय स्थिति को देखते हुए मुक्तिबोध प्रगतिवादी समीक्षा की इस मान्यता को स्वीकार करते हैं कि वर्गबद्ध समाज में साहित्य और साहित्यकार भी वर्गों के हिमायती बनकर प्रकट होते हैं। वर्गविभाजित समाज में वर्ग-निरपेक्ष साहित्य-सृजन की कल्पना भ्रान्ति है। 'कोई भी लेखक अपने व्यक्तित्व से, अपने इतिहास से अर्थात् अपने देश-काल से स्वतन्त्र नहीं है।'[3] आचार्य शुक्ल ने भी यह बात बहुत पहले कही थी कि मनुष्य लोकबद्ध प्राणी है। उसका अपनी सत्ता का ज्ञान तक लोकबद्ध है। लोक के भीतर ही कविता क्या किसी भी कला का प्रयोजन और विकास होता है।'[4] अतएव कला यद्यपि व्यक्तिगत आधार पर होती है, किन्तु उसकी चेतना उस वर्ग में समाहित तथा उससे विकसित है जिसके भीतर रहकर कलाकार ने अनुभव प्राप्त किए हैं।'[5] मुक्तिबोध के अनुसार कुछ ऐसे तथ्य होते हैं जो लेखक के विचारों के अंकुश के बावजूद अनजाने ही उसके साहित्य में उभर उठते हैं, इसलिए कि वह लेखक न केवल आत्माभिव्यक्ति कर रहा है, वरन् विशेष वर्ग-सम्बन्धों से निर्मित दृष्टि भी अभिव्यक्त कर रहा है। उस दृष्टि पर उसका सम्पूर्ण नियन्त्रण इसलिए नहीं हो सकता कि वह जिन वर्ग सम्बन्धों से जकड़ा हुआ है, उन वर्ग-सम्बन्धों पर उसका कोई अधिकार नहीं है।'[6] मुक्तिबोध वर्तमान समाज को युग परिवर्तन के संक्रमणकालीन स्थिति में देखते हुए कहते हैं कि यह सच है कि 'लेखक अपने देशकाल से स्वतन्त्र नहीं है किन्तु जब वह सचमुच स्वतन्त्र होने का प्रयत्न करता है तो इसका अर्थ यह है कि युग बदलने के लक्षण सामने आ रहे हैं... अपनी युग की सीमाओं के परे देखकर, पार जाकर आगे के मार्ग को देखना महत्वपूर्ण घटना है।'[7]

1. वही, पृ. 121
2. वही, पृ. 120
3. वही, पृ. 129
4. आचार्य शुक्ल : रस-मीमांसा
5. मुक्तिबोध : नये साहित्य का सौन्दर्यशास्त्र, पृ. 129
6. मुक्तिबोध : वही, पृ. 126
7. मुक्तिबोध : नये साहित्य का सौन्दर्यशास्त्र, पृ. 83

प्रतिश्रुति का प्रश्न

युग के पार जाकर मानव-भविष्य को देखने वाली मुक्तिबोध की यह दृष्टि समाज के निर्माणकारी और विनाशकारी आशय को जागरूक प्रकार से ग्रहण करती है'[1] और विघटित होते हुए सत्य के विरोध में नये उभरते हुए सत्य को सहानुभूति और सहयोग देती है। विषमतायुक्त समाज में जबकि साहित्यकार भी वर्गों के हिमायती बनकर प्रकट होते हैं, प्रश्न उठता है कि लेखक किस वर्ग के साथ है? अन्तर्विरोध ग्रस्त समाज में वह किन प्रवृत्तियों से तदाकार है?[2]

'बशर्ते तय करो,
किस ओर हो तुम, अब
सुनहले उर्ध्व-आसन के
दबाते पक्ष में, अथवा
कहीं उससे लुटी-टूटी
अँधेरी निम्न कक्षा में तुम्हारा मन,
कहाँ हो तुम?'[3]

मुक्तिबोध उत्तर देते हैं—'हम साहित्यकार जो पीड़ित मध्यवर्गीय श्रेणी से आये हैं, अपना विकल्प सामाजिक प्रगति और मानव मुक्ति ही चुनते हैं, और इस पक्ष में हमें कलाकार के मानव-व्यक्तित्व के हनन, सौन्दर्य की उपेक्षा तथा व्यक्ति की अवहेलना नहीं दिखाई देती क्योंकि उसी राह पर हमें सौन्दर्य का साक्षात्कार होता है।'[4] यह मुक्तिबोध की सच्ची जनवादी दृष्टि है जो कोरे व्यक्तिवादी सौन्दर्यवादी मूल्यों को जोर से ललकारती है।

इस प्रकार मुक्तिबोध विषमतायुक्त समाज में निरन्तर चलने वाले वर्ग संघर्ष में लेखक की पक्षधरता को निर्धारित करते हैं। कहते हैं—'क्या लेखक के लिए यह परम आवश्यक नहीं है कि वह विश्व-जनता के अभ्युत्थान को देखे और समाज का उत्पीड़न करने वाली शक्तियों से सचेत हो और उसके प्रति विद्रोह करने वाली ताकतों से सक्रिय सहानुभूति रखे।'[5] वह पक्षधरता के प्रश्न को बाहरी आग्रह नहीं, अन्तरात्मा का प्रश्न मानते हैं। आरोपित आग्रह से

1. मुक्तिबोध : कामायनी एक पुनर्विचार, पृ. 15
2. मुक्तिबोध : नथी कविता का आत्मसंघर्ष, पृ. 58
3. मुक्तिबोध : चाँद का मुँह टेढ़ा है, पृ. 148
4. मुक्तिबोध : नयी कविता का आत्मसंघर्ष, पृ. 56
5. मुक्तिबोध : एक साहित्यिक की डायरी, पृ. 148

परिचालित साहित्य कृत्रिम और प्रभावहीन होता है। उसमें हार्दिक सहानुभूति का रस नहीं आ सकता। इसलिए सबसे पहले लेखक अपनी अन्तरात्मा का पक्षधर होता है। यह पक्षधरता केवल अपने तक सीमित नहीं है 'चूँकि हम आप जैसे अन्तरात्मा वाले बहुत से लोग इस संसार में हैं, इसलिए हम सब उन सबके और वे सब हम सबके पक्षधर हैं' अतएव हम अपनी अन्तरात्मा के और अपनी जैसी अन्तरात्माओं की पक्षधरता को मजबूत बनायेंगे।[1] मुक्तिबोध की पक्षधरता अथवा प्रतिश्रुति मार्क्सवादी विचारधारा के साथ उस समस्त उत्पीड़ित मानवता के प्रति है जो संसार के किसी भी कोने में अपनी मुक्ति के लिए संघर्षरत है–

पृथ्वी के प्रसारों पर
जहाँ भी स्नेह या संगर,
वहाँ पर एक मेरी छटपटाहट है,
वहाँ है जोर मेरा एक गहरा भी,
कि धरती के विकासी द्वन्द्व-क्रम में एक मेरा पक्ष,
मेरा पक्ष, निःसन्देह[2]

सच्चा साहित्यकार सत्य और न्याय का हमेशा पक्षधर रहा है। यह सच है कि साहित्य का वर्ग-संघर्ष से अनिवार्य सम्बन्ध रहा है और उसे प्रभावशाली वर्ग के हित में नियोजित किया गया है किन्तु श्रेष्ठ साहित्यकारों ने सचेतन या अचेतन रूप से सदैव समाज की विषमतापूर्ण मानव-सम्बन्धों की आलोचना की है, उनकी सहानुभूति उत्पीड़ित मनुष्यता के साथ रही है, उन्होंने सत्य का पक्ष लेने के साथ ही जनसामान्य की आशा-अकांक्षाओं को वाणी प्रदान की है। वाल्मीकि और भवभूति, तुलसी और वेदव्यास यही कारण है कि इतने लोकप्रिय हैं और वे वर्गीय समाज में रहकर भी अपनी वर्गीय सीमाओं को बहुत कुछ अतिक्रान्त करते से प्रतीत होते हैं। अतीत की इस प्रगतिशील परम्परा को मुक्तिबोध स्वीकृति प्रदान करते हैं–'हमारे पूर्वगामी कविगण का भी हमारी उन्नति में काफी हाथ है। हम उनके कंधों पर खड़े होकर विश्व देख रहे हैं।'[3]

परम्परा के प्रति दृष्टिकोण

यहाँ मुक्तिबोध ने परम्परा के प्रति अपना दृष्टिकोण स्पष्ट कर दिया है। उनका मत है कि 'हमारे पूर्वकालीन समाजों की उपलब्धियाँ जिन्हें हम अमर कहते हैं,

1. मुक्तिबोध : नयी कविता का आत्मसंघर्ष, पृ. 108
2. मुक्तिबोध : चाँद का मुँह टेढ़ा है, पृ. 161-62
3. मुक्तिबोध : नये साहित्य का सौन्दर्यशास्त्र पृ. 66

इसलिए हमारे लिए मूल्यवान हैं कि उनके भीतर समाये हुए जीवन तत्वों को हमने अपनी परम्परा में अन्तर्भूत कर लिया है।'[1] परम्परा के प्रति मुक्तिबोध का दृष्टिकोण मात्र राजनीतिक नहीं है। वे परम्परा के किसी भी जीवनोपयोगी तत्व को महत्व देते हैं। उनके शब्दों में—भवभूति, कालिदास, कबीर, तुलसी, सूर, घनानन्द आदि के काव्य में हमें जहाँ-जहाँ मनोहर सूक्ष्म दृष्टियाँ, जीवन-पक्षों का मार्मिक उद्घाटन तथा जीवन-विवेक दृष्टिगोचर होता है, यह सब साहित्य हमारी स्थायी सम्पत्ति है।'[2]

साहित्य की मूल्यवत्ता का युग-युगीन आधार

इसी सन्दर्भ में मुक्तिबोध कला की श्रेष्ठता अथवा मूल्यवत्ता का प्रश्न उठाते हैं और केवल कला-कौशल की दृष्टि से ही नहीं, जीवन-मूल्य की दृष्टि से उसकी मूल्यवत्ता का आकलन करने पर बल देते हैं—'कला-कौशल की दृष्टि से, किसी काव्य का मनोरंजक हो जाना एक बात है—बिल्कुल भिन्न बात है उसका जीवन-मूल्यों के रूप में हमारे सामने आना। मात्र भावोत्तेजित करने वाली कला हमारे वास्तविक जीवन-पथ के लिए मूल्यवान भी हो, यह आवश्यक नहीं है। हमारे लिए मूल्यवान कला वह है, जिसमें मार्मिक जीवन-विवेक, सूक्ष्म दृष्टियाँ तथा जीवन के वास्तविक पक्षों का उद्घाटन हो।'[3] उनके मत से वह काव्य या कला जो हमें भावोत्तेजित तो करती है किन्तु हमारे वास्तविक जीवन-पथ में मूल्यवान होकर सहायक नहीं बनती, निश्चय ही वह कला श्रेष्ठ होते हुए भी श्रेष्ठतम नहीं है।'[4] साहित्य की श्रेष्ठता का 'युगयुगीन आधार है वे जीवन-मूल्य तथा उनकी अत्यन्त कलात्मक अभिव्यक्ति जो मनुष्य की स्वतन्त्रता तथा उच्चतर मानव-विकास के जीवन-मूल्यों का प्रतिपादन करने वाले होते हैं।'[5] मुक्तिबोध का मत है कि पुराने साहित्य का वही श्री सौन्दर्य हमारे लिए ग्राह्य होगा जो हमारे नवीन जीवन-मूल्यों के विकास में सक्रिय योग दे। प्रगति-विरोधी, गलत-जीवन-मूल्यों से संयुक्त साहित्य सौन्दर्य-सृष्टि में अक्षम सिद्ध होगा। 'शुद्ध साहित्यिक सौन्दर्य, मात्र-सौन्दर्य निरपेक्ष सौन्दर्य की सत्ता

1. वही, पृ. 13
2. मुक्तिबोध : नये साहित्य का सौन्दर्यशास्त्र, पृ. 138
3. वही, पृ. 136
4. वही, पृ. 136
5. वही, पृ. 133

स्वीकार करने वाले लोग या तो स्वयं धोखे में हैं या धोखा देना चाहते हैं।'[1] इस प्रकार मुक्तिबोध सौन्दर्य-मानों को जीवन मूल्यों से सम्पृक्त कर देखते हैं। और सार्वभौम सार्वकालिक सौन्दर्य-मान का निषेध करते हैं। उनके अनुसार सौन्दर्य एक जीवन-मूल्य हैं। उसका उद्गम मनुष्य के भीतरी मनोवेगों के उदात्तीकरण से है। यह उदात्तीकरण अन्य प्रधान जीवन-मूल्यों के संयोग से ही सम्भव है। यही कारण है कि वास्तविक जीवन में अपने मनोभावों का उदात्तीकरण हमें कलात्मक सौन्दर्य से भी अधिक आनन्द देता है।'[2]

सौन्दर्यानुभव : जीवनानुभव

सौन्दर्यानुभूति अथवा कलानुभूति को मुक्तिबोध जीवनानुभूति से पृथक करके नहीं देखते। इस सम्बन्ध में मुक्तिबोध के ही समानधर्मा कवि-आलोचक अज्ञेय का विचार है कि 'अनुभूति अद्वितीय होती है क्योंकि कोई दूसरे की अनुभूति नहीं भोग सकता...और कवि साधारणीकरण द्वारा जिस अनुभूति का प्रेषण करता है वह काव्यानुभूति जीवन की अनुभूति से अलग होती है।'[3] मुक्तिबोध के अनुसार 'सौन्दर्यानुभव और वास्तविक जीवनानुभव इन दो का सारस्वरूप एक ही है।'[4] सौन्दर्यानुभव वास्तविक जीवनानुभव के गुणात्मक रीति से परिवर्तित रूप का नाम है। उनके शब्दों में 'सौन्दर्यानुभव तब घटित होता है जब मनस्पटल पर बिंबित कल्पना-रूपों में डूबकर मन, साधारण जीवन की निजबद्धता का परित्याग करता है। वह उस निजबद्धता के ऊपर उठकर, उसके परे जाकर, उससे सम्पूर्णतः मुक्त होकर, मनस्पटल पर उद्दीप्त उन बिम्बों में खो जाता है कि जो बिंब, संवेदनात्मक उद्देश्यों से परिचालित कल्पना तथा उन्हीं उद्देश्यों द्वारा परिचालित और संकलित जीवन अनुभवत्व के संयोग से बने हुए हैं।'[5] यहाँ सौन्दर्यानुभव की तीन प्रधान विशेषताओं को लक्षित किया जा सकता है—1—जीवनानुभवों का आधार 2—आत्मबद्ध दशा का परिहार 3—तन्मयता की स्थिति।

सौन्दर्यानुभव सृजन-क्षण अथवा आस्वादन के समय तक ही सीमित नहीं है, जैसा कि हिन्दी साहित्य कोश में माना गया है—सुन्दर वस्तु के सर्जन अथवा

1. वही, पृ. 133
2. वही, पृ. 134
3. अज्ञेय : आत्मनेपद, पृ. 169
4. मुक्तिबोध : डायरी, पृ. 6
5. मुक्तिबोध : नयी कविता का आत्मसंघर्ष, पृ. 39

आस्वादन के समय कलाकार या रसिक की आत्मा की विशेष अवस्था को सौन्दर्य चेतना कहा जाता है अथवा सौन्दर्यानुभूति का नाम सौन्दर्य-चेतना है।'[1] इसके विपरीत मुक्तिबोध का मत है कि ये सौन्दर्यानुभव रास्ते चलते भी हो सकते हैं, जीवन की विभिन्न स्थिति परिस्थितियों में होते रहते हैं।'[2] यह सौन्दर्यानुभूति केवल कलाकार की ही निधि नहीं है। वह मनुष्यता का एक लक्षण है। सब से ऊपर उठना, खुद की घेरेवन्दी तोड़कर, कल्पनासज्जित सहानुभूति के द्वारा अन्य के मर्म में प्रवेश करना, मनुष्यता का एक लक्षण है।'[3] कलाकार जब इस सौन्दर्यानुभव को व्यक्त करता है तब उसके साहित्य में मनुष्य सत्य का जन्म होता है, उसका लक्ष्य अपने आप मानवतावादी हो जाता है।

मुक्तिबोध की उक्त मान्यता आचार्य शुक्ल के मत से मेल खाती है। शुक्ल जी का मत है कि जगत् के रूपों और व्यापारों के सामने जब व्यक्ति अपनी पृथक् सत्ता की धारणा से छूटकर अपने आपको बिल्कुल भूलकर—विशुद्ध अनुभूति मात्र रह जाता है तब वह मुक्तहृदय हो जाता है।—हृदय की यह मुक्तावस्था ही रसदशा कहलाती है।' हृदय की इस मुक्ति की साधना के लिए मनुष्य कविता करता है। कविता ही मनुष्य के हृदय को स्वार्थ-सम्बन्धों से संकुचित मंडल के ऊपर उठाकर लोकसामान्यभावभूमि पर ले जाती है।' (आचार्य शुक्ल : रस-मीमांसा, पृ. 5) यही नहीं जगत् के सौन्दर्य पर मुग्ध होने को शुक्लजी रस-धारा में निमग्न होना कहते हैं, इस विश्वकाव्य की रस-धारा में जो थोड़ी देर के लिए निमग्न न हुआ उसके जीवन को मरुस्थल की यात्रा ही समझना चाहिए।' (वही, पृ. 7) काव्य और जीवन में अभेद स्थापित करते हुए शुक्लजी ने यह भी कहा है कि उत्तम काव्य के पारायण से जिस प्रकार की रसानुभूति होती है उसी प्रकार की रसानुभूति हमें सृष्टि-सौन्दर्य के प्रत्यक्ष दर्शन से भी होती है। जैसे काव्य से साधारणीकरण होता है उसी प्रकार प्रत्यक्ष दर्शन से भी। साधारणीकरण के प्रभाव से काव्य श्रवण के समय व्यक्तित्व का जैसा परिहार हो जाता है वैसा ही प्रत्यक्ष या वास्तविक अनुभूति के समय भी कुछ दशाओं में होता है।' (वही, पृ. 220) कहना न होगा कि शुक्लजी की 'रस दशा' ही मुक्तिबोध की सौन्दर्यानुभूति है।

---

1. हिन्दी साहित्य कोश, भाग-1, पृ. 942
2. मुक्तिबोध : नयी कविता का आत्मसंघर्ष : पृ. 40
3. वही पृ. 166

सौन्दर्यानुभूति कब उद्बुद्ध होती है? किसी वस्तु, या दृश्य या भाव से मनुष्य जब एकाकार हो जाता है तब सौन्दर्यबोध होता है।'[1] मुक्तिबोध के इस कथन में 'सौन्दर्य कहाँ है' प्रश्न का उत्तर भी मिल जाता है। भाववादी चिन्तकों ने सौन्दर्य की स्थिति व्यक्ति-मन में मानी है जबकि प्रगतिवादी विचारकों ने उसकी सत्ता को वस्तुगत बताया है। मुक्तिबोध इस विवाद में न पड़कर सौन्दर्य को विषय और विषयी का सम्बन्ध मानते हैं। उनका मत काडवेल के अनुरूप है। काडवेल ने भी 'मनुष्य की एक विशेष दशा का नाम सौन्दर्य माना है। वह सौन्दर्य को वस्तु और मानव-मन का परस्पर सम्बन्ध मानता है।'[2] शुक्लजी ने सौन्दर्य को वस्तुगत मानते हुए कहा है—'कुछ रूप-रंग की वस्तुएँ ऐसी होती हैं जो हमारे मन में आते ही थोड़ी देर के लिए हमारी सत्ता पर ऐसा अधिकार कर लेती हैं कि उसका ज्ञान ही हवा हो जाता हैं और हम उन वस्तुओं की भावना के रूप में ही परिणत हो जाते हैं। हमारी अन्तस्सत्ता की यही तदाकार परिणति सौन्दर्य की अनुभूति है।'[3]

जड़ीभूत सौन्दर्यानुभूति का विरोध

मुक्तिबोध का मत है कि सुन्दर आकृति का बहाना करने वाले लोग, वस्तुतः कलात्मक अभिव्यक्ति को किन्हीं विषयों तक सीमित रखना चाहते हैं। यही नहीं वरन् उन्हें किन्हीं अभिव्यक्ति पैटर्नों में ही सौन्दर्य दिखाई देता है।'[4] मुक्तिबोध इसे जड़ीभूत सौन्दर्याभिरुचि कहते हैं जिसके कारण 'जहाँ भी ऐसा प्रतीत हुआ कि अन्य प्रवृत्ति उत्पीड़ित जनता का पक्ष ले रही है, वहीं नाक-भौं सिकोड़े जाने के चिह्न दिखाई दिये। ये सौन्दर्यवादी लोग भूल गये कि बंजर काले स्याह पहाड़ में भी एक अजीब वीरान भव्यता होती है, गली के अँधेरे में उगे छोटे से जंगली पौधे में भी एक विचित्र संकेत होता है। विशाल व्यापक मानव-जीवन में पाये जाने वाले भयानक संघर्ष के रौद्र-रूप तो उनकी सौन्दर्याभिरुचि के फ्रेम के बाहर थे।'[5] जड़ीभूत सौन्दर्याभिरुचि के खतरे से मुक्तिबोध हिन्दी-कवियों को सावधान करते हुए कहते हैं—'नयी काव्य-प्रवृत्ति के क्षेत्र में कुछ महान व्यक्ति अपनी वर्गीय अभिरुचि के फलस्वरूप सौन्दर्य का जो प्रतिमान हमारे सामने रखते हैं उसमें जब तक व्यापक संशोधन नहीं होगा तब तक हम अपने ही जीवन अनुभवों का पूर्ण

1. मुक्तिबोध : एक साहित्यिक की डायरी, पृ. 7
2. उद्धृत : डॉ. रामविलास शर्मा : आस्था और सौन्दर्य, पृ. 26
3. आचार्य शुक्ल, रस-मीमांसा, पृ. 24
4. मुक्तिवोध : नये साहित्य का सौन्दर्यशास्त्र, पृ. 155
5. मुक्तिबोध : नयी कविता का आत्मसंघर्ष, पृ. 15

और प्रभावशाली चित्र उपस्थित नहीं कर सकते। काव्यात्मक व्यक्तित्व जो एक बंद सन्दूक क्लोज्ड सिस्टम बनाता है (तुम नहीं व्याप सकते, तुम में जो व्यापा है, उसी को निबाहो) जड़ीभूत सौन्दर्या-भिरुचि ही प्रस्तुत कर रहा है।'[1] वे आगे कहते हैं–'यदि हमें वैविध्यपूर्ण, परस्पर द्वन्द्वमय, मानव-जीवन् के मार्मिक पक्षों का वास्तविक प्रभावशाली चित्रण करना है, तो हमें जड़ीभूत सौन्दर्याभिरुचि के सेंसर त्यागने होंगे...मनुष्य जीवन का कोई अंग ऐसा नहीं है जो साहित्याभिव्यक्ति के अनुपयुक्त हो।'[2]

स्थानान्तरगामी प्रवृत्ति पर बल

जड़ीभूत सौन्दर्याभिरुचि कवि को सीमित करती है, उसकी अन्तश्चेतना को कुंठित, व्यक्तित्व को ह्रासशील बनाती है, दृष्टि को विश्वचेतस् बनाने से रोकती है। इसलिए मुक्तिबोध इसका विरोध करते हैं और असंग प्रवृत्ति के स्थान पर कवि की 'स्थानान्तरगामी प्रवृत्ति' पर बल देते हैं–'मैं कलाकार की स्थानान्तरगामी प्रवृत्ति पर बहुत बल देता हूँ। आज के वैविध्यमय, उलझन से भरे, रंग-बिरंगे जीवन को यदि देखना है, तो अपने वैयक्तिक क्षेत्र से एक बार तो उड़कर बाहर जाना होगा। बिना उसके इस विशाल जीवन-समुद्र की सीमा, उसके तट प्रदेशों के भूखण्ड, आँखों की ओट ही रह जायेंगे। कला का केन्द्र व्यक्ति है, पर उसी केन्द्र को अब दिशाव्यापी करने की आवश्यकता है।'[3] व्यापक समाज से कटकर व्यक्तिबद्ध भावनाओं एवं मानसिक ऊहापोहों तक सीमित रहना कभी श्रेयस्कर नहीं हो सकता। अतः कलाकार के लिए अनिवार्य है कि वह व्यक्तिबद्धता के घेरे से निकलकर जीवन के व्यापक क्षेत्र में विचरण करे तभी उसकी कला दायित्वपूर्ण मानवीय भूमिका का निर्वाह कर सकेगी।

व्यक्तिवाद का विरोध

व्यक्तिबद्धता से भी साहित्य का उद्भव हो सकता है किन्तु मुक्तिबोध उसे महत्त्व नहीं देते। कारण, उसमें भावों का आवेग तो होता है, कलात्मकता भी होती है, किन्तु उसमें निजसमस्या व्यापक मानव-समस्या का रूप नहीं ले पाती, उसमें वास्तविक आत्मोद्घाटन होने के बजाय आत्मप्रस्थापना होती है। 'विपात्र'

1. वही, पृ. 9
2. वही, पृ. 9
3. मुक्तिबोध : उद्धृत तारसप्तक : पृ. 43

उपन्यास में मुक्तिबोध का एक पात्र कहता है—'व्यक्तिबद्ध वेदना और व्यक्तिबद्ध वासना साहित्य के अनेक उद्‌गम स्रोतों में स्वयं दो हैं। मजेदार बात यह है कि इन दो स्रोतों ने साहित्य में जो उपमाएँ और प्रतीक प्रदान किए हैं, उनमें भावों का औदार्य न सही तो भावों की तीव्रता बहुत अधिक होती है। काव्य-कला द्वारा ऐसे कलाकार अपनी व्यक्तिबद्ध वेदना या व्यक्तिबद्ध वासना का उदात्तीकरण और आदर्शीकरण भले ही कर लें, उनके व्यक्तिचरित्र की मूल ग्रन्थि तो बनी ही रहती है।... हमारा आत्मप्रकटीकरण बहुत कुछ अंशों में वस्त्र परिधान है, वास्तविक आत्मोद्‌घाटन नहीं।'[1] इस आत्मछल को देखते हुए मुक्तिबोध डायरी में कहते हैं—'असल में साहित्य एक बहुत धोखे की चीज हो सकती है। वह एक वंचना-स्वप्न की उपज, अहं के प्रक्षेप का एक परिणाम अथवा आत्माभिनय का एक साहित्यिक रूप हो सकता है।'[2] अतः मुक्तिबोध मनोविज्ञान की दृष्टि से भी साहित्य को देखना चाहते हैं। साथ ही उनका विचार है कि कवि को व्यक्तिबद्धता से मुक्त होकर निज समस्या को व्यापक परिप्रेक्ष्य देकर मानवसमस्या के रूप में प्रस्तुत करना चाहिए। जिस काव्य में निज समस्या को व्यापक मानवीय परिप्रेक्ष्य नहीं मिलता वह मुक्तिबोध की दृष्टि में 'महत्त्वहीन' है।

इस प्रकार मुक्तिबोध व्यक्तिबद्धता के दायरे को तोड़कर इटैलियन कवि दीमेनिको कोदेरेसी के शब्दों में कवि-कलाकार को व्यापक जीवन-यथार्थ से जुड़ने का आह्वान करते हैं—'हम व्यक्तिवाद के गहन दण्डकारण्य में से बाहर निकल पड़े, जिन-जिन स्थानों पर मनुष्य अपनी अस्तित्व रक्षा में लीन है, वहाँ-वहाँ हमारे हित लगे हुए हैं। हमारे काव्य का चरित-नायक आज स्वयं मूर्तिमान यथार्थ ही हो.. कला को अपने औजार उठा लेना चाहिए, शायद बारूद भी जरूरी है, जिससे कि चट्टानें तोड़ी जा सकें और युग के उन स्पन्दनशील सप्राण भाव-निर्झरों को मुक्त किया जा सके...यदि विशुद्ध काव्य हमें जीवन ही से पूर्णतः पृथक् करता है, तो उस काव्य को विशुद्ध रखने की आवश्यकता ही क्या है?...हम स्वगत भाषण और एकालाप से हटकर वार्तालाप की ओर जायें—निःसंगता से हटकर संघर्ष में योग दें।'[3]

ध्यान देने की बात है कि मुक्तिबोध ने आत्मपरक काव्य और व्यक्तिवादी काव्य में भेद किया है। उनके अनुसार 'यह कहना गलत है कि आत्मपरक

1. मुक्तिबोध : विपात्र, पृ. 69
2. मुक्तिबोध : एक साहित्यिक की डायरी, पृ. 125
3. मुक्तिबोध : नयी कविता का आत्मसंघर्ष, पृ. 20

काव्य व्यक्तिवादी काव्य है। भारतीय संस्कृति द्वारा विकसित की गयी परम्पराओं में से एक 'परम्परा आत्मपरक काव्य की है। आत्मपरक काव्य में प्रगतिशील जीवन-मूल्य भी प्रकट होते रहते हैं।'[1] मुक्तिबोध ने आत्मपरक काव्य और व्यक्तिवादी काव्य में कहीं स्पष्ट सीमा रेखा खींचने का प्रयास तो नहीं किया लेकिन उनके चिन्तन के आधार पर इन दोनों के अन्तर को समझा जा सकता है। बाह्य के आभ्यन्तरीकरण पर मुक्तिबोध ने जिस प्रकार बल दिया है उससे लगता है कि वे कविता में आत्मपरकता को अनिवार्य मानते हैं। बाह्य जीवन-यथार्थ अथवा वस्तुतत्व व्यक्ति में से छनकर ही बाहर व्यक्त होता है, अतः कविता में आत्म-तत्व का रंग स्वाभाविक है। इसीलिए मुक्तिबोध ने कविता को एक 'आत्मपरक प्रयास' माना है। अतः प्रत्येक कलाकृति मूलतः आत्मपरक होती है लेकिन आत्मपरकता व्यक्तिबद्धता का पर्याय नहीं है। आत्मपरक काव्य में वस्तुतत्व आत्मतत्वों के रंग में वेष्ठित होकर सामने आता है किन्तु व्यक्तिबद्ध काव्य में कवि अपने सुख-दुःख, राग-द्वेष आदि व्यक्तिवद्ध भावनाओं तक ही सीमित रहता है। सामाजिक सन्दर्भ से पृथक होने के कारण व्यक्तिवादी काव्य न तो हमारे जीवन-मूल्यों को दीप्त करता है न ही उसमें युगबोध या सामाजिक सन्दर्भ उजागर होता है। मूल बात यह है कि आत्मपरक काव्य स्वर की घेरेबन्दी तोड़कर, व्यक्ति की सीमाओं से अलग हटकर सामान्य जन का प्रतिनिधि बन सकता है, लेकिन व्यक्तिबद्ध काव्य में इस तरह की सामान्य मानवीय विशेषताओं की प्रातिनिधिकता की सम्भावना नहीं रहती। आत्मपरकता, रचना की शुरूआत है, अन्तिम परिणति नहीं। आत्मपरकता के विस्तृत रूप को ध्यान में रखना जरूरी है क्योंकि किसी भी कृति का मौलिक आधार उसके अन्तिम प्रभाव का निषेध नहीं कर सकता। आत्मपरकता जब विस्तृत की सीमाएँ छूने लगती है तब व्यक्तिबद्ध न रहकर व्यापक हो जाती है, अपने आप में बद्ध नहीं रहती, जैसा कि व्यक्तिबद्ध काव्य में होता है।

आत्मपरक काव्य में ही मुक्तिबोध ने 'रोमांस' को स्थान दिया है। रोमांसप्रधान काव्य मुख्यतः मनोरंजन के लिए लिखे जाते हैं। किन्तु साहित्य का उद्देश्य मात्र मनोरंजन नहीं है, साहित्य महत्त्वपूर्ण तभी होता है जब वह मनुष्य को अधिकाधिक मानवीय बनाते चलता है। साहित्य के इन दो पहलुओं की ओर मुक्तिबोध दृष्टिपात करते हुए कहते हैं कि साहित्य के दो पहलू रहे हैं, एक

1. वही, पृ. 26

तो वह जिसमें मनोरंजन हो और दूसरा वह जिससे हम अधिक मानवीय होते चलें।...पुराने समय में भी एक साहित्य मनोरंजन के लिए लिखा जाता था, जिसमें वर्ण चमत्कार और वर्णन-चमत्कार का बाहुल्य था और दूसरा वह जिसमें रसोद्रेक का उद्देश्य मनुष्य को अधिकाधिक मानवीय करते चलना था।'[1] मुक्तिबोध दूसरे प्रकार के साहित्य को अधिक महत्त्व देते हैं। साहित्य की सार्थकता मात्र मनोरंजन में नहीं, आनन्द में डुबाकर ही छोड़ देने में नहीं है, उसकी वास्तविक सार्थकता इससे आगे जाकर मनुष्य की वृत्तियों का संस्कार परिष्कार करने में और कर्म की प्रेरणा देने में है। मुक्तिबोध काव्य में मनोरंजन को भी स्थान देते हैं, रोमांस-प्रधान काव्य भी उन्हें प्रिय है। किन्तु जो रोमांस केवल हमारी कल्पना को तृप्त करता है और हमें अधिक उदात्त, मानवीय एवं आदर्शोन्मुख नहीं करता वह उनकी दृष्टि में महत्त्वपूर्ण नहीं है। उनके शब्दों में—'रोमांस, जैसा कि वह शेली में या कालिदास में पाया जाता है, अपनी सच्चाई के कारण, अपनी आन्तरिक भावप्रवणता के कारण आदर्श की ओर उन्मुख है। दूसरी तरह का रोमांस जो अधिक बाहरी है और केवल हमारी कल्पना को ही तृप्त करता है, साहित्यिक आदर्श के निकट नहीं है।'[2] स्पष्ट है कि मुक्तिबोध भावप्रवण एवं आदर्श रोमांस को ही साहित्य में स्थान देते हैं। वे रोमांस को साहित्य से बाहर करना नहीं चाहते क्योंकि वह तो जीवन का ही एक अंग है। मुक्तिबोध का उक्त मत गोर्की के अनुकूल है। गोर्की ने भी रोमांस को साहित्य में स्थान दिया है। किन्तु रोमांसवाद की दो प्रवृत्तियों—सक्रिय और निष्क्रिय—में से सक्रिय रोमांसवाद को महत्त्व दिया है क्योंकि निष्क्रिय रोमांसवाद जहाँ केवल कल्पना को तृप्त करता है और अन्तर जगत् के निरीक्षण द्वारा व्यक्ति को बाह्य परिवेश से विच्छिन्न करता है वहाँ सक्रिय रोमांसवाद अधिक उदात्तता एवं शक्ति के साथ जीवन जीने के लिए प्रेरित करता है।[3] ध्यान देने की बात यह है कि मुक्तिबोध रोमांस और यथार्थ में केवल परिस्थिति का ही भेद देखते हैं—जिस तरह सामाजिक व्यथा से जागृत मानवी आत्मा यथार्थवादी हो जाती है, उसी तरह सम्पन्न परिस्थिति में अपनी भावनाओं के मनोहर कोण से मानवी आत्मा भावना-प्रधान और कल्पना-प्रधान, जिसे रोमैंटिक कहते हैं, हो जाती है। वास्तव में देखा जाए तो रोमांस और यथार्थवाद में केवल परिस्थिति का ही भेद है। यथार्थवादी भी

1. मुक्तिबोध : नये साहित्य का सौन्दर्यशास्त्र, पृ. 167
2. वही, पृ.
3. गोर्की : आन लिटरेचर, पृ. 32-33

उतना ही भावना प्रधान ओजमय हो सकता है, जितना कि शेली। परन्तु उसका दृष्टिकोण बहिर्मुख है, बाह्य वास्तविकता के संघर्ष से उत्पन्न उसकी भावनाएँ हैं और रोमैंटिक कलाकार का दृष्टिकोण अपने आन्तरिक जगत् के प्रति है। वह स्वयं अपना ही कलाकार है।'[1]

कला-सृष्टि के मूल में : 'ज्ञानसंवेदन और संवेदनज्ञान'

मुक्तिबोध कला-सृष्टि के मूल में ज्ञानसंवेदन और संवेदनज्ञान को स्वीकार करते हैं। उनके इन अवधारणात्मक शब्दों में इन्द्रियबोध, भावना, विचार, कल्पना, और बुद्धि का संश्लिष्ट योग है। इन्द्रियाँ, हृदय और मस्तिष्क—तीनों समन्वित रूप में कार्य को प्रतिफलित करने में योग देते हैं। काव्य-सृजन में मुक्तिबोध इन सबको समान महत्त्व देते हैं। उनके शब्दों में 'कवि की संवेदन क्षमता, कल्पना की संश्लेषणशक्ति और बुद्धि की विश्लेषण शक्ति—इन तीनों में से कोई भी बात कमजोर हुई, तो मनोमय तत्वरूप अपनी सही-सही ऊँचाई को नहीं प्राप्त कर सकेगा।'[2] डॉ. रामविलास शर्मा भी रूप, भावना और विचार की एकता से ही कला-सृष्टि सम्भव मानते हैं—'साहित्य में मनुष्य की बाह्य इन्द्रियाँ, हृदय और मस्तिष्क तीनों का समन्वय होता है। रूप, भावना और विचार की एकता से कला-सृष्टि सम्भव है।'[3] मुक्तिबोध काव्य-सृजन के लिए ज्ञानात्मक आधार को पुष्ट होना अनिवार्य बताते हैं न केवल भावना की विशुद्धता के लिए बल्कि उसकी उन्मुक्त उड़ान के लिए भी। उनके अनुसार 'ज्ञान-क्षेत्र के भीतर ही भावना की पहुँच है।'[4] और 'यदि कवि का ज्ञानपक्ष दुर्बल हैं, यदि उसका ज्ञान आत्मपक्ष और बाह्यपक्ष और तनाव के सम्बन्ध में अधूरा अथवा धुन्धला है, अथवा यदि वह तरह-तरह के कुसंस्कारों और पूर्वाग्रहों तथा व्यक्तिबद्ध अनुरोधों से दूषित है तो ऐसे ज्ञान की मूलभूत पीठिका पर विचरण करने वाली भावना या संवेदना निसन्देह विकारग्रस्त होगी।'[5] आचार्य शुक्ल ने भी भाव और ज्ञान में विरोध नहीं माना है। वे मानते हैं कि ज्ञान के क्षेत्र में ही भाव का प्रसार होता है। उनके अनुसार 'मनुष्य में ज्ञान-प्रसार के साथ-साथ भाव-प्रसार भी क्रमशः बढ़ता गया है।'[6] जब तक हमें किसी वस्तु का बोध नहीं होता तब तक हमें उसकी रसानुभूति

1. मुक्तिबोध : नये साहित्य का सौन्दर्यशास्त्र, पृ. 167
2. मुक्तिबोध : नयी कविता का आत्मसंघर्ष, पृ. 8
3. रामविलास शर्मा : लोकजीवन और साहित्य, पृ. 11
4. मुक्तिबोध : एक साहित्यिक की डायरी, पृ. 148
5. मुक्तिबोघ : नयी कविता का आत्मसंघर्ष, पृ. 14
6. आचार्यशुक्ल : रस मीमांसा, पृ. 19

भी नहीं हो सकती। शुक्ल जी के शब्दों में 'सत् के भीतर ज्ञान का विषय भी रहता है, हृदय का भी।'[1] कभी एक पक्ष प्रबल रहता है तो कभी दूसरा। इसलिए मुक्तिबोध 'ज्ञानात्मक संवेदन और संवेदनात्मक ज्ञान' कहते हैं।

साहित्य में विचारधारा की स्थिति

यहीं प्रश्न उठता है साहित्य में विचारधारा की स्थिति का। मुक्तिबोध के अनुसार 'कलाकार के लिए यह जरूरी नहीं है कि वह बँधे-बँधाये वैचारिक ढाँचे को यान्त्रिक रूप से स्वीकार करे। फिर भी ऐसे लेखक कलाकार होते आये हैं जिन्होंने व्यक्तिगत, सामाजिक, राष्ट्रीय अन्तर्राष्ट्रीय समस्याओं के सम्बन्ध में एक कलाकार की हैसियत से सोचा-विचारा है।'[2] विचारधारा के अभाव का परिण ााम लेखक के लिए घातक भी हो सकता है। मुक्तिबोध इसे रेखांकित करते हुए कहते हैं—'आज के बहुत से कवियों के अन्तःकरण में जो बेचैनी, जो ग्लानि, जो अवसाद, जो विरक्ति है उसका एक कारण एक ऐसी विश्वदृष्टि का अभाव है जो उन्हें आभ्यन्तर आत्मिक शक्ति और मनोबल प्रदान कर सके तथा उसकी पीड़ाग्रस्त अगतिकता को दूर कर सके।'[3] इस प्रकार मुक्तिबोध बाह्य आग्रह अथवा विचारधारा को साहित्य के लिए अनावश्यक नहीं मानते। मुख्य प्रश्न है विचारधारा के आभ्यन्तरीकरण का। 'इन आग्रहों के मूल स्रोत यदि व्यापक मानवीय सहानुभूति और करुणा से समन्वित हैं, यदि किसी व्यापक मानवीय आदर्श से प्रेरित हैं तो यह अनुमान गलत नहीं है कि उन्हीं व्यापक सहानुभूतियों और व्यापक मानवीय आदर्शों का कुछ न कुछ तत्व या कुछ न कुछ अंश लेखक भी अपने आप में आत्मसात् किये हुए है। अतएव, किसी सामान्य भूमि पर आग्रहकर्त्ता और लेखक दोनों एकत्र हो सकते हैं।'[4]

इस सन्दर्भ में अर्न्सट फिशर के शब्द ध्यातव्य हैं : "कलाकार अपने काल के विचारों, पूर्वाग्रहों, मूल्यधारणाओं यानी विचारवादिता से अछूता स्वाधीन रचनाकार नहीं होता। उसका समय उसे गतिमान करता है, बनाता है, विकसित करता है, लेकिन एक कलाकार के रूप में वह समय का अनुभव विचारधारा की छलनी से नहीं करता, अन्तर्निहित वास्तविकता को वह देखने में समर्थ होता

1. वही, पृ. 276
2. मुक्तिबोध : नये साहित्य का सौन्दर्यशास्त्र पृ. 53
3. वही, पृ. 52
4. वही, पृ. 87

है इसलिए वह उसे एक स्थिति के रूप में ग्रहण करता है, प्रक्रिया के रूप में नहीं। उसकी संवेदना अनुकूलन या प्रतिबन्धन की शर्तों को तोड़ आगे जाती है...साहित्य और कलाएँ जितना अधिक हमारे युग के संघर्ष में संलग्न हों, उतना कम उन्हें एक विचारधारा का ही निदर्शन बनना चाहिए। किसी राजनीतिक दल या राज्य द्वारा वास्तविकता को विहित नहीं किया जा सकता। सामाजिक आशय से रहित होकर जहाँ कला सत्यरहित हो जाती है, वहीं स्वतन्त्रता से वंचित होने पर अंधी, बहरी और गूंगी हो जाती है।'[1] साथ ही साहित्य में विचारधारा की चर्चा को नकारा भी नहीं जा सकता। नकारने का अर्थ है साहित्य की राजनीतिक प्रवृत्ति पर चुप रहना यानी कि व्यवस्था को स्वीकारना। सार्त्र ने कहा है—भाषा के संसार से सम्बद्ध मौन भी शब्द होता है। इस अर्थ में 'सभी कविताएँ राजनीतिक होती हैं—वें भी जिनमें कवि अपने राजनीतिक धर्म के प्रति सचेत नहीं होता। इस रुख की द्वन्द्वात्मकता को बर्टोल्ट ब्रेख़्त ने इन प्रसिद्ध पंक्तियों में जैसे हमेशा के लिए व्यक्त कर दिया है—

'यह कैसा जमाना है
कि पेड़ों के बारे में बातचीत भी लगभग जुर्म है
क्योंकि इसमें बहुत सारे कुकर्मों के बारे में चुप्पी शामिल है।'

जब एक चुप्पी भी सन्दर्भ के द्वारा अर्थ पा जाती है तो फिर किसी भी कविता का राजनीतिक अर्थ प्राप्त कर लेना स्वयंसिद्ध है।[2]

विश्वदृष्टि की अनिवार्यता

मुक्तिबोध कलाकार के लिए एक ऐसी विश्वदृष्टि को अनिवार्य मानते हैं जो उसकी पीड़ा भरी अगतिकता को दूर कर भविष्य निर्माण से जोड़ सके। आज जबकि वैज्ञानिक आविष्कारों और महायुद्धों ने परम्परागत सभी मूल्य-मानों को तोड़ डाला है, इस सांस्कृतिक शून्यता की स्थिति में किसी नये मान-मूल्य एवं विश्वदृष्टि का संबल जरूरी है जो अँधेरे में प्रकाशशक्ति का काम कर सके। इस सन्दर्भ में तथाकथित मानव-मूल्यों की खोज की गयी। किन्तु इस बात की ओर बहुत कम लोगों का ध्यान गया कि नयी कविता की मानव-मूल्य सम्बन्धी चर्चा अपने युग का सबसे खोखला शास्त्रार्थ था। मानव और मानवता और मानवीयता

1. अर्न्सट फिशर : आइडियोलाजी एण्ड आर्ट, पृ. 59-60
2. नामवरसिंह : आलोचना 6, जुलाई-सितम्बर, 68

इस सारी बहस में देश काल निरपेक्ष मूल्यों के रूप में रखे गये। मुक्तिबोध ने उनकी वायवीयता एवं खोखलेपन की ओर संकेत करते हुए कहा—'कहने के लिए भले ही हम विश्वकल्याण की बात करें या मानवता या दायित्व की बात करें—ये सब बातें अरूप हैं। उसका कोई आकार नहीं है।'[1] अतएव मुक्तिबोध जीवन-मूल्य एवं विश्व दृष्टि के विकास के लिए लेखक को मानवता के उद्धार-लक्ष्य को लेकर चलने वाली राजनीति से जोड़ना आवश्यक समझते है—'दुःख, कष्टग्रस्त मनुष्यता के मूर्त रूप, वास्तविक उद्धार लक्ष्यों की उपलब्धि के लिए चलने वाले सांस्कृतिक, सामाजिक, राजनैतिक संघर्ष के सन्दर्भ से ही तथा उसमें योग देते हुए, हम नैतिकता के मानदण्ड, अपने जीवन-मूल्य तथा अपनी विश्व दृष्टि विकसित कर सकते हैं। शेष दृष्टि अन्यथा दृष्टि है, भले ही उसमें इक्के-दुक्के सत्य, लालबुझक्कड़ मर्म और भड़कीले रंग दिखाई दें।'[2]

मुक्तिबोध की यह विश्व-दृष्टि मार्क्सवाद प्रदत्त है। उनकी आस्था समाजवादी मानववाद में ही थी। समानता के विचार और समतावादी समाज की परिकल्पना मार्क्स के पहले भी इतिहास में थी किन्तु मार्क्स द्वारा प्रतिपादित मानववादी विचारधारा ने पहली बार दुनिया को बदले जाने की आवश्यकता पर बल दिया, क्योंकि उसके अनुसार सिद्धान्त को व्यवहार से, ज्ञान को क्रिया से और आत्मिक लक्ष्य को समाज-व्यवस्था से अलग नहीं किया जा सकता। राल्फ फाक्स ने कहा है—'हमारी दुनिया को एक ऐतिहासिक संघर्ष ने विदीर्ण कर दिया है—और आज के संघर्ष में मार्क्सवाद वही भूमिका अदा करता है जो समाजवाद का स्थान लेने वाली दुनिया के निर्माण में मानवतावाद ने अदा की थी।'[3] मुक्तिबोध ने मार्क्सवाद की जैसी वकालत की है उससे स्पष्ट हो जाता है कि वे इस दर्शन के प्रति प्रतिश्रुत हैं। उनके शब्दों में—'मार्क्सवाद मनुष्य को कृत्रिम रूप से बौद्धिक नहीं बनाता है, वरन् उसे ज्ञानालोकित आदर्श प्रदान करता है। मार्क्सवाद मनुष्य की अनुभूति को ज्ञानात्मक आदर्श प्रदान करता है। वह उसकी अनुभूति को बाधित नहीं करता वरन् बोधयुक्त करते हुए उसे अधिक परिष्कृत और उच्चतर स्थिति में ला देता है। संक्षेप में, मार्क्सवाद का मनुष्य की संवेदन क्षमता से कोई विरोध नहीं है, न हो सकता है।'[4]

1. मुक्तिबोध : एक साहित्यिक की डायरी, पृ. 90
2. मुक्तिबोध : कामायनी : एक पुनर्विचार, पृ. 72
3. उपन्यास और लोकजीवन (अनु. नरोत्तम नागर), पृ. 24
4. मुक्तिबोध : नये साहित्य का सौन्दर्यशास्त्र, पृ. 104

ऐतिहासिक अनुभूति और समाज प्रतिबद्ध आस्था

मुक्तिबोध की 'ऐतिहासिक अनुभूति' को इसी सन्दर्भ में देखना बेहतर होगा। मुक्तिबोध के शब्दों में 'ऐतिहासिक अनुभूति वह कीमिया है जो मनुष्य का सम्बन्ध सूर्य के विस्फोटकारी केन्द्र से स्थापित कर देती है। यह वह जादू है जो मनुष्य को यह एहसास कराता है कि विश्वपरिवर्तन की मूलभूत प्रक्रियाओं का वह सारभूत अंग है। ऐतिहासिक अनुभूति के द्वारा मनुष्य के अपने आयाम असीम हो जाते हैं—उसका दिक् और काल अनन्त हो जाता है।'[1] इस पर टिप्पणी करते हुए डॉ. रामविलास शर्मा ने कहा है—'मुक्तिबोध की बड़ी इच्छा थी कि ऐसा जीवन-दर्शन मिले जिससे समाज ही नहीं, विश्व के सृजन-प्रलय के रहस्य भी एक साथ उद्भासित हो उठें। मार्क्सवाद पूर्ण ज्ञान का दावा नहीं करता। मुक्तिबोध उस ज्ञान से उकता उठे थे, जो सतत विकासमान हो। विकासमान होगा तो ज्ञान अपूर्ण भी होगा। उन्हें चाहिए था पूर्ण ज्ञान। ऐसा ज्ञान रहस्यवाद ही दे सकता था। मनुष्य को अपने आयाम असीम करने हैं, अपने दिक् और काल को अनन्त बना लेना है। यह सब किसी जादू से ही सम्भव है जो मनुष्य का सम्बन्ध सूर्य के विस्फोटकारी केन्द्र से स्थापित कर दे।'[2]

मेरा विचार है कि मुक्तिबोध ने कहीं-कहीं मार्क्सवाद का जिस प्रकार से समर्थन किया है उससे नहीं लगता कि वे विकासमान ज्ञान से उकताकर किसी पूर्ण ज्ञान की खोज में थे। जीवनानुभव ही उनके ज्ञान का आधार है क्योंकि उसके बिना ज्ञान असम्भव है।'[3] उनका लक्ष्य किसी पूर्ण ज्ञान की प्राप्ति करना नहीं था क्योंकि उनके अनुसार, 'लक्ष्य स्वयं गतिमान है मनुष्य की अपनी ही गति के कारण।'[4] ऐतिहासिक अनुभूति का सम्बन्ध मार्क्सवादी विश्वदृष्टि से है, किसी रहस्यवाद से नहीं। वह 'विश्व-परिवर्तन' की प्रक्रिया में मनुष्य की भूमिका का अहसास कराती है—अतीत एवं वर्तमान को भेदकर उज्ज्वल भविष्य की ओर प्रेरित करती है। दिक् और काल के अनन्त होने का यही मतलब है। सूर्य के विस्फोटकारी केन्द्र से तात्पर्य क्रान्तिकारी जनता से है

1. मुक्तिबोध : नयी कविता का आत्मसंघर्ष, पृ. 155
2. डॉ. रामविलास शर्मा : उद्धृत, धर्मयुग, 21 दिसम्बर, 1969
3. मुक्तिबोध : एक साहित्यिक की डायरी, पृ. 72
4. साहित्यिक की डायरी, पृ. 72

'समन्वय झूठ है
सब सूर्य फूटेंगे
व उनके केन्द्र टूटेंगे'[1]

मुक्तिबोध को जिस 'मुक्ति' की चिन्ता है उसका सम्बन्ध रहस्यवाद से नहीं, समाजवादी मानवमुक्ति से है—

'समस्या एक
मेरे सभ्य नगरों और ग्रामों में सभी मानव
सुखी सुन्दर व शोषण मुक्त कब होंगे?'[2]

समाजवाद 'जनसाधारण की मुक्ति का राजपथ है।'[3] और पूँजीवाद?

'तू है मरण, तू है रिक्त, तू है व्यर्थ तेरा ध्वंस केवल एक तेरा अर्थ।'[4]

पूँजीवाद को सार्थक ध्वंस तक पहुँचाने के लिए लेखक का धर्म है कि वह उसमें योग दे और पूँजीवाद के विरुद्ध छेड़े गये जनता के मुक्ति संग्राम में हाथ बँटाये। मुक्तिबोध लेखक-कलाकार के लिए यह 'परमावश्यक' मानते हैं कि वह विश्व-जनता के अभ्युत्थान को देखे, समाज का उत्पीड़न करने वाली शक्तियों से सचेत हो और उसके प्रति विद्रोह करने वाली ताकतों से सक्रिय सहानुभूति रखे।'[5] स्पष्ट है कि मुक्तिबोध साहित्य को समाज का 'प्रतिबिम्ब' मात्र नहीं समझते बल्कि उसे सामाजिक परिवर्तन के लिए एक धारदार हथियार के रूप में मान्यता देते हैं। इसलिए वे कलाकार से सक्रिय सहानुभूति की माँग करते हैं। साहित्य, 'अगर वह जीवन से प्रसूत है, तो जीवन को प्रभावित भी करता है। इस प्रकार साहित्य और समाज के द्वन्द्वात्मक सम्बन्ध को मुक्तिबोध स्वीकारते हैं। साहित्य को समाज का दर्पण मात्र मानने वाली विचारधारा का प्रगतिशील दृष्टि विरोध करती है। यदि साहित्य समाज का दर्पण होता तो संसार को बदलने की बात न उठती। कवि का काम यथार्थ जीवन को प्रतिबिम्बित करना ही होता तो वह प्रजापति का दर्जा न पाता। वास्तव में प्रजापति ने जो समाज बनाया है उससे असन्तुष्ट होकर नया समाज बनाना कवि का जन्मसिद्ध अधिकार है।'[6] रोजर गोरोदी के शब्दों में 'कलाकृति में निहित यथार्थवाद यथार्थ का कोरा प्रतिबिम्ब

1. मुक्तिबोध : चाँद का मुँह टेढ़ा है, पृ. 208
2. वही पृ. 162
3. मुक्तिबोध : नयी कविता का आत्मसंघर्ष, पृ. 115
4. मुक्तिबोध : उद्धृत तारसप्तक, पृ. 61
5. मुक्तिबोध : एक साहित्यिक की डायरी, पृ. 132
6. रामविलास शर्मा : स्वाधीनता और राष्ट्रीय साहित्य, पृ. 78

मात्र नहीं होता बल्कि वह एक नये यथार्थ की सृष्टि में सक्रिय साझेदारी है।'[1]

इस दायित्व के प्रति मुक्तिबोध सचेत हैं। भविष्य निर्माण के प्रति एक अटूट आस्था की मांग उनके समस्त साहित्य-चिन्तन में मिलती है—भविष्य के उस स्वर्णिम विहान के प्रति जो वर्तमान के गर्भ से फूट रही है। उस भविष्य के प्रति बढ़ते हुए मानव-समाज में लेखक की भूमिका क्या होगी, मुक्तिबोध इसे भली भाँति समझते हैं। इसलिए वे जोर देकर कहते हैं कि, जिन्दगी का शासक बनना होगा, न कि घिसटता हुआ कुत्ता, जो गाड़ी से बँधा लेटा हुआ घिसट रहा हो।'[2] सचमुच, 'ऐसा नहीं होता कि समाज के रथ में लेखक पीछे बँधा हुआ हो और उसके पीछे-पीछे लीक पर घिसटता हुआ चलता हो, लेखक सारथी होता है जो लीक देता हुआ साहित्य की बागडोर संभाले हुए उसे उचित मार्ग पर ले चलता है।'[3] ऐसी स्थिति में लेखक का कर्त्तव्य है कि वह वास्तविक जीवन में अपनी कायरता, साहसहीनता, अकर्मण्यता त्यागकर समाज में फैले अवसरवाद से मोर्चा ले। मानवीय समस्याओं से दुःखाभिभूत और करुणापन्न होकर उसे वास्तविक मानव जीवन के मूल्यों और आदर्शों के मार्ग पर चलना ही होगा। हो सकता है कि इस स्थिति में वह मर जाये और उसके नाम पर रोने वाला भी कोई न हो; लेकिन कुछ लोगों को इस तरह जमीन में गड़ना होगा।'[4]

'कोशिश करो
कोशिश करो
की जमीन में गड़कर भी'[5]

इतनी अदम्य जिजीविषा, भविष्य के प्रति इतनी अटूट आस्था, खून की आखिरी बूँद तक जूझते रहने की इतनी खतरनाक माँग किस कवि-आलोचक ने की है? सारी भयावह परिस्थितियों के बीच भी कवि को विश्वास है कि 'संकल्पधर्मा चेतना का रक्तप्लावित स्वर प्रकट होकर विकट हो जायेगा।'[6] यह आस्था सृजनशील प्रतिभा के लिए कहाँ तक उचित है, यह एक अलग प्रश्न है। कुछ लोग आस्था को सृजनशीलता के लिए हानिकर बताते हैं। इसके विपरीत मुक्तिबोध का मत है कि 'उसका स्वरूप ही ऐसा होता है कि वह सृजनशील

1. रोजर गोरीदी : आलोचना, अप्रैल-जून 70
2. मुक्तिबोध : नयी कविता का आत्मसंघर्ष, पृ. 36
3. रामविलास शर्मा : प्रगति और परम्परा, पृ. 3
4. मुक्तिबोध : नयी कविता का आत्मसंघर्ष, पृ. 36
5. मुक्तिबोध : चाँद का मुँह टेढ़ा है, पृ. 64-65
6. मुक्तिबोध : चाँद का मुँह टेढ़ा है, पृ. 5

हो क्योंकि उसी के परिणामस्वरूप लेखक अनेक कष्टों के बीच, अपना कार्य बराबर किए जाता है।

इसका मतलब यह नहीं कि निराशा, दुःख, उद्विग्नता आदि के चित्रण को प्रतिक्रियावादी भाव-जगत की विशेषता कहकर नकारा जाये। आस्था और उल्लास से अगर संघर्ष में गति मिलती है, तो 'आस्था के जीवन मार्ग पर चलते हुए लेखक स्थान-स्थान पर समय-समय पर दुःख, उद्विग्नता, तीव्र आक्षेपपूर्ण आलोचन-भावना, निराशा, आत्मालोचन और युयुत्सु भाव प्रकट करता है।'[1] मुक्तिवोध निराशा, दुःख, संशय आदि भावों को जीवन और इतिहास के परिप्रेक्ष्य में ही ग्रहण करना चाहते हैं। सम्पूर्ण जीवन के चित्रण के लिए यह अनिवार्य भी है। किन्तु उसमें साहित्य में पाये जाने वाले निराशावाद और वास्तविकता के प्रति निषेधवादी अभिवृत्ति (निहिलिस्टिक एटीचूड) का कोई स्थान नहीं है। निराशा, दुःख, संशय, उद्विग्नता आदि मनोभाव संघर्षशील मनुष्य के मन में आ सकते हैं—आते ही हैं, उनका चित्रण अन्तः यथार्थ के सही-सही उद्‌घाटन के लिए—मनुष्य को सम्पूर्ण रूप में चित्रित करने के लिए अनिवार्य है, उससे कोई साहित्य प्रतिक्रियावादी या पराजय का साहित्य नहीं हो जाता। मुक्तिबोध उनको भी प्रगतिशील साहित्य में स्थान देना चाहते हैं।

मुक्तिबोध की आस्था जीवन यथार्थ से विच्छिन्न कल्पना-लोक की चीज नहीं है। वे लेखक से जिस आदर्श भविष्य में आस्था रखने की मांग करते हैं वह आज का सत्य भले न हो, कल का सत्य अवश्य है। उन्होंने अपनी कविताओं को 'कल होने वाली घटनाओं की कविता'[2] कहा है। उनके प्रतीक रूपक आगामी के सपने फैलाते हैं। वे जिस फैंटेसी में कविता करते हैं उसमें आज का यथार्थ ही नहीं, भविष्य का उगता हुआ यथार्थ प्रतिध्वनित होता है—'मैं विचरण करता-सा हूँ एक फैंटेसी में, यह निश्चित है कि फैंटेसी कल वास्तव होगी।' कल की वास्तविकता—भविष्य के यथार्थ को देख पाने की क्षमता मुक्तिबोध की प्रखर यथार्थ दृष्टि का सूचक है। इस दृष्टि को इतिहास के गतिशील यथार्थ का समर्थन प्राप्त है। इस प्रकार आदर्श और यथार्थ का विरोध भी मुक्तिबोध में समाप्त हो जाता है। आदर्श और यथार्थ में अनिवार्य विरोध नहीं है। 'यथार्थ चित्रण वास्तविक जगत् के हमारे ज्ञान पर निर्भर करता है। यदि यह जगत् गतिशील है और हमें उस गति की दिशा का ज्ञान है या हम उस दिशा के महत्त्व को

1. वही, पृ. 120
2. मुक्तिबोध : चाँद का मुँह टेढ़ा है, पृ. 05

समझते हैं जिसकी ओर हम उसे अग्रसर करना चाहते हैं, तो यह आदर्श हमारे यथार्थवाद में निहित होगा।'[1]

वस्तु और रूप का प्रश्न

प्राथमिक महत्त्व वस्तु का है या रूप का? सैद्धान्तिक दृष्टि से दोनों को अलग-अलग करके देखा नहीं जा सकता। दोनों 'गिरा अरथ जल वीचि सम कहियत भिन्न न भिन्न' की तरह एक ही स्थिति के द्योतक हैं। वस्तु तत्व ही रूप तत्व को नियमित करता है। हावर्ड फास्ट का कहना है कि जिस प्रकार 'मनुष्य की त्वचा का उसके भीतरी अंगों से सम्पर्क के बिना कोई अस्तित्व नहीं हो सकता उसी प्रकार विचार वस्तु के बिना बाह्य रूप का भी कोई अलग अस्तित्व सम्भव नहीं है।'[2] मुक्तिबोध के शब्दों में 'रूप अपनी स्थिति के लिए तत्व पर ही अवलंबित होता है। तत्व अपने प्रकट होने की प्रक्रिया में रूप निर्धारित और विकसित करता है। इसीलिए तत्व की आलोचना रूप की आलोचना से अधिक मूलभूत है।'[3] इस प्रकार मुक्तिबोध प्रगतिवादी समीक्षकों की तरह वस्तु तत्व को रूप तत्व से अधिक महत्व देते हैं। 'विषय वस्तु और कला' दोनों की एकता साहित्य के लिए जरूरी है। लेकिन कला और विषयवस्तु दोनों ही समान रूप से साहित्य-रचना के लिए निर्णायक महत्व की नहीं है। निर्णायक भूमिका हमेशा विषयवस्तु की होती है।'[4] वस्तु तत्व ही कलाकृति का प्राण होता है। उसमें 'इतनी शक्ति होती है कि वह स्वयं अपने रूप को लेकर आता है। अतएव हमारे लिए मुख्यतः वस्तु तत्व प्रधान हो जाता है।'[5] कोरे शिल्प कौशल के आधार पर कला निर्जीव हो जाती है। प्लेखानोव के अनुसार 'कलाकृति का उत्कर्ष अन्तिम विश्लेषण में वस्तु तत्व का ही उत्कर्ष है।'[6] किन्तु इसका अर्थ यह नहीं कि शिल्प की उपेक्षा की जाए। कला अपनी ऊँचाई तभी प्राप्त करती है जब उसमें वस्तु और शिल्प का समुचित संयोग होता है। सुन्दर बात सुन्दर शैली में कहने पर ही प्रभावशाली बनती है। इसलिए मुक्तिबोध अभिव्यक्ति कौशल को निरन्तर शोधने का आग्रह करते हैं। उनके अनुसार 'कलात्मक सौन्दर्य तो वह

1. रामविलास शर्मा : आस्था और सौन्दर्य, पृ. 12
2. हावर्ड फास्ट : लिटरेचर एण्ड सोसाइटी, पृ. 45
3. मुक्तिबोध : नयी कविता का आत्मसंघर्ष, पृ. 104
4. रामविलास शर्मा : प्रगतिशील साहित्य की समस्याएँ, पृ. 8
5. मुक्तिबोध : नये साहित्य का सौन्दर्यशास्त्र, पृ. 63
6. प्लेखानोव : आर्ट एण्ड सोशल लाइफ, पृ. 171

सिंहद्वार है जिसमें से गुजर कर ही कृति के मर्म क्षेत्र में विचरण किया जा सकता है, अन्यथा नहीं। उस मर्म क्षेत्र में पहुँचकर, उसे पहचान कर उसके मार्ग से ही, वास्तविक जीवन जगत् तक जाया जा सकता है।'[1] इस प्रकार मुक्तिबोध के अनुसार प्राथमिक महत्त्व वस्तु का ही है, कलात्मक सौन्दर्य तो कृति के मर्म में, प्रवेश करने का द्वार मात्र है।

ध्यान देने की बात है कि मुक्तिबोध वस्तु तत्वों को जीवन तत्वों से पृथक् करके नहीं देखते। 'जीवन में जिये जानेवाले तत्व साहित्य-समीक्षा के क्षेत्र की चीज है। यह आपत्ति एकदम निराधार है। साहित्य में प्रकट तत्व की जाँच की कसौटी क्या है? सिद्धान्त? समीक्षक की कल्पनाएँ? नहीं बिल्कुल नहीं। साहित्य में प्रकट तत्व की जाँच की कसौटी है--वास्तविक जीवन में पाये जाने वाले तत्व। इसी कसौटी के आधार पर हम कहते हैं कि अमुक कवि के आँसू वास्तविक करुणा नहीं, करुणा की विलासपूर्ण कल्पना है।'[2] इस प्रकार वस्तु तत्व की आलोचना के लिए वास्तविक जीवन-तत्वों को आधारभूमि बनाना अपेक्षित है। काडवेल ने कहा था कि 'कला-समीक्षा के क्षेत्र में प्रवेश करने का अर्थ है कला के बाहर स्थित होकर उसे परखने का प्रयत्न करना।' कला के बाहर है समाज। अतः काडवेल के अनुसार कला के बाहर स्थित होने का अर्थ है समाज के अन्तर्गत स्थित होना। (टू स्टैंड आउटसाइड आर्ट इज टू स्टैंड इनसाइड सोसायटी)[3] स्पष्ट है कि काडवेल की दृष्टि समाजशास्त्रीय है। मुक्तिबोध की भी। 'जीवन' शब्द में व्यक्ति और समाज, अन्तः और बाह्य, मनोविज्ञान और समाजशास्त्र के सभी आयाम सिमट कर एक हो जाते हैं।

आत्मपक्ष और वस्तुपक्ष का समन्वय

कला और साहित्य का लक्ष्य सम्पूर्ण मनुष्य सत्य की खोज करना है। व्यक्ति को सामाजिक सम्बन्धों से अलग करके देखना अथवा व्यक्ति को छोड़कर केवल समूह या समाज का चित्रण करना दोनों एकांगी प्रवृत्तियाँ हैं। मनुष्य अपने बाह्य परिवेश अथवा मानव-सम्बन्धों से कटा हुआ न होकर उससे पूरी तरह सम्पृक्त होता है। अतएव मानवीय मनोभावों का चित्रण उनकी सामाजिक पृष्ठभूमि में ही किया जाना चाहिए। नयी कविता में इस अभाव को देखकर

1. मुक्तिबोध : कामायनी : एक पुनर्विचार, पृ. 187
2. मुक्तिबोध : नयी कविता का आत्मसंघर्ष, पृ. 105
3. काडवेल : इल्यूजन एण्ड रियलिटी पृ. 6

मुक्तिबोध नये कवियों से शिकायतभरे स्वर में कहते हैं—'आप तो केवल भाव प्रकट करते हैं, मानव-सम्बन्ध नहीं।' उनके अनुसार 'नयी कविता में टोटल पर्सनेलिटी इन्वाल्व्ड' होनी चाहिए। उनकी मुख्य चिंता यह है—'क्या किया जाए जिससे नयी कविता, जीवन के सुविस्तृत क्षेत्र के विविध रंगों से दीपित होकर, एक ओर वैविध्यपूर्ण जीवन क्षेत्र का प्रतिनिधित्व कर सके, तो दूसरी ओर स्वात्मकता के खरे और भरे रंग उसमें खिल सकें।'[1] यह चिन्ता जीवन-यथार्थ को उसकी समग्रता में चित्रित करने की चिन्ता है। मुक्तिबोध व्यक्ति और समाज के अन्तर्विरोध को सामाजिक विसंगति का परिणाम मानते हैं (वह समाज का अन्तर्विरोध है, न कि व्यक्ति के विरुद्ध समाज का या समाज के विरुद्ध व्यक्ति का।'[2]) अतः कला के क्षेत्र में भी व्यक्ति और समाज के विरोध भाव को अस्वीकार करते हैं। मानववादी कला-दृष्टि व्यक्ति और समाज के संश्लेषणात्मक सम्बन्धों के चित्रण को साहित्य का लक्ष्य मानती है। जार्ज लुकाच के शब्दों में 'कलाकृति मनुष्य की आत्मगतता और बाह्य विश्व के बीच, मानव-व्यक्तित्व तथा दुनिया में उसकी नियति के बीच, अंगागि एकता को ढालती और स्थापित करती है तो इन दोनों का विरोध मनुष्य का मानवता का संसार बनाने के लिए निरस्त हो जाता है।'[3]

मुक्तिबोध के अनुसार 'आत्मपक्ष और परिस्थिति पक्ष दोनों एक ही वास्तविकता के दो अंग हैं।'[4] अतः दोनों को एकीभूत सत्ता में—समन्वित रूप में कलाकृति में स्थान मिलना चाहिए। किन्तु नयी कविता में वास्तविक जीवन-विश्लेषण की क्षमता के अभाव में क्षण-चित्रों अथवा विशेष मानसिक प्रतिक्रियाओं को ही स्थान मिलता है। 'जीवन के वास्तविक चित्र हमें नयी कविता में कम दिखाई देते हैं। उसमें केवल विशिष्ट का चित्रण ही नहीं, वरन् परस्पर सम्बन्धित विशिष्टों का चित्रण और उनका सामान्यीकरण-विश्लेषण और समन्वय दोनों की आवश्यकता है।'[5] मुक्तिबोध का मत जार्ज लुकाच से साम्य रखता है। लुकाच के अनुसार 'साहित्य की कसौटी 'टाइप' है जो पात्रों और परिस्थितियों दोनों में सामान्य और विशिष्ट को आवयविक एकसूत्रता में आबद्ध

---

1. मुक्तिबोध : नये साहित्य का सौन्दर्यशास्त्र, पृ. 70
2. मुक्तिबोध : नयी कविता का आत्मसंघर्ष, पृ. 58
3. लुकाच : उद्धृत, मानववाद और साहित्य, पृ. 121
4. मुक्तिबोध : एक साहित्यिक की डायरी, पृ. 70
5. मुक्तिबोध : नये साहित्य का सौन्दर्यशास्त्र, पृ. 43-44

करने वाला संश्लेषण है। इसलिए मनुष्य और समाज को उनके एक या दूसरे पक्ष को प्रधानता देने के स्थान पर एकीभूत सत्ता के रूप में चित्रित करना चाहिए। जो कलात्मक प्रवृत्तियाँ एकान्त अन्तर्दर्शन या एकान्त बहिदर्शन से निर्णीत होती हैं, वे समान रूप से वास्तविकता को दरिद्र और विकृत वनाती हैं।'[1] अतएव लुकाच के अनुसार कलाकार को इसमें चित्रित जीवन-क्षेत्र को वस्तुपरकतापूर्वक निर्धारित करने वाले सारे प्रमुख कारकों को सही-सही तथा उपयुक्त मात्रा में प्रतिबिम्बित करना चाहिए, उसे इन्हें इस रूप में प्रतिबिम्बित करना चाहिए कि वह जीवन-क्षेत्र अन्दर से और बाहर से बोधगम्य हो जाए, पुनः अनुभवगम्य बन जाए, जीवन की समग्रता के रूप में प्रकट हो।'[2]

ईमानदारी या अनुभूति की प्रामाणिकता

व्यक्तिगत ईमानदारी का प्रश्न मुक्तिबोध ने इसी सन्दर्भ में उठाया है। व्यक्तिगत ईमानदारी का एक अर्थ तो यह है कि 'जिस अनुपात में, जिस मात्रा में जो भाव या विचार उठा है, उसको उसी मात्रा में प्रस्तुत करना।' किन्तु 'वह व्यक्तिगत ईमानदारी भी नहीं है, अभिव्यक्ति की ईमानदारी भी नहीं।'[3] यह एकदम 'नाकाफी' है। 'महत्व की बात यह है कि वे भाव या विचार किसी वस्तु तथ्य से सुसंगत हैं या नहीं।'[4] इसलिए मुक्तिबोध के अनुसार व्यक्तिगत ईमानदारी वहाँ लक्षित होगी जहाँ वस्तु का वस्तुमूलक आकलन करते हुए लेखक उस आकलन के आधार पर वस्तु तत्व के प्रति सही-सही मानसिक प्रतिक्रिया करे। यदि वह ऐसा नहीं करता तो उसकी प्रतिक्रिया में सत्यत्व का आविर्भाव नहीं होगा।'[5] जब लेखक के विचार या अनुभूतियाँ 'वस्तु तत्व के वस्तुमूलक आकलन पर आधारित नहीं होतीं और जब वह 'अपनी तथाकथित अनुभूति (और अन्तर्दृष्टि) के रंगीन चश्मे से वस्तुतत्व को देखता है तब उसके साहित्य में निःसन्देह फ्राड उत्पन्न होता है।'[6] इस प्रकार 'मुक्तिबोध ने ईमानदारी को आत्मनिष्ठता के दलदल के निकालकर वस्तुनिष्ठता की ठोस भूमि पर प्रतिष्ठित किया और 'ईमानदारी' में

---

1. जार्ज लुकाच : स्टडीज इन यूरोपियन रियलिज्म, पृ. 6
2. जार्ज लुकाच : उद्धृत, आलोचना, जुलाई-सितम्बर 71
3. मुक्तिबोध : एक साहित्यिक की डायरी, पृ. 132
4. वही, पृ. 133
5. वही, पृ. 135
6. वही, पृ. 140-41

सत्यता के प्रश्न को जोड़कर मूल्यांकन के लिए एक वस्तुनिष्ठ औजार प्रदान किया। इस वस्तुनिष्ठ प्रतिमान के आधार पर ही मुक्तिबोध नयी कविता के अन्दर चलने वाली आत्मप्रवंचना का उद्घाटन कर सकने में समर्थ हुए।'[1]

जीवन-वास्तविकता का व्यापक विस्तार और कला की सीमा

मुक्तिबोध यथार्थ को उसकी समग्रता में चित्रित करने की माँग तो करते हैं पर वे कलाकार की सीमा से भी परिचित हैं। जीवन की वास्तविकता साहित्य की वास्तविकता से बहुत बड़ी है। मुक्तिबोध के अनुसार 'आत्मपक्ष और परिस्थितिपक्ष दोनों एक ही वास्तविकता के दो अंग हैं। और इन दोनों में ऐसे गहरे अन्तः सम्बन्ध हैं जिनका सही-सही पूरा ब्यौरा देना नामुमकिन है।[2] जार्ज लुकाच के शब्दों में 'यथार्थ की व्यापक समग्रता किसी भी कलाकृति के सम्भव दायरे के बाहर है।'[3] इसलिए साहित्य मुक्तिबोध के अनुसार मनुष्य के आंशिक साक्षात्कारों के बिम्बों की एक मालिका तैयार करता है। ध्यान रहे कि वह सिर्फ बिम्बमालिका है और उसका सारा सत्यत्व और औचित्य मनुष्य के जीवन या अन्तर्जगत् में स्थित है। इसलिए उनके औचित्य और सत्यत्व की अनुभूति सार्वजनीन होती है। लेकिन अनुभूति का होना सत्यत्व की कसौटी नहीं है। और हम साहित्य में रम भले ही जायें, उससे हमें सत्य नहीं, सत्य का एक पर्सपैक्टिव, एक दिशा, एक दृश्य, एक डायमेंसन, एक आभास ही मिलेगा, एक रोशनी ही मिलेगी—सिर्फ एक रोशनी। सत्य का प्रकाश सत्य से भिन्न है? साहित्य में प्रकाश ही प्रकाश है। किन्तु हमें प्रकाश में सत्यों को ढूँढ़ना है। हम केवल साहित्यिक दुनिया में नहीं, वास्तविक जीवन में रहते हैं।... साहित्य पर आवश्यकता से अधिक भरोसा रखना मूर्खता है।'[4] चर्नी शेव्स्की ने भी यथार्थ जीवन को साहित्य और कला से श्रेष्ठ माना है। उसके शब्दों में—'जीवित वास्तविकता की तुलना में कला की कृतियाँ ठहर नहीं सकतीं।...किन्तु ऐसा करना क्या कला को नीचे गिराना नहीं है? कला अपनी कलात्मक पूर्णता में वास्तविक जीवन से नीचे है। किन्तु कला को अन्धभटैती से मुक्त करना कला को नीचे गिराना नहीं है। विज्ञान वास्तविकता से श्रेष्ठ और ऊँचा होने का दावा नहीं करता, न ही

1. नामवरसिंह : कविता के नये प्रतिमान, पृ. 204
2. मुक्तिबोध : एक साहित्यिक की डायरी, पृ. 70
3. उद्धृत, आलोचना, जुलाई-सितंबर' 71
4. मुक्तिबोध : एक साहित्यिक की डायरी, पृ. 70

वास्तविकता से ऊँचा न हो पाने में उसे कुछ लाज लगती है। कला को भी ठीक उसी प्रकार, वास्तविकता से ऊँचा होने का दावा नहीं करना चाहिए।'[1]

जीवन की वास्तविकता इतनी बड़ी है कि लेखक को 'पग-पग पर चौराहे, सौ-सौ राहें और नव-नवीन रूप दृश्य वाले सौ-सौ विषय रोज-रोज मिलते हैं।' इसलिए—

'लेखक की कठिनाई यह नहीं कि
कमी है विषयों की
वरन् यह कि आधिक्य उनका ही
उसको सताता है,
और वह ठीक चुनाव कर नहीं पाता है!!'[2]

इस बात को मुक्तिबोध ने 'डायरी' में भी कहा है—'आज के सचेत संवेदनशील कलाकार की समस्या यह नहीं है कि विषयों की कमी है वरन् यह कि वह बहुत अधिक है और वह सुबह से लेकर शाम तक लगातार इकट्ठा होता रहता है, कि उस काण्टेंट का प्रापर शिफ़्टिंग (उन तत्वों का यथायोग्य संकलन-संचयन) नहीं हो पाता।'[3] वस्तु तत्व की इस व्यापकता के साथ ही मुक्तिबोध यथार्थ की संश्लिष्टता एवं गतिशीलता को भी अनुभव करते हैं—'यथार्थ के तत्व परस्पर गुंफित होते हैं, साथ ही पूरा यथार्थ गतिशील होता है। अभिव्यक्ति का विषय बनकर जो यथार्थ प्रस्तुत होता है वह भी ऐसा ही गतिशील है, और उसके तत्व भी परस्पर गुंफित हैं। यही कारण है कि मैं छोटी कविताएँ नहीं लिख पाता और जो छोटी होती हैं वे वस्तुतः छोटी न होकर अधूरी होती हैं।'[4] इस प्रकार मुक्तिबोध ने जटिल एवं गतिशील यथार्थ को ही अपनी काव्य-कला का लक्ष्य बनाया है। 'कलाकृति का लक्ष्य यथार्थ की वह अवधारणा है जिसमें निहित यथार्थवाद यथार्थ के ही समान अन्तहीन विकास और पुनर्नवीकरण की अवस्थाओं से गुजर सकता है।'[5]

प्रसंगवश मुक्तिबोध ने अनुभूत यथार्थ के चित्रण पर ही बल दिया है। उनके अनुसार सिर्फ बहुत वड़ी थीम उठा लेने से काम नहीं चलता। यह जरूरी है कि

1. चर्नी शेव्स्की : उद्धृत, पाश्चात्य काव्यशास्त्र मार्क्सवादी परम्परा, सं. डॉ. नगेन्द्र
2. मुक्तिबोध : चाँद का मुँह टेढ़ा है, पृ. 75
3. मुक्तिबोध : एक साहित्यिक की डायरी, पृ. 63
4. वही, पृ. 31
5. रोजर गोरोदी, उद्धृत, आलोचना, अप्रैल-जून, 70

सिर्फ उतना ही अंश उठाया जाये जिसका मन पर अत्यधिक आघात हुआ हो। दूसरे शब्दों में 'आसमान का चित्रण सधे न सधे, सामने के मैले डबरे में सूरज के बिम्ब का चित्रण करना चाहिए, शायद वह मेरे जीवन सत्य के निकट होगा।'[1] मुक्तिबोध के उपर्युक्त रूपक चित्र में आत्मपक्ष और वस्तुपक्ष का एकीकृत रूप मिलता है। लेखक अपने अन्तर में आत्मसात्कृत बाह्य जगत् को प्रकट करता है। मुक्तिबोध कहते हैं, हम सब ऐसे ही डबरे हैं, जो अपने भीतर सूरज का प्रतिबिंव धारण किए हैं। पूरा वस्तु सत्य इस इमेज में आ गया है।'[2]

रूपगत प्रयोग और नयी काव्य-संरचना की खोज

मुक्तिबोध का यथार्थबोध इतना प्रखर था कि आत्मपरक अथवा प्रगीतात्मक कविता के दायरे को तोड़कर वे नवीन काव्य संरचना की खोज में संलग्न दिखाई पड़ते हैं। उनकी हर रचना साहित्य की सभी विधाओं के लिए एक अजीब चुनौती है। मुक्तिबोध ने साहित्य की हर विधा को इतना तोड़ दिया है कि रचना स्वयं अपने मूल्यों को ललकारने लगती है। इसका कारण यह है कि 'उनके अनुभव का आवेग अभिव्यक्ति की क्षमता से इतना बड़ा था कि सारा साहित्य ही टूट गया।'[3]

यह मुक्तिबोध द्वारा नये रूपगत प्रयोगों की ओर बढ़ने का शुभ परिणाम था। नये रूपगत प्रयोगों के विषय में ब्रेख्त का विचार है कि यह निरी मूर्खता होगी कि कला में रूप और उसके विकास को तरजीह न दी जाये। बिना रूपात्मक प्रयोग की नवीनताओं के लेखक नये समाज के सामने नये विषय या नये दृष्टि बिन्दु साहित्य में ला ही नहीं सकता...यह साफ़ है कि इन्सानियत जब फेंकी गयी धूल को निकालने के लिए आँखें रगड़ रही हैं, भ्रमात्मक नव-प्रयोगों का विरोध हो। यह भी उतना ही सच है कि हम पुरानी चीजों की ओर नहीं लौट सकते और सच्चे नवप्रयोगों की ओर बढ़ना ही होगा। अब हमारे चारों ओर कितनी बेहद नयी बातें हैं...कलाकार इन्हें पुरानी विधियों से कैसे पेश कर सकते हैं।'[4]

मुक्तिबोध के समक्ष केवल 'बेहद नयी बातों को पेश करने' की चिन्ता नहीं थी वरन् वैविध्यमय जीवन की तस्वीर उतारने की चिन्ता थी। अपनी आकांक्षा को मूर्त्त रूप देने के लिए वे प्रगीत कविता अथवा अनुचिन्तनात्मक कविता की

---

1. मुक्तिबोध : एक साहित्यिक की डायरी, पृ. 46-50
2. वही
3. श्रीकान्त वर्मा : उद्धृत, मुक्तिबोध : काठ का सपना (भूमिका), पृ. 7
4. ब्रेख्त : उद्धृत, अर्न्सट फिशर : द नेसेसिटी ऑफ आर्ट, पृ. 113-14

सीमा लांघकर विभिन्न काव्य-रूपों को एक साथ ही कविता में स्थान देकर प्रयोग की नयी दिशा में संघर्षरत दिखाई पड़ते हैं। यह प्रवृत्ति उनमें 'तारसप्तक' के समय से ही परिलक्षित होती है—'जीवन के इस वैविध्यमय विकास-स्रोत को देखने के लिए इन भिन्न-भिन्न काव्य-रूपों को, यहाँ तक कि नाट्य तत्व को कविता में स्थान देने की आवश्यकता है। मैं चाहता हूँ कि इसी दिशा में प्रयोग हों।'[1] प्रयोग की इस दिशा को समझने में 'एक साहित्यिक की डायरी' का निम्नांकित उद्धरण सहायक हो सकता है—'अब, कविता कोई निबन्ध तो है नहीं कि जिससे लोगों को आज के हालात की जानकारी मिले, न वह कोई नाटक है जिसमें पात्र प्रस्तुत होकर मूर्त रूप से जीवन-यथार्थ प्रस्तुत करते हैं। कविता एक संगीत को छोड़ अन्य सभी कलाओं से अधिक अमूर्त है। वहाँ जीवन-यथार्थ केवल भाव बनकर प्रस्तुत होता है, या बिंब बनकर या विचार बनकर। कविता के भीतर की सारी नाटकीयता वस्तुतः भावों की गतिमयता है। उसी प्रकार कविता के भीतर का कथातत्व भी भाव का इतिहास है।'[2] मुक्तिबोध की कविता में कथा-तत्व एवं नाट्य-तत्वों का प्रचुर प्रयोग मिलता है किन्तु जैसा कि मुक्तिबोध ने स्वयं कहा है उसमें कथा का केवल आभास होता है, नाटकीयता की केवल मरीचिका होती है। वह असल में रूपक (ऐलिगरी) होता है। 'गद्य में यह रूपक एक सिलसिले में आता है, लेकिन कविता में यह सिलसिला टूट जाता है, उसी तरह जैसे स्वप्न के भीतर स्वप्न आते हैं—उलट-पुलट होकर। कविता में मैंने उसी उलट-पुलटपन का निर्वाह किया है।'[3]

इस प्रकार हम देखते हैं कि मुक्तिबोध की काव्य संरचना में कविता, कहानी, नाटक, निबन्ध रूपक और फैंटेसी के तत्व परस्पर घुल-मिल गये हैं। यह काव्य-संरचना प्रगीतात्मक कविता से इतनी भिन्न है कि उसके समुचित मूल्यांकन के लिए नया प्रतिमान गढ़ना होगा।

मुक्तिबोध की प्रतिभा गीत-विधा अथवा छोटी कविता के स्तर की न थी, वे लम्बी नाटकीय कविताओं के प्रयोक्ता थे। प्रसंगवश छोटी कविता और लम्बी कविता के अन्तर को देख लेना उचित होगा। अज्ञेय जी का मत है कि 'भावना प्रधान कविता छोटी ही हो सकती है, नहीं तो अपने भावों का 'पैराफ़्रेज' होने लगता है। 'जो घनीभूत पीड़ा थी मस्तक में स्मृति सी छायी' वह एक

---

1. मुक्तिबोध : तारसप्तक
2. मुक्तिबोध : एक साहित्यिक की डायरी, पृ. 23
3. वही

आँसू बनकर आये, यहाँ तक तो ठीक है, किन्तु जब वह बरसात की झड़ी-सी बरसने लगती है तब वह शायद वही पीड़ा नहीं रहती, और घनीभूत तो भला रह ही कैसे सकती है।... लम्बी कविताएँ भी होती हैं, हो सकती हैं, पर उनको कलात्मक एकता और गठन देने वाली चीज फिर दूसरी हो जाती है। वह ढंग दूसरा है, और कहूँ कि मेरा वह नहीं है।'[1] वह दूसरा ढंग अज्ञेय के समानधर्मा कवियों में मुक्तिबोध का रहा है, जिनके साथ सबसे बड़ी दिक्कत यह थी कि वे छोटी कविता लिख ही नहीं सकते थे। कविता के प्रतिमान निश्चित करते समय छोटी और लम्बी कविताओं के इस संरचनात्मक अन्तर को ध्यान में रखना अत्यन्त आवश्यक है। यह अन्तर केवल आकार का नहीं है। जैसा कि अमरीकी आलोचक आइवर विंटर्स का कहना है, छोटी कविता और लम्बी कविता में दो काव्यसिद्धान्तों का अन्तर है। छोटी कविता मूलतः प्रगीत कविता है, जबकि लम्बी कविता नाटकीय कविता है। नाटकीय कविता अरस्तू द्वारा निरूपित 'कार्य के अनुकरण' (इमिटेशन आफ एक्शन) के सिद्धान्त पर आधारित होती है, जबकि प्रगीत कविता में सारा बल अनुचिन्तन पर होता है। छोटी कविता के लिए किसी विषयवस्तु का होना आवश्यक नहीं, विषयवस्तु निहायत मामूली-सी कोई चीज हो सकती है, किन्तु प्रगीत का कवि उस वस्तु का अनुकरण करने के लिए बाध्य नहीं है। प्रगीत कविता न अनुकरणात्मक है, न वर्णनात्मक और न कथात्मक। इसके मूल में अनुचिंतन या अनुभूति की प्रधानता है।'[2] प्रगीत कविता की संरचना न केवल कवि की अनुभूति के लिए नियामक हुई वरन् इसका 'खतरनाक असर काव्य के मूल्यांकन के प्रतिमान पर पड़ा। प्रगीत कविता कविता का पर्याय हो गयी और प्रगीत का प्रतिमान कविता का प्रतिमान हो गया, परिणामस्वरूप जो लम्बी कविताएँ इस दायरे में नहीं आती थीं, अपने आप तिरस्कृत हो गयीं, इसका दण्ड सबसे अधिक मुक्तिबोध को भोगना पड़ा।'[3] मुक्तिबोध इस स्थिति से अनवगत नहीं थे। 'एक साहित्यिक की डायरी' में उन्होंने लिखा—'मुझे गहरा सन्देह है कि आजकल की सौन्दर्य-परिभाषा (यदि उसे व्याख्या कहें तो) केवल कविता, और वह भी आत्मपरक कविता की विशेषताओं के आधार पर बनायी जा रही है। सौन्दर्य-सम्बन्धी इन व्याख्याओं का प्रकट या अप्रत्यक्ष उद्देश्य आज की काव्य-दृष्टि का 'डिफेंस' है...किन्तु ये व्याख्याएँ कुछ इस

---

1. अज्ञेय : आत्मनेपद
2. नामवरसिंह : कविता के नये प्रतिमान, पृ. 150
3. वही, पृ. 152

प्रकार से, कुछ इस ठाठ से और शान से बनायी जाती हैं मानो वे सार्वभौम सत्य की सार्वकालिक स्थापनाएँ हों। इस पोज और पोस्चर की जरूरत नहीं। यह अवैज्ञानिक दृष्टि है। अगर साहित्य की सौन्दर्य-मीमांसा करनी है तो आपको दृष्टि केवल आत्मपरक कविता—वह भी आजकल की कविता तक ही सीमित नहीं करनी चाहिए।'[1]

मुक्तिबोध ने अपनी कविताओं के लम्बी होने का कारण यथार्थ की जटिलता और गतिशीलता माना है। दूसरा कारण जीवन का वैविध्य और विषय का आधिक्य माना है। उनकी कविताएँ प्रगीत कविता की तरह भावना प्रधान अथवा भावावेश मात्र नहीं हैं। अगर उनकी 'कविता भावावेशपूर्ण होती तो एक बार उसकी आवेशपूर्ण अभिव्यक्ति हो जाने पर उनकी छुट्टी हो जाती। लेकिन वैसा हो सकना असम्भव है क्योंकि भावावेश किसी बात को लेकर होता है, वह बात किसी दूसरी बात से जुड़ी होती है, दूसरी बात किसी तीसरी बात से।'[2] स्पष्ट है कि मुक्तिबोध कृत्रिम रूप से वियुक्त किसी बात, भाव अथवा घटना को चित्रित करने के स्थान पर जटिल एवं गतिशील यथार्थ की असमापनीयता को पकड़ना चाहते हैं। कलाकृति का यही लक्ष्य भी है। जार्ज लुकाच के शब्दों में—कलाकृति का लक्ष्य जीवन की उस सूक्ष्मता, समृद्धि और असमापनीयता को चित्रित करना है... जो इसे गतिमान तथा सुस्पष्ट रूप में प्राणवत्ता प्रदान करता है। कलाकृति का उद्देश्य समग्र समाज का चित्रण हो अथवा कृत्रिम तौर से वियुक्त केवल एक घटना का, उसका लक्ष्य हमेशा ही विषय की सघन असमापनीयता को चित्रित करना रहेगा।'[3] इस लक्ष्य की पूर्ति में काव्य-कृति अनिवार्यतः लम्बी हो जायेगी और साथ ही विशेष महत्व की अधिकारिणी भी। इसीलिए काडवेल ने कहा है कि महान् कविताएँ हमेशा लम्बी होती हैं क्योंकि वे यथार्थ की अधिकतम मात्रा को अपनी प्रकट अन्तर्वस्तु (मैनिफेस्ट कण्टेण्ट) में समाहित किए रहती है।[4]

वस्तुतत्व का कलात्मक प्रतिबिम्बन

वस्तुतत्व की नियोजना के प्रश्न को लेकर भी मुक्तिबोध ने अपने विचार व्यक्त किए हैं। काव्य को अमूर्त मानने के कारण उन्होंने यथार्थ को—भाव-विचारों

---

1. मुक्तिबोध : एक साहित्यिक की डायरी, पृ. 14
2. वही, पृ. 31
3. जार्ज लुकाच : उद्धृत, आलोचना 18, पृ. 36
4. काडवेल : इल्यूजन एण्ड रियेलिटी, पृ. 218

को—बिम्बों एवं चित्रों के माध्यम से प्रकट करने पर बल दिया है। अपनी कविताओं में वे सारी बातें घटनाओं, पात्रों, परिस्थितयों एवं फैंटेसी के माध्यम से व्यक्त करते हैं, इस प्रकार वे सतही प्रचारवादी कला के विरोध में जा खड़े होते हैं। कहीं भी उनके विचार आरोपित नहीं लगते। डॉ. नामवरसिंह ने इस सम्बन्ध में ठीक ही कहा है कि 'कहानियों और उपन्यासों में अभिप्रेत विचार को पात्रों के जीवन और उनके पारस्परिक सम्बन्धों के सजीव रूपों से सहज उद्भूत और ध्वनित होना चाहिए उन पर आरोपित नहीं। कविता में इन विचारों को सजीव चित्रों और प्रतिमाओं के रूप में व्यक्त होना चाहिए।'[1] कलाकृति की सफलता एवं श्रेष्ठता इस बात में है कि कलाकार के विचार और उद्देश्य कहाँ तक कलात्मक ढंग से परोक्ष रूप से प्रतिबिम्बित हुए हैं। उद्देश्य और विचार कलाकृति में जितना ही व्यंजित हो उतना ही अच्छा। इसलिए कलाकार को बिम्बों, चित्रों एवं प्रतीकों का आश्रय लेना पड़ता है। 'डायरी' का मित्र केशव कहता है : विचारों को तुम तुरन्त ही संवेदनाओं में परिणत कर देते हो। फिर उन्हीं संवेदनाओं के तुम चित्र बनाते हो। विचारों की परिणति संवेदनाओं में और संवेदनाओं की चित्रों में इस प्रकार तुम में ये दो परिणतियाँ हैं। तुम्हारी कला किसी को उलझी हुई मालूम हो तो तुम्हें हताश नहीं होना चाहिए।'[2] इस प्रकार मुक्तिबोध की काव्य प्रक्रिया चित्र प्रक्रिया है। बेलेन्सकी ने भी कहीं कहा है कि कला छवियों में सोचने की प्रक्रिया है।

ध्यान देने की बात यह है कि मुक्तिबोध ने कहीं-कहीं अपनी उपर्युक्त धारणा का अतिक्रमण किया है न केवल काव्यचिन्तन में बल्कि व्यवहार में भी। फैंटेसी के विराट् बिम्बलोक की सर्जना करने वाले मुक्तिबोध कहीं-कहीं सपाट एवं गद्यात्मक कथन करते हैं। प्रचारवादी सीमा छूते हुए भी ये कथन अकाव्यात्मक नहीं लगते, व्यापक सन्दर्भ पा जाने के कारण अर्थ-गौरव से पूर्ण लगते हैं, साथ ही बिम्ब-शृंखला में सौन्दर्य वृद्धि करते हैं। ध्यातव्य है कि उनकी लोकप्रिय एवं बहुउद्धृत पंक्तियाँ वे ही हैं जो बिम्बमुक्त गद्यात्मक कथन के रूप में प्रयुक्त हुई हैं। इस सम्बन्ध में मुक्तिबोध के विचारों को देख लेना प्रासंगिक होगा....'आज के जीवन के जो बुनियादी तथ्य हैं उनके वास्तविक तर्कसंगत निष्कर्षों और परिणामों की ओर जाने से हमें डर मालूम होता है। कहीं हमें कोई राजनैतिक न कह दे, कहीं कोई हमारी कविता को गद्यात्मक न कह दे।

1. नामवरसिंह : इतिहास और आलोचना, पृ. 27
2. मुक्तिबोध : एक साहित्यिक की डायरी, पृ. 18

संक्षेप में, कवियों में कहीं सौन्दर्यवाद के नाम पर तो अन्य किसी नाम पर यह भय समाया रहता है कि अगर हम जीवन के बुनियादी तथ्य को ही गद्यात्मक संवेदना में प्रस्तुत करें तो लोग हमारी कलाकृति को कलाहीन कह देंगे अथवा लोग हमें कम्युनिस्ट कह देंगे...साफ-साफ का अर्थ कलाहीन होना या गद्यात्मक होना नहीं है।'[1]

उक्त भय से मुक्त होकर मुक्तिबोध इस प्रकार की सहज सरल पंक्तियाँ लिख सके–

कविता में कहने की आदत नहीं
पर कह दूं वर्तमान समाज चल नहीं सकता
पूँजी से जुड़ा हुआ हृदय बदल नहीं सकता
स्वातन्त्र्य व्यक्ति का वादी
छल नहीं सकता मुक्ति के मन को
जन को।[2]

युग की अनिवार्य आवश्यकता ने ही मुक्तिबोध जैसे कलाकुशल कवि को ऐसी पंक्तियाँ लिखने को बाध्य किया। संक्रमणकालीन स्थिति में संघर्ष एवं जनआन्दोलनों के दौर में कला किस प्रकार प्रचारवादी पोस्टर कविता बन सकती है, उसकी ओर संकेत करते हुए मुक्तिबोध कहते हैं–

पैरों की नखों से या डण्डे की नोक से
धरती की धूल में भी रेखाएँ खींचकर
तस्वीरें बनती हैं
बशर्त की जिन्दगी के चित्र सौ
बनाने का चाव हो
श्रद्धा हो, भाव हो।

फिलहाल तस्वीरें
इस समय हम नहीं बना पायेंगे
अलवत्ता पोस्टर हम लगा जायेंगे।
मानो या मानो मत

---

1. मुक्तिबोध : नयी कविता का आत्मसंघर्ष, पृ. 33
2. मुक्तिबोध : चाँद का मुँह टेढ़ा है, पृ. 303

आज तो चन्द्र है सविता है
पोस्टर हो कविता है।[1]

इसका तात्पर्य यह नहीं कि मुक्तिबोध पोस्टर कविता के हिमायती हैं। उनकी कोई भी कविता पोस्टरवादी प्रचारवादी कविता नहीं है। विराट् बिम्बलोक के बीच इस तरह के दो-चार कथन मिल तो जाते हैं किन्तु वे कोरे प्रचार अथवा कलाहीनता का स्पर्श भी नहीं करते। प्रचारवादी नारेबाजी शैली के विषय में माओत्सेतुंग ने कहा है—'वैसी कलात्मक कृतियाँ जो राजनीतिक दृष्टि से उन्नत हों लेकिन कलात्मक गुणों से रिक्त हों, शक्तिहीन सिद्ध होती हैं। अतः एक ओर कलाकृतियों में गलत राजनीतिक दृष्टिकोण का हमें विरोध करना चाहिए तो दूसरी ओर नारेबाजी (पोस्टर एण्ड स्लोगन स्टाइल) का।'[2]

कला की बोधगम्यता का प्रश्न

यहाँ पर कला की बोधगम्यता का प्रश्न उठता है। मार्क्सवादी कलादृष्टि के अनुसार साहित्य का कार्य साम्यवाद के लिए नैतिक प्रावधान तैयार करना है। लोगों को भावात्मक शिक्षा देने के लिए और उनमें समाजवाद की चेतना पैदा करने के लिए साहित्य के प्रसार क्षेत्र का अधिक से अधिक व्यापक होना आवश्यक है। अतः समाजवादी यथार्थवादी साहित्य को आम लोगों के लिए बोधगम्य होना एक अनिवार्य शर्त है। किन्तु मुक्तिबोध साहित्य को बोधगम्य बनाने से पहले जनता को सुशिक्षित और सुसंस्कृत बनाना चाहते हैं....जो लोग जनता का साहित्य से यह मतलब लेते हैं कि वह साहित्य जनता को तुरन्त समझ में आये, जनता उनका मर्म पा सके यही उसकी पहली कसौटी है—वे लोग यह भूल जाते हैं कि जनता को पहले सुशिक्षित और सुसंस्कृत करना है।'[3] अतः 'हम अपने तमाम साहित्य को उन किसानों और मजदूरों के स्तर तक नहीं गिरा सकते जो अब तक असंस्कृत हैं। यह बहुत गम्भीर भूल होगी।' इस सम्बन्ध में सार्त्र का मत ध्यातव्य है। लेखक और पाठक की समस्या पर विचार करते हुए सार्त्र ने दो तरह की पुस्तकें लिखने की बात कही है... 'एक वे जो सबके लिए लिखी जाएँ और दूसरी वे जो उस समय के लिए तैयार की जाएँ जब सब लोग उन्हें पढ़ने योग्य हों।'[4]

1. वही, पृ. 44
2. माओत्से तुंग : टाक्स ऐट येनान फोरम आन लिटरेचर एण्ड आर्ट, पृ. 25
3. मुक्तिबोध : नये साहित्य का सौन्दर्यशास्त्र, पृ. 76
4. सार्त्र : उद्धृत : मानववाद और साहित्य (नवलकिशोर) पृ. 110

साहित्य और कला की बोधगम्यता को आम लोगों से जोड़ने से उच्चकोटि की कला के सृजन को धक्का लग सकता है।[1] यही कारण है कि मुक्तिबोध यथार्थवादी साहित्य के लिए बोधगम्यता को अनिवार्य नहीं समझते। परन्तु समाजवादी समीक्षक इस बात को अस्वीकार करते हैं कि सामान्य जनता तक पहुँचने के लक्ष्य को प्रधानता देने से श्रेष्ठ कलाकृतियों के सृजन का मार्ग बन्द हो जाता है। उनका विचार है कि प्रतिभाशाली कलाकारों की कृतियाँ सदैव लोकप्रिय होती हैं।'[2] मार्क्सवादी विचारकों में आयोगॅन्सन ने कलाकृति की लोकप्रियता के आग्रह को स्वीकार करते हुए भी यह बताया है कि कुछ ऐसे कलाकार होंगे ही, जिन्हें लोग स्वीकार नहीं करेंगे, वे कलाकारों के कलाकार होंगे और नये मार्ग के अन्वेषकों के रूप में, नयी सम्भावनाओं का उद्‌घाटन करने वाले प्रयोगशील कलाकार के रूप में विद्यमान रहेंगे।'[3] कहना न होगा कि मुक्तिबोध के सन्दर्भ में यह मत युक्तिसंगत है।

1. ए.वी. लूनाचार्स्की-आन लिटरेचर एण्ड आर्ट, पृ. 21-22
2. जार्ज लुकाच : स्टडीज इन यूरोपियन रियलिज्म, पृ. 266
3. सोवियत लिटरेचर टुडे (रीवी)—पृ. 22

तृतीय अध्याय

समीक्षा दृष्टि : सन्दर्भ आधुनिकतावाद

प्रगतिशील विचारक पाश्चात्य कला और साहित्य में प्रचलित आधुनिकतावाद का विरोध करते हैं। हिन्दी में आधुनिक भावबोध के नाम पर लघुमानववाद, कुण्ठावाद, क्षणवाद, दुःखवाद, व्यक्ति स्वातन्त्र्य आदि अनेक प्रवृत्तियाँ प्रचलित हैं जिनका प्रकट उद्देश्य प्रगतिवाद और प्रगतिशील साहित्य का विरोध करना है। 'ध्यान में रखने की बात है कि एक कला-सिद्धान्त के पीछे एक विशेष जीवन-दृष्टि होती है, उस जीवन-दृष्टि के पीछे एक जीवन दर्शन होता है और उस जीवन दर्शन के पीछे आजकल के जमाने में एक राजनैतिक दृष्टि भी लगी रहती है।' मुक्तिबोध के अनुसार आधुनिकतावादी कला-दृष्टि में शीतयुद्ध के उद्देश्य छिपे हुए थे।'[1]

लघुमानववाद

लघुमानववाद की प्रतिष्ठा श्री लक्ष्मीकान्त वर्मा ने की और श्री विजयदेव नारायण साही ने उसका अनुमोदन किया। वर्मा जी ने बड़े विस्तार से यह दिखाने की चेष्टा की है कि ईश्वरवाद और मार्क्सवाद दोनों ने लघुमानव की उपेक्षा की है। ईश्वर के समक्ष व्यक्ति की अपनी महत्ता भूमिसात् हो जाती है और मार्क्सवाद में द्वन्द्वात्मक भौतिकवाद के समक्ष मनुष्य निर्जीव कठपुतली मात्र बनकर रह जाता है। वर्मा जी के शब्दों में 'लघु मानव' की प्रतिष्ठा की आवश्यकता इसलिए है कि इतिहास के सुपरमैन या जनसत्ता के अधिनायक अथवा देवदूत या मसीहा ने अपनी समस्त महानता को लघुमानव की बलि देकर ही अपनाया है। मानव सभ्यता चोटी की स्थापनाओं से नहीं वरन् बुनियादी स्थापनाओं द्वारा विकसित होती है और इन बुनियादी स्थापनाओं में लघुमानव का महत्व है। ईश्वर आरूढ़ तर्क, इतिहास की भक्तिवादी या साम्यवादी परिणति तथा सुपरमैन में यह लघुमानव क्रमशः पापों के पुंज, वर्ग-चेतना का प्रतीक

1. मुक्तिबोध : नये साहित्य का सौन्दर्यशास्त्र, पृ. 57

तथा कृत्रिम रुग्ण और जघन्यता के प्रतिनिधि रूप में ही अभिव्यक्त हुआ है। किन्तु इससे पृथक् जो लघुमानव की विशेषता है, उस पर कोई ध्यान नहीं देता।'[1] वर्मा जी के अनुसार 'वर्तमान युग की सबसे बड़ी दुर्घटना यह है कि बहुधा सम्पूर्ण मानव सन्दर्भ में इस लघुता के महत्व को हटा दिया जाता है... और समस्त मानवीय अनुभूति को एक ऐसी दिशा में ले जाया जाता है जिसमें महामानव या विशिष्ट मानव की ऐसी प्रशस्ति हो जिसके समक्ष मानवीय संवेदनाएँ बौनी लगें।'[2] इस प्रसंग में श्री विजयदेव नारायण साही का विचार देख लेना भी अप्रासंगिक न होगा। उनके अनुसार 'समसामयिक विचारक या कलाकार अंधकार से घिरा है। उसमें साहस की अवस्थिति है, पर निश्चय का अभाव भी है। उसके समक्ष उत्तरहीन तथा अपराजित प्रश्न होते हैं...उसका विवेक ही उसकी आस्था, संशय ही ईमानदारी, साहस ही व्यक्तित्व की पूर्णता, तथा लघुता ही सार्थकता होती है। उनके शब्दों में, 'लघु मानवता मानव की विशिष्टता है तथा उसका भावबोध किसी पूर्वनिर्धारित नियति या चमत्कार से प्रभावित नहीं होता।'[3]

मुक्तिबोध ने लघुमानववाद के राजनीतिक आशय का अपने ढंग से विरोध किया है। लधुमानववाद के निहितार्थों का उद्घाटन उन्होंने निम्नांकित शब्दों में किया है।

1—'वीरता या महानता भ्रमात्मक है। लघुत्व मनुष्य की मूल प्रवृति है। अतएव, हे महोदय, महानों और वीरों के चक्कर में मत पड़िये।'[4]

2—हम तो केवल लघुमानव हैं, साधारण जनता नहीं। साधारण जनता में विश्व-परिवर्तन की अदम्य क्रान्तिकारी शक्ति होती है। लेकिन उन नीति नियामकों के लेखे, वह भीड़ की अंधी ताकत है। वास्तविक चेतना तो मनुष्य को अपने आभ्यन्तर की समृद्धि है। इसलिए व्यक्तित्व की इकाई महत्वपूर्ण है। यह इकाई लघुमानव है, क्योंकि अब यह इकाई महान् आदर्शों के उच्चतर स्तर की प्राप्ति के पीड़ाजनक भीषण प्रयत्नों में संलग्न नहीं है, न हो सकती है। महान् आत्माओं महान् प्रतिभाशालियों, महामानवों का युग गया। अब हम जन साधारण भी नहीं, केवल लघुमानव हैं, क्योंकि हम जनसाधारण हो जायें तो वामपन्थी

1. लक्ष्मीकान्त वर्मा : नयी कविता के प्रतिमान, पृ. 161-62
2. वही, पृ. 163
3. श्री विजयदेव नारायण साही, उद्धृत, नयी कविता के सात अध्याय
4. मुक्तिबोध : नये साहित्य का सौन्दर्यशास्त्र, पृ. 27

मनोवृत्तियों के शिकार होकर, भीड़ की अंधी ताकत बनते हुए, अपनी व्यक्तिगत इयत्ता को खो देंगे।'[1]

3—आदर्श एक छलावा है। लघुमानव हम, अपने लघु प्रयत्नों द्वारा, अपनी उन्नति और विकास करते हैं, और भारी-भरकम शब्दावली में हम नहीं फंसते।'[2] अतः मुक्तिबोध के अनुसार 'लघुत्व की मूल स्थिति तथा उच्चतर गुणों के माया-स्वप्नत्व का पाठ पढ़ाकर, मनुष्य को मानव-सत्ता के उच्चतर रूपान्तर के कार्यों और कार्यक्रमों से अलग करने का उद्देश्य और प्रेरणा उसमें (लघुमानववाद में) समाई हुई है।'[3]

लघुमानववाद का विरोध मुक्तिबोध ने ही नहीं, नयी कविता के कवि डॉ. जगदीश गुप्त ने भी किया हैं। 'क्या लघुमानव की भावना स्वाभाविक प्रेरक हो सकती है? मेरे विचार से स्वाभिमान तथा व्यक्ति से सम्पन्न मनुष्य अपने को लघु मानव माने यह आवश्यक नहीं है। यदि लघुता को मानव-मूल्य माना जाए तो यह निश्चित रूप से स्वाभिमान का विरोधी सिद्ध होगा। मेरे विचार से नयी कविता के प्रतिमानों की खोज में उत्साहवश लघुता पर अत्यधिक बल देना अनावश्यक है।...मनुष्य को उसके सहज रूप में लघुमानव मानने की कोई आवश्यकता नहीं है। लघुता यदि वरेण्य हो सकती है तो किसी महानता से सम्बद्ध होकर ही, महानता का विरोध करते हुए वह कदापि वरेण्य नहीं हो सकती।'[4]

संक्षेप में, लघुमानववाद व्यक्ति एवं समाज के लिए इसलिए श्रेयष्कर नहीं है कि वह समस्त महत्वप्रवृत्तियों एवं अशेष मानवीय सम्भावनाओं को नकारता हुआ लघुता में ही मानवीय क्षमता को केन्द्रित कर देना चाहता है। यह मानवीय गौरव एवं आत्मसम्मान के विरुद्ध है।

कुंठावाद

नयी कविता के कई आचार्यों ने कुण्ठा को ही साहित्यसृष्टि का मूल माना। इस मान्यता को सबसे पहले फ्रायड ने प्रतिपादित किया था। इस मत को नयी कविता के क्षेत्र में व्यापक रूप से प्रचारित किया गया। नये कलाकारों की सौन्दर्य-चेतना को यौन-कुण्ठा से आक्रान्त बताया गया। नये कवियों में अग्रगण्य अज्ञेय जी

---

1. वही, पृ. 59
2. मुक्तिबोध : नयी कविता का आत्मसंघर्ष, पृ. 184
3. मुक्तिबोध : नये साहित्य का सौन्दर्यशास्त्र, पृ. 26
4. जगदीश गुप्त : उद्धृत, नयी कविता, पृ. 15-16

ने कहा—'आज के मानव का मन यौन-परिकल्पनाओं से लदा हुआ है और वे कल्पनाएँ दमित और कुंठित हैं। उसकी सौन्दर्य-चेतना भी इससे आक्रान्त है। उसके उपमान सब यौन प्रतीकार्थ रखते हैं।'[1] कुण्ठा को परिभाषित करते हुए अज्ञेय अपनी नवीनतम रचना 'लिखि कागद कोरे' में कहते हैं—'कुण्ठा वहीं हो सकती है जहाँ किसी निषेध के कारण प्रवृत्ति और आचरण में विरोध की गांठ पड़ जाए।'[2] इस कुण्ठा को साहित्य में व्यापकता प्रदान की जाने लगी और मध्यवर्गीय बुद्धिजीवी कलाकार कुण्ठा के नाम पर मानसिक अंध लोकों में भटकने लगा। मुक्तिबोध ने कुण्ठा को दैनिक जीवन की कुण्ठाओं से जोड़ते हुए और कुण्ठा की प्रचलित धारणा का खण्डन करते हुए कहा—'कुण्ठा-वुंठा, मैं नहीं समझता, हर जमाने में गरीबों की मुश्किल रही है, हर जमाने में एक श्रेणी का दिल नहीं खुला है—बहुत विशाल श्रेणी का, भारतीय जनता का, मेहनतकश का पिछला कौन-सा युग है जिसमें कुण्ठा न रही हो? ...और फिर कुण्ठा का मतलब क्या है? कुण्ठा का आधिपत्य तो तब समझना चाहिए जब कुण्ठा के बुनियादी कारणों को दूर करने की बेसब्री और विक्षोभ न हो।'[3] मुक्तिबोध यौन-कुण्ठा के स्थान पर श्रमिक की उन आकांक्षाओं को वाणी देना चाहते हैं जो कठोर श्रम के बावजूद अतृप्त रह जाती हैं। यह सच है कि जीवन में यौन-कुण्ठा भी हैं और उनका चित्रण करना प्रतिक्रियावाद नहीं है किन्तु मानव की अन्य जरूरी एवं मूलभूत समस्याओं के प्रति आँखें मूँदकर यौन-परिकल्पनाओं में खोये रहना—यौन कुण्ठा को व्यापक युगबोध का रूप देना—असंगत है।

मुक्तिबोध भी कुण्ठा अथवा व्यक्तिबद्ध वासना को साहित्य के उद्गम स्रोतों में एक स्रोत मानते हैं किन्तु उस साहित्य को उतना महत्व नहीं देते। कारण यह है कि 'वासना की संकुलता ऊपरली श्रेणियों में पायी जाती है क्योंकि उन्हें मनोमय लीला करने की फुरसत अधिक होती है।' मुक्तिबोध के अनुसार वासना की संकुलता मनुष्य को घोर रूप से आत्मबद्ध बना देती है, वासनाशील व्यक्ति अपने रंगीन सपनों की दुनिया में रहता है। वह निजबद्ध और आत्मग्रस्त हो जाता है। अपनी उस अहंग्रस्तता का वह आदर्शीकरण भी करता है। मेरा अपना ख्याल है कि बहुत से कवियों की अपनी निःसंगतता उनके वासना-संकुल अहं का परिणाम है।'[4]

1. अज्ञेय : तारसप्तक, पृ. 76
2. अज्ञेय : लिखि कागद कोरे, पृ. 84
3. मुक्तिबोध : एक साहित्यिक की डायरी, पृ. 48
4. मुक्तिबोध : विपात्र, पृ. 67

दुःखवाद या वेदनावाद

कई लोगों का ऐसा विचार है कि दुःख सारे संसार को एक सूत्र में बाँध रखने की क्षमता रखता है। अज्ञेय ने दुःख को गौरवान्वित करके उसे एक फलसफा का रूप दिया, जिसका दार्शनिक सूत्र यह है कि—

> 'दुःख सबको माँजता है
> और
> चाहे स्वयं सबको मुक्ति देना वह न जाने किन्तु—
> जिनको माँजता है
> उन्हें वह सीख देता है कि सबको मुक्त रखें।'[1]

दुःख के इस शोधक और मुक्तिदायक रूप को मुक्तिबोध आंशिक रूप में ही स्वीकार करते हैं। कारण यह है कि 'वेदना की अधिकता, कष्टों की बारम्बारता मनुष्य को आत्मबद्ध बना देती है। एक ओर अपनी निःसहायता की भावना से आत्मविश्वास का लोप होता है तो दूसरी ओर अन्य जन पर विश्वास करने की क्षमता भी कम होती जाती है।—कहा जाता है कि वेदना सबको एक कर देती है लेकिन यह गलत है।... मुझे अस्पताल का अनुभव है। हर बीमार अपनी कराहों से घिरा रहता है। एक बीमार की दूसरे बीमार से कोई सहानुभूति लक्षित नहीं होती और यदि होती भी है तो यह कहा जाएगा कि उसकी वेदना ने उसकी आत्मा को नहीं कुचला है।...वेदना आत्मा को कुचल देती है।... किन्तु जिनकी वेदना आत्मा कुचल नहीं पाती उनमें तेजस्विता रहती है। वे लोग भी दुनिया में कुछ कर सकते हैं।'[2]

क्षणवाद

यद्यपि अज्ञेय 'क्षण' के आग्रह को 'क्षणिकता का आग्रह' नहीं मानते[3] किन्तु क्षण को जिस प्रकार परिभाषित करते हैं उससे लगता है कि क्षण का आग्रह क्षणिकता का आग्रह बनकर रह गया है। अनुभूति के प्रति सच्चाई के सन्दर्भ में 'क्षण' को परिभाषित करते हुए वे कहते हैं—'सच्चा वर्तमान ऐसा क्षण है जिसके साथ न तो स्मृति का आभास है और न प्रत्याशा या अपेक्षा का—क्योंकि एक अतीत का लक्षण है और दूसरा भविष्य का। दोनों प्रकार की छायाओं से मुक्त

---

1. उद्धृत : आधुनिक साहित्य की प्रवृत्तियाँ (नामवरसिंह) पृ. 141
2. मुक्तिबोध : विपात्र, पृ. 67
3. अज्ञेय : आत्मनेपद, पृ. 166

असम्पृक्त क्षण ही वर्तमान है। गणित के बिन्दु की तरह इसका कोई आयाम नहीं होता, केवल अस्तित्व होता है। कवि का काम इसी क्षण को पकड़ना या कि ऐसे क्षणों की शृंखला को पकड़ते चलना है। वास्तव में यह काम होता नहीं, लेकिन यथासम्भव इसके निकटतर आते रहना, 'है' और 'था' के अन्तराल को कम से कमतर करते चलना, कवि का इष्ट है।[1] यहाँ अज्ञेय ने जिस प्रकार क्षण को परिभाषित कर कवि-कर्म को निर्देशित किया है उससे साफ़ हो जाता है कि वे कवि को समय की व्यापकता से काटकर मात्र 'क्षण' के केन्द्र में प्रतिष्ठित कर देना चाहते हैं। व्यक्तिवाद अगर व्यक्ति को व्यापक सामाजिक सन्दर्भों से काटता है तो क्षणवाद उसे काल से। कवि को न तो अतीत की स्मृति से काम लेना है, न भविष्य की प्रत्याशा करनी है 'असल वर्तमान' अर्थात् क्षण मात्र को चित्रित कर देना है! किन्तु क्या यह सम्भव है? क्या कोई भी क्षण समयप्रवाह की निरन्तरता से पूर्णतः मुक्त है? क्या यह सच नहीं कि प्रत्येक क्षण मिटते हुए अतीत की अनुगूंज को समेटे रहता है और भविष्य तो उसके गर्भ में ही निहित है। इस प्रकार अतीत, वर्तमान और भविष्य तीनों को वह एक ही साथ एक बिन्दु पर धारण करता है। फिर क्षण चित्र का आग्रह क्यों? काव्य में जीवन-यथार्थ पुनर्रचित होता है। अतः मुक्तिबोध क्षण-चित्र का विरोध करते हैं क्योंकि 'क्षण-चित्र अपने आप में अपूर्ण है। जीवन समग्र है, किन्तु वह अपनी समष्टि में उलझा हुआ है। अतएव कोई भी क्षण-चित्र उस समग्र को, अपनी सारी पेचीदगियों में प्रतिबिम्बित नहीं कर पाता।'[2] क्षण-चित्र के आग्रह का कारण मुक्तिबोध के अनुसार वास्तविक जीवन-विश्लेषण की क्षमता का अभाव है। 'केवल वर्तमान क्षण के द्रवीभवन में सारे व्यक्तित्व का योग न होने से, उस क्षण का चित्र उस व्यक्ति का वास्तविक चित्र नहीं हो सकता।'[3]

क्षण के सन्दर्भ में ही 'विशुद्ध अनुभूति' की अभिव्यक्ति की माँग की जाती है। किन्तु कोई भी अनुभूति न तो त्रिशंकुवत् आधार रहित रूप से आकाश में लटकती नंजर आती है और न तो पूर्ण रूप से स्वतन्त्र होती है। इसका प्रमुख कारण यह है है कि कलाकार की प्रमुख अनुभूति के साथ ही अन्य सहायक अनुभूतियाँ भी प्रस्तुत रहती हैं, जो या तो प्रमुख अनुभूति को सशक्त बनाती हैं या अशक्त। इन सहायक अनुभूतियों अथवा अनुषंग के अभाव में कलाकृति

1. अज्ञेय : लिखि कागद कोरे, पृ. 28
2. मुक्तिबोध : नये साहित्य का सौन्दर्यशास्त्र, पृ. 43
3. मुक्तिबोध : नयी कविता का आत्मसंघर्ष, पृ. 34

विरोधी मान्यताओं का समूह बन जाती है। अनुषंग ही उसे संश्लेषित करके केन्द्राभिमुखी बनाता है और उसकी प्रभावान्विति को कलात्मक परिवेश से आवेष्ठित करता है। स्पष्ट है कि अनुषंग-विहीन कला प्रभावहीन निष्क्रिय और निरर्थक होती है और अनुषंगपूर्ण कला प्रभावोत्पादक सक्रिय और सार्थक मानी जाती है।'[1]

क्षणवादी क्षण को ही वास्तविक मानते हैं और प्रत्येक क्षण को पूरी सम्पृक्ति के साथ जीना ही उनकी दृष्टि में जीवन की परम सार्थकता है! क्षण ही सत्य है, उसे छोड़कर किसी भी शाश्वत, किसी भी आदर्श की खोज मिथ्या है! वह भविष्य के अस्तित्व पर विश्वास नहीं करता। इस प्रकार यह क्षणवाद प्रकारान्तर से मानव के मुक्ति-प्रयत्न को नकारता-सा दिखता है क्योंकि भविष्य के प्रति आस्था का भाव ही मनुष्य को मुक्ति की दिशा में प्रेरित करता है। मुक्तिबोध ने क्षणवादियों के मूल दर्शन पर आघात करके काव्य में केवल क्षण-चित्र पर बल देने का विरोध किया।

व्यक्ति-स्वातन्त्र्य

व्यक्तिवादी रचनाकार जनता से अथवा किसी विचारधारा से जुड़ने में अपने व्यक्तित्व का हनन और व्यक्ति स्वातन्त्र्य का नाश देखते हैं। व्यक्ति स्वातन्त्र्य का निहितार्थ मुक्तिबोध की दृष्टि में यह है—व्यक्ति अपना स्वतन्त्र निर्णय तब तक नहीं कर सकता, जब तक वह भीड़ का अंग है।...जनवाद, समाजवाद भीड़ की मनोवृत्ति के परिचायक हैं। जूलूस, हड़ताल आदि राजनैतिक-सामूहिक कार्य गलत हैं। जनता ढोर है, पशु है, वह नेताओं के बहकावे में आती है क्योंकि उसमें स्वतन्त्र निर्णय की शक्ति नहीं है। व्यक्ति अपनी व्यक्ति सत्ता में अद्वितीय है, निःसंग है और ऐसी बाह्य प्रभावहीन निःसंग स्थिति में ही वह स्वतन्त्र निर्णय कर सकता है, अन्यथा नहीं।'[2] अतएव 'अपने अन्तिम निष्कर्ष में यह विचारधारा अत्यन्त प्रतिक्रियावादी है, वह जन के प्रति घृणा पर आधारित है और बुद्धिजीवियों को जनता से अलग करके रखने का एक उपाय है।'[3] व्यक्ति को किसी विचारधारा के प्रति प्रतिबद्ध न होकर अपने विवेक के आधार पर स्वतन्त्र निर्णय लेना ही व्यक्ति-स्वातन्त्र्य का मूल मंत्र है। 'हर आदमी स्वतन्त्र

---

1. डॉ. शिवकरण सिंह : कला-सर्जन प्रक्रिया, पृ. 16
2. मुक्तिबोध : नये साहित्य का सौन्दर्यशास्त्र, पृ. 138
3. मुक्तिबोध : एक साहित्यिक की डायरी, पृ. 40

रूप से सोचे और अपने विवेक के अनुसार कार्य करे इससे अच्छी बात और क्या हो सकती है। किन्तु जिसे हम विवेक कहते हैं वह क्या कोई अन्तर्दृष्टि है? या उसका भी निर्माण अनुभव ज्ञान से होता है? जिस विवेक को हम अपना कहते हैं वह भी कितना अपना है और कितना पराया, इसका निर्णय कैसे हो? देख-सुन पढ़ गुनकर हम जो विचार करते हैं, उसके बारे में क्या हम दृढ़तापूर्वक कह सकते हैं कि वह नितान्त अपना है? व्यक्ति स्वातन्त्र्य का जो लोग इतना ढोल पीटते हैं, क्या वे विचार की दृष्टि से स्वतन्त्र हैं। बड़ी-बड़ी सरकारी, अद्ध सरकारी तथा गैरसरकारी एजेंसियों द्वारा प्रसारित रेडियो और अखबारों की सूचना पर पलने वाले युग में कोई अगर किसी विवेक का दम भरता है तो वह कोरा दम्भ है।'[1]

वर्ग-विभाजित शोषणयुक्त समाज में व्यक्ति स्वातन्त्र्य की बात कितनी खोखली है इसका उद्‌घाटन करते हुए मुक्तिबोध 'विपात्र' में कहते हैं—'लिखित नियम तो यह है कि व्यक्ति स्वतन्त्र है। किन्तु वास्तविकता यह है कि व्यक्ति को खरीदने और बेचने की...दूसरों की स्वतन्त्रता को खरीदने की या अपनी स्वतन्त्रता को बेचने की आजादी की मजबूरी है। सच्ची आजादी उनके पास है जिनके पास पैसा है। वे पैसे के बल पर दूसरे की स्वतन्त्रता खरीद सकते हैं। ...सच यह है कि हम श्रम बेचकर पैसा कमाते हैं। लेकिन श्रम के साथ ही साथ, हम न केवल श्रम के घंटों में वरन् उसके बाहर भी, अपना-अपना संघर्ष-स्वातन्त्र्य और लिखित अभिव्यक्ति स्वातन्त्र्य भी बेच देते हैं। और यदि हम इस स्वातन्त्र्य का प्रयोग करने लगते हैं तो पेट पर लात मार दी जाती है।'[2]

भद्रजनोचित सौन्दर्याभिरुचि का विरोध और जनतान्त्रिक भावबोध

मुक्तिबोध ने आधुनिक भावबोध के नाम पर प्रचलित भद्रजनोचित सौन्दर्याभिरुचि की तीव्र आलोचना की है। इस आधुनिक भावबोध के अन्तर्गत कुछ विशेष प्रकार के भाव-समुदाय आते हैं, कुछ विशेष प्रकार की सौन्दर्य-परिकल्पनाएँ आती हैं, एक खास काट और खास किस्म की अभिरुचि का सन्निवेष होता है। उसमें क्षोभ और क्षोभपूर्ण यथार्थ के प्रति आग्रह का अभाव है। उसमें 'उग्रतामूलक आलोचनात्मक कर्म प्रधान भावना का स्थान नहीं है।'[3]

---

1. नामवरसिंह : उद्धृत, आधुनिक कविता और युग दृष्टि (शिवकुमार मिश्र), पृ. 53
2. मुक्तिबोध : विपात्र, पृ. 42-43
3. मुक्तिबोध : एक साहित्यिक की डायरी, पृ. 38

मुक्तिबोध इसका विरोध करते हुए जनतान्त्रिक भावबोध को आधुनिक भावबोध के अन्तर्गत प्रतिष्ठित करना चाहते हैं। उनके अनुसार, 'अन्याय के खिलाफ आवाज बुलन्द करना आधुनिक भावबोध के अन्तर्गत है। आधुनिक भावबोध के अन्तर्गत यह भी है कि मानवता के भविष्य निर्माण के संघर्ष में हम और भी अधिक दत्तचित हों तथा हम वर्तमान परिस्थिति को सुधारें, नैतिक ह्रास को थामें, उत्पीड़ित मनुष्यता के साथ एकात्म होकर उसकी मुक्ति की उपाय-योजना करें।'[1]

डॉ. नरेन्द्र मोहन मुक्तिबोध के उपर्युत कथन में आधुनिक भावबोध नहीं, मात्र 'प्रगतिवादी आवेश' पाते हैं।[2]

सवाल प्रगतिवादी या प्रतिक्रियावादी आवेश का नहीं, सवाल उचित-अनुचित, सही-गलत का है। वस्तुतः फ़तवेवाजी करना आलोचक का काम नहीं है। उसका काम है विरोधी मत का तर्क द्वारा खण्डन करना। नरेन्द्र मोहन के पास मुक्तिबोध की बात के विरोध में कोई तर्क नहीं है। इससे जाहिर है कि उनकी बात निराधार है। कोई कलाकार जब उत्पीड़ित मनुष्यता की बात करता है तब उसे इसी प्रकार के फ़तवे दे दिए जाते है। क्या युग-जीवन की वास्तविकता से मुँह मोड़कर पश्चिमी भावधाराओं को ओढ़ना ही आधुनिक बनना है? सामयिक सच्चाई का सामना किए बिना क्या कोई आधुनिक बन सकता है? अपने युग की संत्रस्त और उत्पीड़ित मनुष्यता को सहानुभूति देने वाला कलाकार ही सच्चे अर्थों में आधुनिक है। आधुनिकताबोध के सम्बन्ध में डॉ. रामविलास शर्मा का मत है—पिछले बीस साल में लिखी हुई आधुनिकताबोध वाली कविता को मैं शक की निगाह से देखता हूँ। जो भी अपने को त्रस्त, पीड़ित या पराजित महसूस करता है, वह कहीं-न-कहीं पूँजीवाद को अस्वीकार और समाजवाद को स्वीकार करेगा। व्यक्ति की पीड़ा, त्रास, पराजय का मूल स्रोत आज की पूँजीवादी परिस्थितियाँ हैं। इन परिस्थितियों से निकलने का रास्ता समाजवाद के पास है। वर्तमान युग में आधुनिकताबोध समाजवादी विचारधारा से जरूर सम्बद्ध होगा।'[3] आधुनिकताबोध के विषय में डॉ. शर्मा का यह मन्तव्य मुक्तिबोध के अनुकूल है।

व्यक्तिवादी विचारकों ने आधुनिकताबोध को नवीन कला-दर्शन एवं स्थिर मूल्य के रूप में स्वीकार कर उक्त प्रश्न को उलझा दिया है। वस्तुतः ऐतिहासिक

---

1. मुक्तिबोध : नयी कविता का आत्मसंघर्ष, पृ. 16
2. डॉ. नरेन्द्र मोहन : उद्धृत मुक्तिबोध का रचना-संसार (गंगाप्रसाद विमल), पृ. 144
3. डॉ. रामविलास शर्मा : उद्धृत, आलोचना, जुलाई-सितम्बर 67

समाजशास्त्रीय दृष्टि के बिना आधुनिकता को समझा नहीं जा सकता। यह दृष्टि हमें वह शक्ति देती है कि जिसके आधार पर हम जान पाते हैं कि मानव समाज का क्रम-विकास निरन्तर प्रगति करता हुआ किस बिन्दु पर आ पहुँचा है और वह कौन-सा मोड़ लेने वाला है। कौन-सी विचारधारा, कौन-सा जीवन-मूल्य सामयिक परिस्थिति में ग्राह्य है और कौन-सा त्याज्य? ज्ञान-विज्ञान की बौद्धिक उपलब्धियाँ क्या हैं? हमारी वैज्ञानिक दृष्टि को उनका समर्थन प्राप्त है या नहीं? इन प्रश्नों से जूझे बिना आधुनिकता के प्रश्न को सुलझाना मुश्किल है। मुक्तिबोध ने वैज्ञानिक विश्व दृष्टि के आधार पर आधुनिकतावादी कला सिद्धान्तों का खण्डन किया है और उनके पीछे की अमरीकी शीतयुद्ध की राजनीति का पर्दाफास किया है। आधुनिकताबोध के सन्दर्भ में मुक्तिबोध की समीक्षा दृष्टि में सजग दायित्वबोध एवं गहरे मूल्य विवेक की चिंता निहित है। उनके विचारों को अपनाकर ही हम साहित्य, कला और समीक्षा के क्षेत्र में फैले गर्द-गुबार को साफ़ कर सकते हैं।

चतुर्थ अध्याय

व्यावहारिक समीक्षा

1. 'कामायनी : एक पुनर्विचार'

मुक्तिबोध के सैद्धान्तिक और व्यावहारिक आलोचनात्मक निबन्ध समय-समय पर विभिन्न पत्र-पत्रिकाओं में प्रकाशित होते रहे हैं जो बाद में चलकर 'नयी कविता का आत्मसंघर्ष तथा अन्य निबन्ध' तथा 'नये साहित्य का सौन्दर्यशास्त्र' में संकलित हुए। उनके सैद्धान्तिक और व्यावहारिक निबन्धों में कोई निश्चित सीमारेखा खींचना असम्भव है क्योंकि उनका सिद्धान्त और व्यवहार साथ-साथ चलता रहता है। लेकिन 'कामायनी : एक पुनर्विचार' उनकी व्यावहारिक आलोचना का महत्त्वपूर्ण उदाहरण कहा जाएगा जो कि मुक्तिबोध के साहित्य का महत्त्वपूर्ण कीर्तिमान तो है ही, साथ ही कामायनी सम्बन्धी जड़ीभूत विचारों को भी एक नया और वैज्ञानिक मार्ग सुझाता है। उल्लेखनीय है कि नवलेखन के क्षेत्र में किसी विशेष कवि की कृति पर 'कामायनी : एक पुनर्विचार' जैसा महत्त्वपूर्ण प्रयास किसी सर्जक आलोचक में नहीं मिलता। मुक्तिबोध में काव्य सृजन और समीक्षा का अद्‌भुत सामंजस्य है।

आधुनिक हिन्दी साहित्य में कामायनी ही ऐसी काव्यकृति है जिस पर सबसे अधिक समीक्षा लिखी गयी है। इस दिशा में आचार्य शुक्ल की आलोचना को प्रस्थान-बिन्दु माना जा सकता है। अपनी विशेष काव्यदृष्टि के कारण छायावाद के प्रति सहानुभूतिशील न होते हुए भी आचार्य शुक्ल ने कामायनी का महत्त्वपूर्ण विश्लेषण किया है। उन्होंने लिखा है, 'यह काव्य बड़ी विशद कल्पनाओं और मार्मिक उक्तियों से पूर्ण है...इस प्रकार प्रसाद जी प्रबंध क्षेत्र में भी छायावाद की चित्रप्रधान और लाक्षणिक शैली की सफलता की आशा बँधा गये हैं।'[1] लेकिन जैसाकि डॉ. रामस्वरूप चतुर्वेदी ने लिखा है 'महत्त्व का अनुभव करते हुए भी आचार्य शुक्ल कामायनी की आस्वादनप्रक्रिया को स्पष्ट और प्रशस्त

1. आचार्य रामचन्द्र शुक्ल : हिन्दी साहित्य का इतिहास, पृ. 602, 605

नहीं कर सके हैं, और इसका एक प्रधान कारण यह है कि रहस्यवाद के सम्बन्ध में शुक्लजी की अपनी एक दृढ़ धारणा थी, जिससे 'कामायनी' के रहस्यवाद का मेल नहीं खाता।'[1]

शुक्लोत्तर समीक्षकों में आचार्य नन्ददुलारे वाजपेयी ने कामायनी की रहस्य भावना को परम्परित रहस्य-साधना से अलगाकर उसकी नवीनता को प्रतिष्ठित किया है और इस प्रकार कामायनी के प्रति आलोचकों की समझ को बढ़ाने में योग दिया है।

आचार्य नन्ददुलारे वाजपेयी की अपेक्षा डॉ. नगेन्द्र ने कामायनी पर विस्तृत विचार किया है। 'कामायनी के अध्ययन की समस्याएँ' नामक पुस्तक में उन्होंने कामायनी के विभिन्न पक्षों—महाकाव्यत्व, अंगीरस, रूपकतत्व, दार्शनिक पृष्ठभूमि—का गम्भीर विश्लेषण किया है और कामायनी की श्रेष्ठता एवं औदात्य की प्रतिष्ठा की है।

लेकिन कामायनी के पुनर्मूल्यांकन की समस्या अभी बनी हुई थी। 'कामायनी को समझने की अब तक जो पद्धतियाँ रही हैं—महाकाव्य के रूप में, रूपक के रूप में, ऐतिहासिक इतिवृत्त के रूप में, दार्शनिक रचना के रूप में, या ऐसे ही कुछ अन्य पक्षों को आधार बनाकर।'[2] स्पष्टतः ये पद्धतियाँ, डॉ. नामवरसिंह के अनुसार, पिछले मूल्यांकन का, विस्तार अथवा पूरक भी नहीं, बल्कि उससे भी प्राचीन, जड़ 'एकेडेमिक' अभ्यास मात्र हैं।'[3] अतएव डॉ. रामस्वरूप चतुर्वेदी इस खंड-दृष्टि के विपरीत कामायनी को एक 'संश्लिष्ट काव्य-विधान' के रूप में देखने की माँग करते हैं। कामायनी के विवेचन के मार्ग में निस्सन्देह यह एक महत्त्वपूर्ण कदम है, लेकिन जैसाकि उन्होंने स्वयं स्वीकार किया है, इस कार्य में उनके अग्रणी मुक्तिबोध हैं। मुक्तिबोध ने पहली बार कामायनी को एक विशाल फैंटेसी के रूप में देखने का प्रस्ताव किया जो कलाकार की विधायक कल्पना द्वारा जीवन की पुनर्रचना है। डॉ. रामस्वरूप चतुर्वेदी ने भी उस संकेत-सूत्र को पकड़कर 'कामायनी' को एक विबमाला' के जटिल 'विधान' के रूप में विवेचित करने का प्रयास किया है।'[4] किन्तु जहाँ रामस्वरूप चतुर्वेदी कामायनी की प्रशंसा मुख्यतः सुन्दर बिम्बों को दृष्टि में रखकर करते हैं वहाँ मुक्तिबोध कामायनी

1. डॉ. रामस्वरूप चतुर्वेदी : कामायनी का पुनर्मूल्यांकन, पृ. 12
2. वही, पृ. 10
3. डॉ. नामवरसिंह : कविता के नये प्रतिमान, पृ. 77
4. डॉ. नामवरसिंह : कविता के नये प्रतिमान, पृ. 77, 78

को फैंटेसी के रूप में जीवन का कलात्मक प्रतिबिम्बन मानते हैं, इसीलिए वह कामायनी को प्रसाद और उनके युग से सम्पृक्त करके देखते हैं। उनका 'कामायनी : एक पुनर्विचार' केवल कामायनी को फैंटेसी के रूप में देखने का कलावादी प्रयास भर नहीं, बल्कि उस फैंटेसी में निहित जीवन-मूल्यों की समीक्षा करते हुए नये मूल्यों की व्याख्या का मूल्यपरक विवेचन है।'[1]

डॉ. रामस्वरूप चतुर्वेदी के 'पुनर्मूल्यांकन' को डॉ. नामवरसिंह अस्वीकार करते हैं क्योंकि उसमें 'गुणात्मक स्तर पर भिन्न मूल्यदृष्टि का परिचय' नहीं दिया गया। इस सम्बन्ध में वह लिखते हैं—डॉ. रामस्वरूप चतुर्वेदी ने अन्त तक कामायनी पर कोई मूल्य निर्णय नहीं दिया, जो स्पष्टतः पुनर्मूल्यांकन की विडम्बना है। विश्लेषण के समस्त बारीक और नये औजारों के बावजूद न तो वे कामायनी का कोई नया अर्थ ही उद्घाटित करते हैं और न कोई अनदेखा 'अनुभव' ही और इस प्रकार यदि 'कामायनी' के मूल्यबोधक निष्कर्ष परम्परा की पुनरावृत्ति मात्र ही दिखाई पड़ते हैं तो यह केवल संयोग की बात नहीं है। वर्णन की भाषा की अनगढ़ता पर ध्यान न देकर केवल सुन्दर बिम्बों के आधार पर 'कामायनी' की प्रशंसा करना बहुत कुछ वैसा ही है जैसे आचार्य शुक्ल का यह कथन कि यदि हम इस विशद काव्य की अन्तर्योजना पर ध्यान न दें, समष्टि रूप में कोई समन्वित प्रभाव न ढूँढे, श्रद्धा, काम, इड़ा, लज्जा इत्यादि को अलग-अलग लें तो हमारे सामने बड़ी ही रमणीय कल्पना, अभिव्यंजना की अत्यन्त मनोरम पद्धति आती हैं।'[2]

कामायनी के मूल्यांकन में मुक्तिबोध इसलिए आगे आये कि उसे यथास्थिति को बनाये रखने वाले प्रगति विरोधी हथियार के रूप में इस्तेमाल किया जाने लगा। 'हुआ यह कि प्रसाद जी की 'कामायनी' साहित्य के रसवादी छायावादी पुराणपंथियों के हाथ में, नवीन प्रगतिशक्तियों के विरुद्ध एक शस्त्र बन गयी। उन्होंने मनु के व्यक्तिवाद के विनाशकारी रूप का उद्घाटन नहीं किया, प्रसाद जी की सभ्यतासमीक्षा की बात को ढांक दिया। किन्तु यही दो बातें हैं जिनके कारण कामायनी अत्यन्त महत्त्वपूर्ण हो गयी है। भाववादी आलोचकों ने प्रसाद जी से भी आगे बढ़कर 'कामायनी' का रहस्यवादी मनोवैज्ञानिक अर्थ लगाया और उसके उपयोगी तत्त्वों को प्रच्छन्न कर दिया। उन्होंने 'कामायनी' के सम्बन्ध में हर तरह के ऊँचे किस्म की गलतफहमियां भी फैलाई।'[3] अतएव 'एक नये सृजनशील

1. डॉ. नामवरसिंह : कविता के नये प्रतिमान, पृ. 82
2. डॉ. नामवरसिंह : कविता के नये प्रतिमान, पृ. 80
3. मुक्तिबोध : कामायनी : एक पुनर्विचार, पृ. 151

कवि के नाते मुक्तिबोध ने काव्य और जीवन दोनों ही क्षेत्रों में छायावाद के प्रतिक्रियावादी मूल्यों के खिलाफ संघर्ष करना अपना कर्त्तव्य समझा और इसलिए उन्होंने विशेष रूप से कामायनी के भीतर घुसकर उन 'सामाजिक ऐतिहासिक शक्तियों का उद्‌घाटन किया 'जिन्होंने हिन्दी में व्यक्तिवादी रोमांसवाद, छायावादी भावुकता तथा भाववादी आदर्शवादी विचारधारा का प्रणयन किया।'[1]

इस कार्य में मार्क्सवादी दृष्टि ने निश्चय ही मुक्तिबोध को योग दिया। किन्तु कामायनी के विवेचन में वह समाजशास्त्रीय दृष्टि से ही चिपके नहीं रहे, बल्कि उसकी सीमाओं के पार जाकर सृजन प्रक्रिया एवं फंतासी के माध्यम से—कामायनी का मनोवैज्ञानिक विश्लेषण करते हुए उसका ऐतिहासिक समाजशास्त्रीय मूल्यांकन कर सके। मुक्तिबोध द्वारा कामायनी की आलोचना में जीवन की समग्रता की ठोस आधारभूमि ही काम करती रही है। इस बात को भूलकर उनकी समीक्षा को मार्क्सवादी पूर्वग्रहों से दूषित कहकर नकारा नहीं जा सकता। डॉ. रामस्वरूप चतुर्वेदी कहते हैं—'मुक्तिबोध की यह समीक्षा निश्चय ही विचारोत्तेजक है तथा और भी अधिक सार्थक हो पाती, यदि वे अपने मार्क्सवादी चिन्तन को यहाँ अस्थान पर स्थापित करने का आग्रह न करते। यह वैसा ही है जैसाकि 'कामायनी' को शैवागम के माध्यम से समझना। फिर मार्क्सवाद को लाना एक गलती को ठीक करने के लिए दूसरी और बड़ी गलती करना है।'[2] मार्क्सवादी वैज्ञानिक विश्लेषण पद्धति के खिलाफ इस प्रकार का कुतर्क समस्त बुर्जुआ चिन्तन का ही एक घृणित रूप है। प्रसिद्ध उक्ति है कि अगर रेखागणित की स्वयंसिद्धियाँ लोगों के हितों से टकरातीं तो शायद उन्हें भी गलत सिद्ध किया जाता।

आज की समीक्षा प्रतीकों, बिम्बों और रचना-प्रक्रिया के माध्यम से कृति को समझना चाहती है। इस दृष्टि से मुक्तिबोध कामायनी को एक विशाल फैंटेसी के रूप में देखते हैं—एक ऐसी फैंटेसी के रूप में जो कल्पना-बिम्बों द्वारा जीवन की पुनर्रचना है। उनका मत है कि कामायनी उस अर्थ में कथा-काव्य नहीं है जिस अर्थ में साकेत अथवा प्रियप्रवास। कामायनी की कथा के अन्तर्गत जो पात्र, चरित्र और कार्य प्रस्तुत हुए हैं, वे सब प्रतीक हैं वास्तविक जीवन-तथ्यों के। फैंटेसी के कथानक, घटनाएँ और पात्र तो सुविधा रूप हैं। 'इस फैंटेसी के माध्यम से लेखक ने आत्मजीवन को और उस आत्मजीवन में प्रतिबिम्बित जीवन-जगत् के बिम्बों को

1. डॉ. नामवरसिंह : कविता के नये प्रतिमान, पृ. 81-82
2. डॉ. रामस्वरूप चतुर्वेदी : कामायनी का पुनर्मूल्यांकन, पृ. 17

और तत्सम्बन्धी अपने चिन्तन को, अपने जीवन-निष्कर्षों को प्रकट किया है।'[1] इस प्रकार, फैंटेसी के रूप में व्याख्यायित कर मुक्तिबोध ने रचना के कथानक का रंग काफी हल्का कर दिया है।'[2] मुक्तिबोध ने कामायनी को मानव-मन की कथा अथवा ऐतिहासिक कथा-मात्र नहीं माना। उन्होंने उसे प्रसाद जी के व्यक्तित्व से और प्रसाद जी को उनके युग अथवा जीवन-परिवेश-परिस्थिति से सम्पृक्त करके देखा-परखा है और स्थापना की है कि प्रसाद जी ने समकालीन जीवन को, उसकी राजनैतिक, सामाजिक, आर्थिक हलचलों को विश्व-भूमिका में रखकर एक फैंटेसी के माध्यम से विश्लेषितविवेचित किया है। कामायनी के विवेचन में यह सर्वथा नवीन, वैज्ञानिक और समग्र दृष्टि है जिसके पीछे मुक्तिबोध का ऐतिहासिक-समाजशास्त्रीय बोध है।

यही दृष्टि लेनिन द्वारा टालस्टाय के विवेचन में रही है। उन्होंने टालस्टाय के साहित्य का विवेचन करते हुए एक स्थान पर लिखा है–'समाज का जो रूप उसके हृदय-पटल पर अंकित था, उसके अन्तर्गत काम करने वाली जो शक्तियाँ थीं, वे घुल-मिलकर उसके मस्तिष्क का अंग हो गयी थीं और उन्हीं की प्रेरणा से उसकी लेखनी चंचल हो उठी थी, जिसका परिणाम टालस्टाय-साहित्य का सृजन है।'[3]

कामायनी के सत्य को पाने के लिए मुक्तिबोध ने उसमें अंकित मानव-चरित्रों की वास्तविकता को समझने का प्रयास किया है। इस प्रयास में उन्होंने मनोविश्लेषण के माध्यम से चरित्र-विश्लेषण किया है, कथनी एवं करनी के आधार पर उनकी अन्तःप्रकृति एवं असंगतियों की परीक्षा की है।

मनु, मुक्तिबोध के अनुसार, मन का प्रतीक नहीं है। वह उस वर्ग का टाईप है 'जिसकी शासन-सत्ता तथा ऐश्वर्य छिन गया हो। उस वर्ग की समस्त प्रवृत्तियाँ मनु में हैं। अहंकार, विलासिता, आत्ममोह, निर्बाध उच्छृंखलता, व्यक्तिवादी साहस, व्यक्तिवादी निराशा, पाखण्ड और ऐसा आत्मग्रस्त निबिड़ आत्मविश्लेषण जो पराजय से प्रसूत होकर पराजयों की ओर ले जाता है, मनु की विशेषता है।'[4] मुक्तिबोध के अनुसार, मनु के रूप में प्रसाद जी ने अपना वर्ग-चरित्र स्पष्ट किया है। मनु प्रसाद जी की अन्तर्निहित प्रवृत्तियों का प्रतिनिधि पात्र है। किन्तु वह प्रसाद जी के मन अथवा व्यक्तित्व का पूर्णतः प्रतिनिधित्व नहीं करता। मनु-समस्या

1. मुक्तिबोध : कामायनी : एक पुनर्विचार, पृ. 11
2. डॉ. रामस्वरूप चतुर्वेदी : कामायनी का पुनर्मूल्यांकन, पृ. 17
3. लेनिन और साहित्य : हंस, सितम्बर, 1938
4. मुक्तिबोध : कामायनी : एक पुनर्विचार, पृ. 20

प्रसाद की आत्मानुभूत समस्या है। यही कारण है कि प्रसाद जी ने कामायनी में आत्मपरक रीति से जीवन का सारा चिन्तन न्यौछावर कर दिया और यही कारण है कि उसमें लिरिकल काव्य की वह आत्ममयता उत्पन्न हुई जिससे वह चरित-काव्य न होकर मनोवैज्ञानिक छायावादी महाकाव्य हुई। मनु की निराशा का कारण, मनोवैज्ञानिक दृष्टि से, 'केवल अपनी निःसंग असहायता न होकर, उस प्राचीन सुख का लोप है जो देवसभ्यता के नष्ट होने के साथ ही नष्ट हुआ।' यह देवसभ्यता सामन्ती सभ्यता का प्रतीक है और तब प्रलय का प्रतीकार्थ होगा सामन्ती सभ्यता में आमूल परिवर्तन। आपद्ग्रस्त स्थिति में भी मनु को जीवनरक्षा के उपायों की अपेक्षा विगत-विलास-सुख की स्मृतियों की चिन्ता कहीं ज्यादा है। उसमें मनुष्यता का अभाव है क्योंकि वह सच्चे हृदय से प्रेम नहीं कर सकता। वह प्रेम करता है केवल रूप-रंग-गन्ध से। 'ध्यान रखने की बात यह है कि मनु देवसभ्यता के भीतर अपने जीवन के हार्दिक प्रेम सम्बन्धों की स्मृतियों को जागृत नहीं करता। हृदय सम्बन्ध मानो थे ही नहीं, उसे याद आते हैं मात्र विलास-दृश्य और कुछ नहीं।'[1]

मुक्तिबोध के अनुसार, मनु ने तीन महान् अपराध किये हैं—श्रद्धापरित्याग, इड़ा का घर्षण प्रयत्न और प्रजा पर अत्याचार। उनके अनुसार, मनु एक कमजोर चरित्र है। उसकी कमजोरी पर श्रद्धा को दया आती है, इड़ा उसे बर्दाश्त कर लेती है और प्रसाद जी उसे सहानुभूति प्रदान करते हैं।

श्रद्धा की अवतारणा मनु की मुक्ति के लिए की गयी है। उसमें हृदय के सब गुण हैं। वह प्राइवेट इण्डिविज्युअल है—अपने आप में सीमित। वह मानवता एवं लोकाग्नि में तपने की बात करती है किन्तु व्याहारिक धरातल पर लोकसेवा के विस्तृत चित्र नहीं मिलते। इसके विपरीत मनु के प्रति उसका स्नेह मनु के अपराधों को इतना भूल जाता है कि वह उसे अपने अंचल में दुलराती है किन्तु मनु के अत्याचारों से पीड़ित प्रजा की कराहों की ओर ध्यान तक नहीं देती। क्या यह पक्षपातपूर्ण श्रद्धावाद अपने प्रिय व्यक्तियों के अपराधों को ढांक नहीं रहा? क्या श्रद्धा यहाँ व्यक्तिवादिनी नहीं? स्पष्ट है कि उसमें स्वयं इच्छा, क्रिया एवं ज्ञान के सामंजस्य का अभाव है।' श्रद्धा के इस कथन पर कि 'मैं लोकाग्नि में तपनितान्त, आहुतिप्रंसन्न देती प्रशान्त' मुक्तिबोध की आपत्ति इसलिए भी है कि वह व्यापक लोक-जीवन से अलग हटकर हिमालय की ओर पलायन करती है। डॉ. रामस्वरूप चतुर्वेदी ने मुक्तिबोध के विरोध में लिखा है—'श्रद्धा के लिए मनु और कुमार के साथ विविध अनुभव लोक-अग्नि की ही आँच है...श्रद्धा पहली

1. वही, पृ. 34

माँ है, और सृजन की पीड़ा से गुजरने के कारण तथा मनुष्य की पहली गृहस्थी शुरू करने में उसने शरीर की सीमाओं को तोड़कर अपने व्यक्तित्व को विस्तार दिया है।'[1]

इस दृष्टि से तो सभी माताएँ लोक-अग्नि में तपती ही हैं–फिरश्रद्धा में कौनसा वैशिष्ट्य है जो उसे घोषणा करने की आवश्यकता महसूस हुई? 'क्या वह सृष्टि की पहली माँ है इसलिए?' लेकिन वह पहली माँ भी नहीं–पुराणों में भले हो, कामायनी में नहीं है। कामायनी में सारस्वत सभ्यता जैसी एक अत्यन्त विकसित मानव सभ्यता है जो 'पहली माँ' की स्थापना को खंडित करती है। आलोचक महोदय को बींसवी सदी में होने के नाते डार्विन के विकासवाद के सिद्ध न्त और मानवसभ्यता के क्रमिक विकास के इतिहास से थोड़ा बहुत तो परिचय होना ही चाहिए।

इड़ा बुद्धिप्रधान अवश्य है किन्तु वह बुद्धिवाद का प्रतीक नहीं है। वह पूँजीवादी सभ्यता की प्रतीक है, ह्रासग्रस्त सभ्यता की उन्नायिका है। 'अतएव, वह मनु के अतिचारी कार्यों की न्यायपूर्ण भर्त्सना के बावजूद प्रसाद जी की अन्तिम सहानुभूति खो बैठी।' वह ज्ञानोन्नति एवं वर्ग-विभाजन के आधार पर एक नवीन सभ्यता खड़ी करती है। जीवन-संघर्ष में योग्यतम की विजय (ठहरा जिसमें जितना बल है) उसका प्रमुख सिद्धान्त है, जो एक पूँजीवादी मान्यता है। इतना होते हुए भी मुक्तिबोध ने श्रद्धा की अपेक्षा इड़ा को ही अपनी सहानुभूति दी है। कारण यह है कि जहाँ 'श्रद्धा की व्यक्तित्वसत्ता भावात्मक, अकर्मक और स्थित्यात्मक है' वहाँ इड़ा 'बहिर्मुख, सकर्मक और समर्पित व्यक्तित्व है। वह मानव-कल्याण के लिए तत्पर है, इसीलिए सारस्वत सभ्यता का उन्नत स्तर पर पुननिर्माण करती है। उसमें कर्म-कुशलता एवं कर्म-संगठन की क्षमता है। ऐसी इड़ा पर श्रद्धा आरोप लगाती है कि 'सिर चढ़ी रही, पाया न हृदय।' इस आरोप पर शुक्ल जी कहते हैं कि 'इड़ा यह आरोप लगा सकती थी कि 'हे श्रद्धे, तू रस पगी रही, पायी न बुद्धि'।'[2] शुक्ल जी के इस वाक्य में मुक्तिबोध कुछ और जोड़ देते हैं–रस पगी रही, पाई न बुद्धि पाया न कर्म।' इस कर्म के अभाव में ही श्रद्धा इड़ा की तरह वैविध्यमय जीवन के उच्चतर विकास और प्रसार में विचरण नहीं करती और वन के एकान्त कुटीर में सन्तोषपूर्वक दाम्पत्य जीवन बिताती है और मनु को भी उसी घेरे में बाँध रखना चाहती है। इसलिए मुक्तिबोध कहते हैं कि 'श्रद्धा और मनु के बीच की

---

1. डॉ. रामस्वरूप चतुर्वेदी : कामायनी का पुनर्मूल्यांकन, पृ. 37-38
2. आचार्य शुक्ल : हिन्दी साहित्य का इतिहास, पृ. 659

टकराहट आदर्शवाद और स्वार्थवाद के बीच की टकराहट नहीं है, वरन् संक्षिप्त जीवन क्षेत्र की चौहद्दी में फंसे रहने की प्रवृत्ति और व्यापक जीवन-क्षेत्र में विचरण करने वाली प्रवृत्ति के बीच की टकराहट है।'[1] इस प्रकार 'विचारक्रम में मुक्तिबोध ने दिखाया है कि 'कामायनी' सकर्मक जीवन अनुभव और अकर्मक जीवन दर्शन के द्वन्द्व अथवा तनाव की कलात्मक सृष्टि है जिसमें जीवन की वास्तविकता की गहरी पहचान तो है किन्तु मानव समाज के भविष्य का व्यापक और स्पष्ट चित्र न होने के कारण वे यथार्थ चित्र दकियानूस जीवन दर्शन के शिकार हो गये।'[2]

वह दर्शन है समरसता-सिद्धान्त जो इच्छा, ज्ञान और क्रिया के सामंजस्य पर बल देता है। मुक्तिबोध के अनुसार इच्छा-क्रिया-ज्ञान के सामंजस्य का प्रतिफलन कामायनी के चरित्रों में नहीं हो सका है। शुक्लजी भी इस बात को मानते हैं कि 'जिस समन्वय का पक्ष कवि ने अन्त में सामने रखा है उसका निर्वाह रहस्यवाद की प्रवृत्ति के कारण काव्य के भीतर नहीं होने पाया है।'[3] मुक्तिबोध के अनुसार इच्छा, क्रिया, ज्ञान का सामंजस्य वास्तविक जीवन क्षेत्र में होता है। मानवता के उद्धार-लक्ष्य के सन्दर्भ के बिना, ज्ञान, इच्छा तथा क्रिया का दार्शनिक एवं वायवीय सामंजस्य रीता सामंजस्य है। उससे वास्तविक जगत् की समस्याओं का समाधान नहीं हो सकता—उन युगीन समस्याओं का जिनके प्रति प्रसादजी ने तीव्र प्रतिक्रियाएँ व्यक्त की हैं। पुरुष, स्त्री, व्यक्ति, समाज, सभ्यता, मुक्ति आदि सभी प्रश्नों को चित्रात्मक रूप में उठाकर प्रसाद जी ने महत्त्वपूर्ण कार्य किया है किन्तु उनका जो दार्शनिक निदान प्रस्तुत किया है वह वायवीय है। दार्शनिक भावना हृदय के घाव भर सकती है किन्तु वह सामाजिक विषमता एवं मानवीय समस्याओं को दूर नहीं कर सकती—जब तक कि वह वस्तुवादी होकर सकर्मक न हो जाए। किन्तु प्रसाद का दर्शन अगतिक स्थित्यात्मक और कूटस्थ है जबकि उनका व्यक्तित्व अत्यन्त गतिमान् एवं क्रियाशील है। प्रसाद के भीतर का यह प्रचण्ड अन्तर्विरोध है। इस अन्तर्विरोध की कोख से कामायनी का जन्म हुआ है। प्रसाद जी के इस दर्शन ने ही कामायनी की खास रीढ़ पर गहरी चोट की है—उसमें कथा-विकास एवं चरित्र विकास सम्बन्धी दोष उत्पन्न किए हैं। इस दर्शन के कारण ही प्रसाद जी युगीन समस्याओं के प्रति तीव्र संवेदनात्मक प्रतिक्रियाएँ करते हुए भी उनका उचित समाधान न दे सके। यही कारण है कि 'कामायनी' में यथार्थतत्त्व कम,

1. मुक्तिबोध : कामायनी : एक पुनर्विचार, पृ. 160
2. डॉ. नामवरसिंह : कविता के नये प्रतिमान, पृ. 82-83
3. आचार्य रामचद्र शुक्ल : हिन्दी साहित्य का इतिहास, पृ. 658

रहस्यवादी-तत्त्व अधिक हैं। लेनिन ने लिखा है—टालस्टाय क्रान्ति का दर्पण है किन्तु उसके विचार दर्शन में पारलौकिक तत्त्व भी हैं।" कामायनी में भी ऐसा ही अन्तर्विरोध है जिसको मुक्तिबोध ने लक्ष्य किया है—'कामायनी अपने युग का अवैज्ञानिक, अपरिष्कृत प्रतिबिम्ब है। यदि वह सुपरिष्कृत प्रतिबिम्ब होता तो तत्कालीन समस्याओं का यथार्थ हल भी प्रस्तुत किया जाता। उससे जनता का पक्ष भी ऊँचा उठता...मनु से अपने किए पर वास्तविक पश्चाताप कराया जाता तथा श्रद्धा भी रहस्यवादिनी न बनती।'[1]

इस बात को मुक्तिबोध ने ही नहीं, आचार्य शुक्ल जैसे विद्वान् आलोचक ने भी लक्षित किया है—'यदि मधुचर्या का अतिरेक और रहस्य की प्रवृत्ति बाधक न होती तो इस काव्य के भीतर मानवता की योजना शायद अधिक पूर्ण और सुव्यवस्थित रूप में चित्रित होती।'[2]

कामायनी का जो विवेचन मुक्तिबोध ने किया है वह एक ओर प्रसाद जी का तो दूसरी ओर उनका व्यक्तित्व—इन दोनों की क्रिया-प्रतिक्रियाओं के योग को ध्यान में रखकर ही। उनका कहना है कि 'कामायनी में प्रसाद जी का आत्मरूप प्रकट हुआ है'—उस आत्मरूप में वह जीवन जगत् समाहित है जो 'मानव-सम्बन्धों का क्षेत्र है' और जिसके सामाजिक और राजनीतिक गभितार्थ होते हैं, जिसमें ह्रासोन्मुख और विकासशील शक्तियों का निरन्तर संघर्ष चला करता है। इसी आधार पर कामायनी में व्यक्त प्रतिक्रियावादी और प्रगतिशील तत्त्वों को मुक्तिबोध ने अलग-अलग दर्शाया है और कहा है कि वैज्ञानिक दृष्टि के अभाव में प्रसाद जी की सभ्यता-समीक्षा में उन तत्त्वों का जाने-अनजाने रूप में आना अनिवार्य था। कोई भी लेखक अपने देश-काल एवं युगीन परिस्थितियों से पृथक् नहीं हो सकता। प्रसाद जी इसके अपवाद नहीं थे।

मुक्तिबोध द्वारा कामायनी के विवेचन में एक बात खटकती है कि कृति की सौन्दर्यात्मक विवेचना को महत्त्व देने के बावजूद उन्होंने कामायनी का सौन्दर्यात्मक अथवा कलात्मक विवेचन नहीं किया। वे कहते हैं—'पाठक का यह आदि कर्तव्य और प्रथम धर्म है कि वह कलात्मक सौन्दर्य को आत्मसात् करते हुए कृति के मर्म में प्रवेश करे।'[3] 'कामायनी : एक पुनर्विचार' में कला-पक्ष के विवेचन की उपेक्षा का कारण बताते हुए मुक्तिबोध ने कहा है कि उस पक्ष पर बहुत सारी

1. मुक्तिबोध : कामायनी : एक पुनर्विचार, पृ. 150
2. आचार्य रामचन्द्र शुक्ल : हिन्दी साहित्य का इतिहास, पृ. 660
3. मुक्तिबोध : कामायनी : एक पुनर्विचार, पृ. 187

पुस्तकें लिखी गयी हैं। और दूसरी बात यह है कि उनके अनुसार, रूप से तत्त्व की आलोचना अधिक महत्त्वपूर्ण होती है।

निःसन्देह मुक्तिबोध की सारी स्थापनाओं से सहमत नहीं हुआ जा सकता। आलोचना एक संवाद है। संवाद की शुरूआत ही उचित निष्कर्षों की दिशा में ले जाती है। मुक्तिबोध आशा व्यक्त करते हुए कहते हैं—अगर इस रचना की ओर आलोचकों का ध्यान गया तो निश्चय ही मतभेदों की टंकार सुनाई देगी। यह आवश्यक भी है। कामायनी हमारे लिए मूल्यवान् ग्रन्थ है। मतभेदों की सक्रियता के द्वारा ही हम मतैक्य का विकास कर सकेंगे, तथा न केवल साहित्य के वरन् साहित्यालोचन के 'प्रधान सिद्धान्तों के बारे में भी कतिपय निष्कर्षों की तरफ बढ़ सकेंगे।'[1]

'कामायनी : एक पुनर्विचार' कामायनी के पुनर्मूल्यांकन की दिशा में पहला सही प्रयास है। डॉ. नामवरसिंह ने ठीक कहा है कि वह 'समकालीन साहित्य में मूल्यांकन के साथ ही समकालीन सन्दर्भ में अपनी पूरी परम्परा का पुनर्मूल्यांकन करने की दृष्टि देता है।'[2]

2. उर्वशी

'उर्वशी' की समीक्षा मुक्तिबोध ने भगवतशरण उपाध्याय के द्वारा की गयी 'उर्वशी' की आलोचना के प्रतिक्रियास्वरूप की है। कल्पना, जनवरी 1964 द्वारा आयोजित उर्वशी परिचर्चा में अनेक समीक्षक साहित्यकारों ने भाग लिया। इस परिचर्चा में मुक्तिबोध की समीक्षा सर्वाधिक महत्त्वपूर्ण इसलिए है कि उन्होंने 'उर्वशी' की मूलभूत कमजोरी को पकड़ा है। उक्त परिचर्चा को डॉ. नामवर सिंह ने 'ऐतिहासिक दस्तावेज' माना है क्योंकि उससे 'समकालीन साहित्य में मूल्यों की सीधी टक्कर का पता चलता है।'[3]

मुक्तिबोध ने भगवतशरण जी की आलोचना को 'बाहर से भीतर की यात्रा' बताया है और कहा है कि इस प्रकार की यात्रा के जो खतरे होते हैं वे भी उसमें हैं।' इसलिए 'भगवतशरण जी बाहर से भीतर की यात्रा के पूर्व या अनन्तर, यदि सावधानी से भीतर से बाहर की यात्रा भी कर लेते तो उनकी आलोचना में कमजोरियाँ न आ पातीं।'[4]

---

1. वही, पृ. 19
2. डॉ. नामवरसिंह : कविता के नये प्रतिमान, पृ. 83
3. वही, पृ. 69
4. कल्पना, : जनवरी 1964, पृ. 5

भगवतशरण जी ने 'उर्वशी' का मुख्यतः ऐतिहासिक ग्रन्थ की दृष्टि से मूल्यांकन करने का प्रयास किया है। इसके विपरीत मुक्तिबोध 'उर्वशी' के कथानक की ऐतिहासिकता को भ्रममात्र मानते हुए यह कहते हैं कि वह ऐतिहासिक ग्रन्थ नहीं, कामायनी की तरह ही एक 'स्वप्न-कथा' है। वे रचना प्रक्रिया की तह में जाकर रचनाकार की उस मूल वृत्ति को खोज निकालते हैं जिसने इस 'कथा-स्वप्न' को अपनाने के लिए कृतिकार को प्रेरित किया। मुक्तिबोध के शब्दों में 'उर्वशी' एक बृहद् कल्पना स्वप्न है, जिसके द्वारा और जिसके माध्यम से, लेखक अपनी कामात्मक स्पृहाओं का आदर्शीकरण करता है और उन्हें एक सर्वोच्च आध्यात्मिक औचित्य प्रदान करता है। कथानक की ऐतिहासिकता केवल भ्रम है।'[1] मुक्तिबोध की दृढ़ धारणा है कि पुरुरवा-उर्वशी की कथा ने रचनाकार को वह कल्पना-स्वप्न प्रदान किया है जिसमें उसे अपनी मनोवृत्तयों की तृप्ति प्राप्त होती है।

मुक्तिबोध ने उर्वशी के मूल दर्शन, जो उक्त काव्य की रीढ़ है, पर आपत्ति की है। उर्वशी का मूल प्रतिपाद्य यह है कि इन्द्रिय सौन्दर्य के माध्यम से अतीन्द्रिय सौन्दर्य तक—देह के माध्यम से अदेह सौन्दर्य तक पहुँचा जा सकता है। उर्वशी का मूल दोष मुक्तिबोध के अनुसार यह है कि 'वह कृत्रिम मनोविज्ञान पर आधारित काव्य है। कामात्मक इन्द्रिय संवेदनाओं के जाल में खो जाने के क्षणों में, उनका आध्यात्मीकरण नहीं किया जा सकता। न किसी दार्शनिक भावना का, न ही धर्म-भावना का बोध हमें उस समय होता है।'[2] वे आगे कहते हैं– 'लेखक ने यह स्थापित करना चाहा है कि 'कुछ प्रज्ञावान भोगियों के लिए ऐंद्रिय सुख के चरम क्षणों की परिणति अतेन्द्रिय सत्ता की उपलब्धि में होती है। किन्तु कौन हैं वे प्रज्ञावान भोगी क्या इस समय वे भारत में उपलब्ध हैं?'[3] इस प्रकार मुक्तिबोध की व्यावहारिक समीक्षा जीवन के संवेदनात्मक ज्ञान पर आधारित है।

वास्तविकता यह है कि उर्वशी का दर्शन 'ऐश्वर्यवान् सम्पन्न श्रेणी की काम-स्पृहाओं को आध्यात्मिक औचित्य प्रदान करना चाहता है। यह आकस्मिक बात नहीं है कि पुरूरवा की विवाहिता स्त्री को केवल तपस्या का उपदेश दिया गया, किन्तु उसके प्रति दिनकर के हृदय में कोई विशेष करुणा नहीं है।'[4] इस प्रकार मुक्तिबोध ने उर्वशी के दर्शन को रचनाकार के वर्ग-संस्कारों से सम्बद्ध बताया है।

---

1. वही, पृ. 35
2. वही, पृ. 35
3. वही, पृ. 35
4. वही, पृ. 40

दर्शन से भी अधिक आपत्ति मुक्तिबोध को उर्वशी की काव्य-भाषा पर है। जिस भाषा में प्रभाकर माचवे ने 'वक्तव्य गुण' देखा है और डॉ. रामविलास शर्मा ने 'निराला के बाद मेघमन्द्र स्वर सुना है वह मुक्तिबोध की दृष्टि में 'विचित्र, बोझिल, जड़ और वागाडम्बर' से पूर्ण है। वागाडम्बर और कृत्रिमता का मूल कारण है अनुभूति की प्रामाणिकता का अभाव। इसलिए पुरूरवा और उर्वशी समुत्तेजित कल्पना द्वारा रति-सुख के क्षणों की ऐंद्रिक संवेदनाओं पर प्रदीर्घ वार्तालाप करते हैं, करते रहते हैं, मानो वाक्सुख द्वारा देह-सुख प्राप्त करते हुए अदेह होना चाह रहे हों।'[1]

सच तो यह है कि कवि के पास 'कहने के लिए ज्यादा कुछ है ही नहीं।' भाव की इस कमी को छिपाने के लिए उसने 'दीर्घ समारोह का आयोजन किया है और इसीलिए उसे बलात् मनोरति का श्रम करना पड़ता है, कल्पना को बलात् समुत्तेजित करना पड़ता है। प्रयास सिद्ध होने के कारण वह (कल्पना) भाषा को भी आयास-सिद्ध और जड़ बना देती है।'[2] भाषा की विचित्रता और बोझिलता का कारण बताते हुए मुक्तिबोध आगे कहते हैं कि दिनकर 'कामात्मक मनोरति और संवेदनाओं में डूबना-उतराना चाहते हैं, साथ ही इस गतिविधि को सांस्कृतिक-आध्यात्मिक श्रेष्ठत्व प्रदान कर, उस श्रेष्ठत्व का प्रतिपादन करना चाहते हैं। अतएव, उन्हें काव्यात्मक स्थिति के बाहर जाकर भी सोचना पड़ता है। इसीलिए भाषा में बोझिल गुण हैं, विचित्र-विचित्र प्रयोग हैं, शब्दों की तोड़-मरोड़ है, ठूँस-ठाँस है। भाषा का अनायास प्रांजल, निर्मल, सरल, चपल प्रवाह देखने को भी नहीं मिलता। भाषा भी समारोहपूर्वक चलती है, वृहत् आयोजन के साथ, इसलिए उनकी प्रदीर्घ पंक्तियों में सांस्कृतिक ध्वनियों और प्रतिध्वनियों का निनाद है, और बहुत से स्थानों पर अर्थ की वायवीय शून्यताएँ हैं।'[3]

मुक्तिबोध ने उर्वशी की जो आलोचना की है, उसके पीछे डॉ. नामवर सिंह के अनुसार, 'नयी कविता का आत्मसजग भावबोध है।' उर्वशी के प्रसंग में डॉ. रामविलास शर्मा और मुक्तिबोध की तुलना करते हुए उन्होंने लिखा है—'उर्वशी की आलोचना के प्रसंग में यदि रामविलास शर्मा एक छोर पर हैं और मुक्तिबोध दूसरे छोर पर तो केवल संयोग की बात नहीं है। अन्तर भाषाबोध का ही नहीं, मूल्यबोध का भी है।[4]

---

1. मुक्तिबोध : कल्पना, जनवरी 1964
2. वही, पृ. 40
3. वही, पृ. 40
4. कविता के नये प्रतिमान, पृ. 75

इन पंक्तियों को लिखने से पहले डॉ. नामवर जी को अपने मूल्यबोध का भी परीक्षण करना चाहिए था। यह देखना चाहिए था कि मुक्तिबोध ने जो 'उर्वशी' की समीक्षा की है उसके पीछे नयी कविता का आत्मसजग भावबोध' है अथवा प्रगतिवाद का वर्ग-चेतन समाजबोध? मुक्तिबोध और डॉ. रामविलास शर्मा के मूल्यबोध में अन्तर देखने से पहले उन्हें यह भी देखना चाहिए कि उक्त दोनों ही आलोचकों ने किस प्रकार 'उर्वशी' के 'कामाध्यात्म' को अस्वीकृत किया है।

3. छायावादी चतुष्ट्य

'सुमित्रानन्दन पंत : एक विश्लेषण' शीर्षक निबन्ध में मुक्तिबोध ने छायावादी चतुष्ट्य के सन्दर्भ में मुख्य रूप से पन्त और प्रसाद के कवि-स्वभाव का तुलनात्मक अध्ययन प्रस्तुत किया है। छायावाद के चार आधार स्तम्भों के बीच पन्त की तुलना करते हुए मुक्तिबोध ने लिखा है कि प्रसाद जी समाज और सभ्यता की व्याख्या करते हुए अरूप आध्यात्मिक सामरस्यवाद की ओर निकल गये, महादेवी जी अपने काव्य द्वारा समाज और सभ्यता के चक्कर में ही नहीं पड़ीं। निराला जी संघर्षानुभवों द्वारा, जनस्थिति की ओर उन्मुख हुए। एक पन्त जी ही हैं (निराला जी के अतिरिक्त) जो अपनी विशुद्ध ऐतिहासिक अनुभूति के फलस्वरूप, जनता के साथ है।[1] ऐतिहासिक अनुभूति से मुक्तिबोध का तात्पर्य इतिहासबोध से है।

मुक्तिबोध का कहना है कि इस ऐतिहासिक अनुभूति के कारण ही पन्तजी का व्यक्तित्व तरुण है, सतत विकासमान है। उन्होंने भविष्यवाणी की थी कि पन्त जी का तारुण्य अध्यात्मवाद और जनवाद के द्वैत अथवा द्वन्द्व को मिटाकर उन्हें केवल जनवाद की ओर ले जायेगा। कहना न होगा कि मुक्तिबोध की यह भविष्यवाणी मिथ्या सिद्ध हुई। कारण यह है कि मुक्तिबोध पन्त जी की उस पलायन-वृत्ति को न समझ सके जो अपने को तीन रूपों में व्यक्त करती रही है....1—एकान्त सौन्दर्य-साधना में, 2—पुरातन के पुनरोत्थान में, 3—भविष्य की सृष्टि में।'[2] पन्तजी के व्यक्तित्व की पलायनवृत्ति ही उन्हें जनवाद से हटाकर अध्यात्म के रहस्य-लोक में ले गयी। दूसरा कारण, जो इसी से जुड़ा हुआ है, डॉ. नगेन्द्र के शब्दों में यह है कि उनके व्यक्तित्व में वह काठिन्य और दृढ़ता नहीं है जो मार्क्सवादी विश्वासों के लिए अपेक्षित है। मार्क्सवाद का भौतिक संघर्ष, निरीश्वरवाद अथवा अनात्मवाद पन्त जैसे कोमल प्राण व्यक्ति का परितोष नहीं

1. मुक्तिबोध : नयी कविता का आत्मसंघर्ष, पृ. 85
2. डॉ. नगेन्द्र : सुमित्रानन्दन पन्त, पृ. 164

कर सकते। उसके लिए आस्तिकता अनिवार्य हो जाती है। और आत्मा और ईश्वर में ही अन्त में उसे जीवन और जगत् का समाधान मिलता है।'[1]

मुक्तिबोध ने पन्त और प्रसाद के कवि-स्वभाव पर गम्भीरतापूर्वक विचार किया है। उनका कहना है कि पन्त जी की दृष्टि वास्तवोन्मुख अधिक रही है, प्रसाद जी की अन्तर्मुख अधिक। पन्तजी में वह संवेदन-क्षमता है जो उन्हें वास्तव की ओर ले जाती है और अन्तर्मुखता की क्षीणता अथवा 'निज के बोझ' के अभाव के कारण वास्तव द्वारा दी गयी संवेदनाओं को वे मुक्त भाव से ग्रहण करते हैं। वास्तव से उद्‌भूत संवेदनाएँ और वास्तव के प्रति उनकी प्रतिक्रियाएँ अधिक सरल और सीधी है। पन्त जी की अपेक्षा प्रसाद में अन्तर्मुखता 'इतनी गहन थी कि वे अपने अन्तर्जगत् में उपस्थित भावों को, उसके भेद और अभेद को, रूपों और गुणों को बहुत अच्छी तरह पहचानते थे। इसलिए वे समष्टि चित्रों द्वारा उन्हें संश्लेषित रूप में, अथवा उपमाविधान, प्रतीकविधान द्वारा विश्लेषित रूप में अंकित कर सकते थे।'[2]

प्रसाद जी की दुरूहता एवं उलझाव का यही कारण है। पन्त जी प्रसाद जी की तरह अन्तर्मन के गहन भावदृश्यों के चित्रकार नहीं हैं, मनोदशाओं और मनःस्थिति के चित्रकार हैं, जो विश्लेषित संश्लेषित भावदृश्यों के अभाव में अधिक सरलीकृत होकर आते हैं। पन्त जी की लोकप्रियता का मूल कारण इसी में निहित है। वास्तवोन्मुख दृष्टि के बावजूद पन्त में वह जीवनसंघर्ष नहीं है जो प्रसाद और निराला में है। वास्तव से उनका सम्बन्ध मनोमय ही रहा, द्वन्द्वात्मक संघर्षात्मक नहीं। इसके विपरीत, निराला और प्रसाद को अपने-अपने ढंग से द्वन्द्वात्मक स्थिति में आना पड़ा। वास्तविक जीवनानुभव की जितनी सम्पन्नता निराला और प्रसाद में है उतनी महादेवी और पन्त में नहीं। यही कारण है कि प्रसाद जी जैसा अन्तर्मुख कवि भी अपने युग की सारभूत विशेषताओं को प्रकट कर गया। उनमें भावों का सूक्ष्म विश्लेषण अधिक पाया जाता हैं जो पन्त में नहीं। इससे लाभ यह हुआ कि पन्त जी वास्तव के आग्रहों को तर्कों द्वारा झुठला नहीं सकते थे क्योंकि वे वस्तु देख रहे थे, वस्तु स्वतः प्रमाणित है। वह है...आज की पूँजीवादी सभ्यता जिसका नाश आवश्यक है, तभी जनमुक्ति सम्भव है। पन्त जी मार्क्सवाद की ओर बौद्धिक रूप से आकर्षित नहीं हुए वरन् संवेदनात्मक मार्ग से चलकर अपनी भावानुभूति द्वारा आकर्षित हुए।'[3]

1. वही, पृ. 167
2. मुक्तिबोध : नयी कविता का आत्मसंघर्ष, पृ. 73
3. वही, पृ. 80

मुक्तिबोध के अनुसार पन्तजी का काव्य जीवन-विवेक प्रदीप्त करता है, दृष्टि प्रदान करता है। उससे हम कुछ सीख ले सकते हैं, रस से कुछ अधिक ठोस और स्पष्ट। वह हमारे जीवन को समृद्ध बनाता है।[1]

4. छायावादोत्तर काव्य

छायावाद और नयी कविता, नयी कविता की प्रकृति, प्रयोगवाद, आधुनिक हिन्दी कविता में यथार्थ आदि निबन्धों में मुक्तिबोध ने नयी कविता के सम्बन्ध में अपने विचार व्यक्त किए हैं। ये निबन्ध 'मूलतः नयी कविता के रूप विधान, कथ्य, और प्रकृति को स्पष्ट करने के लिए लिखे गये हैं। जिन मुद्दों पर इनमें विचार हुआ है वे अछूते या नये नहीं कहे जा सकते किन्तु कुछ बातें इतनी खरी और पैनी हैं कि नयी कविता का जयघोष करने वाले भी उन्हें पढ़कर लेखक की स्पष्टवादिता की दाद दिए बिना न रहेंगे।'[2]

नयी कविता, मुक्तिबोध के अनुसार, प्रयोग नहीं है। 'कविता के भीतर अनेक शक्तियाँ, अनेक भावधाराएँ, और अनेक वैचारिक दृष्टियाँ काम कर रही हैं।'[3] अतः तथाकथित प्रयोगवाद को वे एक साहित्यिक प्रवृत्ति के रूप में देखते हैं। इस प्रयोगवाद की तीव्र आलोचना करते हुए वे कहते हैं—'सतत अन्वेषण और सतत अनुसंधान का बाजा बजाने वाले लोग वस्तुतः प्रयोग नहीं कर रहे हैं, वे प्रयोगवादी नहीं हैं, वे घेरे में फंसे हुए लोग हैं, बहुत से उसी में खुश होकर, व्यापक होकर विभिन्न काव्य रूप ग्रहण नहीं करते।'[4]

मुक्तिबोध ने प्रयोगवाद अथवा नयी कविता के क्षेत्र में व्याप्त आधुनिक भावबोध एवं जड़ीभूत सौन्दर्याभिरुचि की तीव्र आलोचना की है और हिन्दी कविता की गतिशील स्वस्थ धारा को उसके खतरे से आगाह किया है। कविता के सृजन के लिए विदेशी विचारधारा का अनुसरण आवश्यक नहीं है। अपने देश की मिट्टी को छोड़कर नयी अभिव्यक्ति की खोज में पश्चिमी काव्याभ्यासी होकर अनुवाद कार्य में तल्लीन रहना श्रेयस्कर नहीं। विदेशी स्रोतों से हमारी अभिव्यक्ति क्षमता में सहायता भले मिले किन्तु यह विदेशी सहायता हमारे अन्तर्जीवन का स्थान ग्रहण नहीं कर सकती। 'अपनी भाषा, अपना इतिहास, अपनी संस्कृति और साहित्य के

---

1. वही, पृ. 84
2. विजयेन्द्र स्नातक : गजानन माधव मुक्तिबोध (सं. लक्ष्मणदत्त गौतम), पृ. 165
3. मुक्तिबोध : नये साहित्य का सौन्दर्यशास्त्र, पृ. 36
4. वही, पृ. 46

तीव्र रासायनिक द्रव में गलकर ही, उससे एकीभूत होकर ही और विश्व-जीवन की विकीरणशील किरणों से शोधित होकर ही, हमारे वस्तुतत्वों के आग्रहों और अनुरोधों को पूरा करने के लिए ही वह सहायता आवश्यक है।'[1]

मुक्तिबोध के अनुसार, नया कवि परिवेश, परिस्थितियों के प्रति की गयी अपनी संवेदनात्मक प्रतिक्रियाओं को अपनी कविता में प्रकट करता है। नयी कविता की प्रकृति को स्पष्ट करते हुए वे कहते हैं—'नयी कविता भाव या अनुभूति को, स्थिति या दृश्य को उसके मूर्त्त स्वरूप और सत्ता में पकड़ती है। कल्पना उसके लिए सिर्फ एक वैज्ञानिक अस्त्र है, जिसके जरिये अंकन किया जाता है।'[2]

'छायावाद और नयी कविता' शीर्षक निबन्ध में मुक्तिबोध ने छायावाद और नयी कविता के मूल भेदक लक्षण को पहचाना है। नयी कविता ने छायावाद के कल्पनाप्रवण, भावुकतापूर्ण वायवीय आदर्शवाद के विरुद्ध प्रतिक्रिया की। शुक्लजी का समर्थन करते हुए मुक्तिबोध कहते हैं कि छायावाद में अर्थ-भूमि का संकोच हो गया था, मानव-मन के बहुत ही अल्प और अमहत्वपूर्ण विषयों की ओर ध्यान दिया गया था। दूसरी बात यह है कि छायावाद में दुःख, कष्ट, क्षोभ आदि जिन मनोदशाओं का चित्रण हुआ वे वास्तविक कम—कल्पित ज्यादा हैं। छायावाद जीवन के प्रश्नों को भावुकता-प्रधान कल्पना मूलक दृष्टि से देखता था। नयी कविता में इन सबकी प्रतिक्रिया अनिवार्य थी। किन्तु नयी कविता 'छायावादी व्यक्तिवाद के विरुद्ध यथार्थोन्मुख व्यक्तिवाद की ही बगावत थी। इसलिए उसमें बौद्धिकता के कारण यथार्थवादी आत्मचेतना और व्यक्तिवाद का आत्मकेन्द्रीस्वरूप अर्थात् वास्तविक सुखदुख की सामाजिक पार्श्वभूमि और ऐतिहासिक शक्तियों के प्रति सघन रागात्मक सम्बन्ध की क्षीणता पाई जाती है। ध्यान रहे कि इन्हीं दो मूलभूत बातों से शेष सब बातें या विशेषताएँ उद्‌भूत होती हैं। चूँकि नयी कविता की यथार्थोन्मुख बौद्धिकता व्यक्ति और समाज के सम्पूर्ण प्रश्नों का उत्तर नहीं दे सकती थी, इसलिए धीरे-धीरे उसमें साम्यवाद का आना निश्चित ही था।' साम्यवाद 'मानवता के भविष्य निर्माण' की दृष्टि देता है जिसको वे नयी कविता के लिए जरूरी समझते थे।

'आधुनिक हिन्दी कविता में यथार्थ', शीर्षक निबन्ध में मुक्तिबोध ने छायावादोत्तर काल के कवियों नवीन, दिनकर, बच्चन, अज्ञेय आदि पर अपनी संक्षिप्त टिप्पणी दी है। मुक्तिबोध ने उक्त सभी कवियों की प्रवृत्ति को यथार्थवादी

1. वही, पृ.48
2. वही पृ. 38

माना है। नवीन के प्रेम-गीत मुक्तिबोध के अनुसार 'धूमिल क्षितिज गीत की दूरागत अस्पष्टता से अलग हैं।'[1] समय से स्फूर्ति प्राप्त कर नवीन ने क्रान्ति के गीत गाये हैं। जीवन के प्रति उनकी पहुँच अधिक मूर्त है।

'दिनकर नवीन से कुछ अधिक चित्रकार हैं। ग्रामीण या अन्य चित्रों के द्व ारा ही उन्होंने अपनी भावनाओं को प्रकट किया।'[2] उन्होंने जीवन के कुछ विस्तृत कोनों को छुआ है। दिनकर की न केवल प्रवृत्ति यथार्थवादी है वरन् कला भी। दिनकर की कला को यथार्थवादी मानने का एक कारण शायद यह रहा हो कि दिनकर जी उर्वशी के पहले सहज सरल भाषा में कविता करते थे—उस भाषा में जो पाठक और लेखक के बीच दीवार नहीं खड़ी करती।

अज्ञेय, मुक्तिबोध के अनुसार, 'भारत की विकसनशील संस्कृति के मुख्य अंगों में से एक अंग अर्थात् कर्मण्यता का प्रतिनिधित्व करते हैं।'[3] मुक्तिबोध की यह बात समझ में नहीं आती। उनके कथन के पीछे किसी पुष्ट प्रमाण का नितान्त अभाव है। लगता है कि उक्त निबन्ध बहुत पहले लिखा गया था और मुक्तिबोध ने उनकी एकाध कविताओं के आधार पर ही अपना निर्णय दिया होगा। सम्प्रति अज्ञेय की उपलब्धियों के आधार पर तो यह नहीं ही कहा जा सकता कि वे कर्मण्यता का प्रतिनिधित्व करते हैं।

बच्चन के प्रति भी मुक्तिबोध कुछ इसी प्रकार का स्तुति भाव रखते हैं। उनका 'निशानिमंत्रण' मुक्तिबोध के अनुसार अत्याधुनिक इसलिए है कि उसमें जितनी उत्तमता से यथार्थ के प्रति भावनात्मक रिश्ते का दिग्दर्शन कराया गया है, वह हिन्दीसाहित्य-जगत् में दुर्लभ है।...रंगीन कल्पना का आश्रय न लेकर, विचार या तर्क को भी त्यागकर बच्चन की भावनाएँ बाह्य को आत्मसात् करना चाहती हैं। यथार्थवाद का आध्यात्मिक अर्थ यही है।'[4]

यथार्थवाद के प्रति उदार दृष्टि के कारण ही मुक्तिबोध बच्चन के भाग्यवाद को भी उचित मानते हैं क्योंकि वह 'भावनाजन्य है, तर्कजन्य नहीं।'[5] इसलिए उनकी वास्तवोन्मुख दृष्टि 'अत्यन्त मानवीय'[6] है।

1. मुक्तिबोध : नये साहित्य का सौन्दर्यशास्त्र, पृ. 33
2. मुक्तिबोध : नयी कविता का आत्मसंघर्ष, पृ. 19
3. मुक्तिबोध : नये साहित्य का सौन्दर्यशास्त्र, पृ. 56
4. मुक्तिबोध : नये साहित्य का सौन्दर्यशास्त्र, पृ. 66
5. वही पृ. 67
6. वही, पृ. 68

मुक्तिबोध कहते हैं कि 'दुखियों के प्रति सहानुभूति की गहराई जितनी अधि मुझे बच्चन में दिखलाई दी, उतनी मुझे खेद है, छायावादी न दिखला सके। ...अपने दुख से पीड़ित होकर बच्चन ने संसार के दुःख के दर्शन किये।'[1] यहाँ तक कि मुक्तिबोध बच्चन की आर्द्रता को क्राइस्ट की करुणामयता से जोड़ते हैं। आश्चर्य की बात है कि मुक्तिबोध 'विधवा', 'भिक्षुक', 'वह तोड़ती पत्थर' जैसी कविताएँ लिखने वाले निराला को कैसे भूल गये? मुक्तिबोध की व्यापक दृष्टि के विरुद्ध यहाँ केवल सतही और पूर्वग्रहपूर्ण दृष्टि ही मिलती है। बच्चन की कविताओं से उद्धरण देकर उन्होंने अपनी बात को पुष्ट आधार नहीं दिया। अज्ञेय, दिनकर, बच्चन आदि कवियों के सन्दर्भ में मुक्तिबोध ने जो विचार व्यक्त किए हैं वे यहाँ अधिक स्पष्ट एवं तर्कसम्मत नहीं लगते और यह उनके प्रारम्भिक चिन्तन की सीमा स्पष्ट करते हैं।

5. शमशेरबहादुरसिंह

'शमशेर : मेरी दृष्टि में' निबन्ध में मुक्तिबोध ने शमशेर पर मुख्यतः शिल्प की दृष्टि से विचार किया है और स्थापना की है कि शिल्प की दृष्टि से शमशेर हिन्दी के अद्वितीय कवि हैं। उनका कहना है कि 'निज के मौलिक विशेष' ने ही शमशेर के मौलिक शिल्प को विकसित किया है। उनका शिल्प उनके काव्य व्यक्तित्व से अटूट रूप से जुड़ा है। वे एक ऐसे समर्पित कवि हैं जिनकी आत्मा ने अनेक असुविधाओं और कठोर उपेक्षाओं के बावजूद, दुनिया की परवाह न करते हुए, सस्ती ख्याति के चक्कर में न पड़कर, जो अभिव्यक्ति-शिल्प तैयार किया है वह हिन्दी साहित्य को अनूठी देन है। मुक्तिबोध के अनुसार 'शमशेर की मूल मनोवृति एक इम्प्रेशनिस्टिक चित्रकार की है।'[2] इम्प्रेशनिस्टिक चित्रकला में, दृश्य के सर्वाधिक संवेदनाघात करने वाले अंशों को ही प्रस्तुत किया जाता है और अचित्रित शेष अंशों को दर्शक स्वयं अपनी कल्पना द्वारा भर लेता है। उसमें जीवन की उलझी हुई स्थितियों का चित्रण नहीं होता—किन्तु कवि वैसा कर सकता है। शमशेर की यही शैली है। उसमें दोनों (कवि और चित्रकार) की विशेषताएँ विद्यमान हैं। अन्य कवि जहाँ सामान्यीकृत भावनाएँ व्यक्त करते हैं, शमशेर बाह्य दृश्य के भीतर-प्रसंगबद्ध भावनाएँ उपस्थित करते हैं। ऐसी प्रसंगबद्ध भावनाएँ—जिनमें स्वपक्ष और परपक्ष के परस्पराघात से एक मनःस्थिति और

1. वही पृ. 67
2. मुक्तिबोध : नयी कविता का आत्मसंघर्ष : पृ. 62

परिस्थिति निहित होती है—शमशेर के काव्य विषय हैं। इससे उनकी काव्य-संवेदना भले ही उलझी हुई मालूम हो, किन्तु शमशेर की यह विशिष्टता सामान्यीकृत भावनाओं वाली आत्मपरक कविता से निःसन्देह अच्छी है। शमशेर की दुरूहता का कारण बताते हुए मुक्तिबोध कहते हैं कि चितकों को सामान्यीकृत भावनाएँ तो समझ में आ जाती हैं किन्तु, प्रसंगविशिष्ट संवेदनाएँ जो एक कथानक और एक नाटक उपस्थित करती हैं, वह उन्हें समझ में नहीं आतीं। इसलिए कहा जाता है कि शमशेर के काव्य में उलझन है। वह अस्पष्ट और दुरूह है।[1] मुक्तिबोध ने शमशेर की विशिष्ट सीमाएँ भी बताई हैं जो उनके चित्रकार पक्ष से सम्बन्धित हैं। 'इम्प्रेशनिस्टिक कला की कुछ अपनी सीमाएँ हैं जो समुद्रमंथन के सारे अनुभूत सत्यों को एक साथ प्रकट नहीं होने देतीं। कवि का कार्य क्षेत्र चित्रकार से अधिक विस्तृत है।... केवल एक-एक शब्द को एक-एक वाक्य का अर्थ देकर, संक्षेपीकरण करते रहने से बहुत बार बात नहीं बन पाती।[2]

ध्यातव्य है कि शमशेर के शिल्प का जो गुण है वह मुक्तिबोध की कविता में मिलता है, किन्तु उनमें शमशेर की सीमा नहीं मिलती। यही कारण है कि मुक्तिबोध ने शमशेर की प्रशंशा की है किन्तु उनकी 'संक्षेपीकरण की प्रवृत्ति' पर आपत्ति भी की है।

संक्षेपीकरण का एक कारण गोपन रखने की प्रवृत्ति है। शमशेर, उनके अनुसार 'मुख्यतः प्रणयजीवन के प्रसंगबद्ध रसवादी कवि हैं। शायद, इसलिए आधुनिक दृष्टिकोण के फलस्वरूप बेपर्दगी नहीं कर सकते।'[3] किन्तु 'यह संक्षेपीकरण जहाँ सामाजिक, राजनैतिक तथा प्रणय जीवन से हटे हुए अन्य विषयों के क्षेत्र में अधिक सक्रिय नहीं रहता वहाँ वे क्लैसिकल पूर्णता की ओर अधिक झुकते हैं।[4] प्रणय जीवन के विविध और कोमल चित्रों को मुक्तिबोध ने शमशेर की विशिष्ट उपलब्धि माना है।

6. कुंवरनारायण

कुंवरनारायण की काव्य कृति 'परिवेश हम तुम' की समीक्षा करते हुए मुक्तिबोध ने कहा है कि कुंवरनारायण की कविताएँ उस विशेष तनाव से उत्पन्न हैं जो आत्म और बाह्य के द्वन्द्व के कारण उपस्थित होता है।'[5] मुक्तिबोध ने कुंवरनारायण के

1. वही, पृ. 66
2. वही, पृ. 67
3. वही
4. मुक्तिबोध : नयी कविता का आत्मसंघर्ष, पृ. 70
5. माध्यम, नवम्बर 64, पृ. 60

शिल्प की प्रशंसा की है और उसे जनतान्त्रिक बताया है। उनके अनुसार इस कवि के शिल्प में 'कहने की सादगी, संवेदना की तीव्रता, रंगों की गहराई और ख्यालों की लकीरें साफ-साफ उभर कर सामने आती हैं, फलतः न केवल आत्मपक्ष का वरन् बाह्य पक्ष का चित्रण होता जाता है। ध्यान देने की बात है कि मुक्तिबोध किसी विशेष क्षण में उपस्थित भावचित्र को उसके पूर्वापर सन्दर्भों से पृथक् करके उपस्थित करने वाले शिल्प को महत्व नहीं देते। इसलिए कुंवरनारायण की प्रशंसा करते हुए कहते हैं 'मुख्य बात यह है कि रंगों की गहराई में ख्यालों की लकीरें खो नहीं जातीं, एक भाव का दूसरे भाव से जो अन्तर्सम्बन्ध है वह स्पष्ट प्रस्तुत होता है। फलतः पूरा भावचित्र, पूरा विचार-चित्र सामने आ जाता है, जिसमें आत्मपक्ष और वस्तुपक्ष दोनों का सन्तुलनपूर्ण योग रहता है।'[1]

कुंवरनारायण की कविता में, मुक्तिबोध के अनुसार, 'अन्तरात्मा की पीड़ित विवेक-चेतना और जीवन की आलोचना है।' स्वयं का दुःख इस कवि को अगर दुःखग्रस्त जनजीवन की ओर ले नहीं जाता तो कम से कम उसकी टीसभरी याद तो दिला ही देता है। वह 'अकेलेपन में भी अकेला नहीं है इसलिए स्वयं ही कहता है—

'किसी सम्बन्ध के डोरे
हमें अस्तित्व की हर वेदना से बाँधते है,'

मुक्तिबोध के अनुसार कुंवरनारायण की विवेक-चेतना समसामयिक परिस्थितियों के प्रति तीव्र संवेदनात्मक प्रतिक्रियाएँ तो करती हैं किन्तु समाज और सभ्यता का जो विश्लेषण उसके पास है वह 'अपूर्ण, विकृत और असंगत है' क्योंकि वह वर्तमान सभ्यता को यन्त्र सभ्यता मानती है जबकि वह शोषण पर आधारित पूँजीवादी सभ्यता है। 'कवि कुंवरनारायण ने अपने सामाजिक विश्लेषण में मनुष्य को मशीन का गुलाम बताया है। सच तो यह है कि वह पैसे का गुलाम है।'[2] अतः मुक्तिबोध का सुझाव है कि 'पीड़ित विवेक चेतना के लिए यह भी आवश्यक है कि वह सही-सही बौद्धिक विश्लेषण करे।' वास्तविकता यह है कि 'परिवेश : हम तुम' में जिस व्यथित विवेकचेतना का उद्भास है, वह बौद्धिक नहीं, विशुद्ध आत्मीय और स्वानुभवगत है।' इस प्रकार व्यावहारिक धरातल पर मुक्तिबोध की समीक्षा भाव अथवा कथ्य को सामाजिक सन्दर्भ में रखकर उसके औचित्य की जाँच करती है।

1. माध्यम, पृ. 33
2. माध्यम, नवम्बर 64, पृ. 35

7. कबीर, तुलसी, कालिदास

व्यावहारिक विवेचन की दृष्टि से कबीर, तुलसी एवं कालिदास के विषय में मुक्तिबोध के विचार अत्यन्त महत्वपूर्ण हैं। मुक्तिबोध के अनुसार कालिदास की श्रेष्ठता का युग युगीन आधार है वे जीवन-मूल्य जो हमारे जीवन को समृद्ध बनाते हैं। कालिदास की लोकप्रियता का कारण बताते हुए मुक्तिबोध ने कहा है–'निश्चय ही जब हम कालिदास के काव्य का अनुशीलन करते हैं तो हम उस जीवन के सौन्दर्य-चित्रों तथा तत्कालीन सूक्ष्म दृष्टियों में आनन्द लेते हैं। कालिदास का काव्य हमारे लिए आज, आधुनिक अर्थों में प्रेरणाप्रद भले न हो, किन्तु हमारा रंजन करने की शक्ति तो उसमें इसलिए है कि बावजूद सामन्ती समाज के क्रिया-कलापों के चित्रण के मनुष्य-प्रेम तथा प्रकृति-प्रेम की उसमें जो तस्वीरें मिलती हैं उनकी पूर्वपीठिका में हमारे वर्तमान जीवन को रखने पर यह पता चलता है कि वैसा समाज, बाधाहीन मानव-सुलभ प्रेम तथा प्रकृति सौन्दर्य आज हमारे जीवन में नहीं रहा है। हमारे इस अभाव से ही कालिदास के प्रति हमारी अनुरक्ति बढ़ जाती है किन्तु इस अभाव के अभाव में भी कालिदास के प्रति हमारी आसक्ति इसलिए स्थिर रहती है कि उसमें मानव-सुलभ प्रेम तथा प्रकृति-सौन्दौर्य के प्रति स्वाभाविक अनुरक्ति के दर्शन होते हैं। उसमें प्रेमी द्वारा प्रेमिका की भयानक उपेक्षा का जो विरोध कलात्मक माध्यम से प्रस्तुत हुआ है, वह हमारे जीवन मूल्यों को दृढ़ करता है और हमारे हृदय को स्पर्श करता है।'[1] यहाँ मुक्तिबोध ने कालिदास के शाश्वत महत्व का वास्तविक उद्घाटन किया है।

कालिदास के अतिरिक्त मुक्तिबोध ने तुलसीदास के 'मानस' की शाश्वतता के युगयुगीन आधार को रेखांकित किया है–'तत्कालीन नियम-विधान, आचारविचार मर गये, किन्तु राम की मानवता हमारी संस्कृति की पुरानी मंजिल के रूप में आज भी खड़ी है।'[2] मुक्तिबोध के अनुसार कुछ रुढ़िवादी लोग तत्कालीन 'सामन्ती मानव-सम्बन्धों, विश्व दृष्टि तथा जीवन-मूल्यों को आवश्यकता के अनुकूल हेरफेर करके सामने रखते हैं। राम का चरित्र उनके लिए ढाल का काम करता है। अतः तुलसी के साहित्य ने 'वस्तुतः हमारे रुढ़िवादियों के हाथ मजबूत किए।'[3]

यही वह बिन्दु है जहाँ मुक्तिबोध तुलसी की तुलना में कबीर को प्रगतिशील मानते हैं। इस सन्दर्भ में उन्होंने भक्ति-आन्दोलन के उस पहलू की ओर संकेत किया है. जो राजनीतिक गर्भितार्थ' रखते हैं। उनका मत है कि निर्गुणवादी भक्ति

1. मुक्तिबोध : नये साहित्य का सौन्दर्यशास्त्र, पृ. 137
2. वही
3. नये साहित्य का सौन्दर्यशास्त्र, पृ. 125

आन्दोलन में शोषित जनता का सबसे बड़ा हाथ था। कबीर, रैदास आदि सन्तों की बानियों का सन्देश, तत्कालीन मानों के अनुसार बहुत अधिक क्रान्तिकारी था यह आकस्मिक न था कि चण्डीदास कह उठता है—

'शुनह मानुष भाई
शबार उपरे मानुष सत्य
ताहार उपर नाई।'

इस मनुष्य सत्य की घोषणा के क्रान्तिकारी अभिप्राय कबीर में प्रकट हुए। कुरीतियों, धार्मिक अंधविश्वासों और जातिवाद के विरुद्ध कबीर ने आवाज उठाई। वह फैली।[1]

इस निर्गुण मत के विरुद्ध सगुण मत ने संघर्ष किया जो मुक्तिबोध के अनुसार 'निम्न वर्गों के विरुद्ध उच्चवंशीय संस्कारशील अभिरुचि वालों का संघर्ष था।' सगुण मत विजयी हुआ। उसका प्रारम्भिक विकास कृष्णभक्ति के रूप में हुआ। उसमें निर्गुणमत का क्रान्तिकारी सन्देश अथवा धार्मिक जनवाद न था, यद्यपि वह निम्न वर्गीय भक्ति-आन्दोलन से प्रभावित थी। जब भक्ति आन्दोलन में ब्राह्मणों का प्रभाव जम गया तो तुलसीदास ने फिर से वर्णाश्रम धर्म की पुनर्विजय की घोषण ा की। 'निर्गुणमत के जनोन्मुख रूप और उसकी क्रान्तिकारी जातिवाद विरोधी भूमिका के विरुद्ध तुलसीदास ने पुराणमतवादी स्वरूप प्रस्तुत किया।' निष्कर्ष यह कि जो भक्ति-आन्दोलन जनसाधारण से शुरू हुआ और जिसमें सामाजिक कट्टरपन के विरुद्ध जनसाधारण की सांस्कृतिक आशा-आकांक्षाएँ बोलती थीं, उसका मनुष्य-सत्य बोलता था, उसी भक्ति-आन्दोलन को उच्चवर्गियों ने आगे चलकर अपनी तरह बना लिया और उससे समझौता करके और अनन्तर जनता के अपने तत्त्वों को उसमें से निकाल कर उन्होंने उस पर अपना पूरा प्रभुत्व स्थापित कर लिया।'[2]

इस प्रकार मुक्तिबोध ने कबीर, तुलसीदास आदि भक्त कवियों का अध्ययन तद्‌युगीन समाज की उन गतिमान सामाजिक शक्तियों के परिप्रेक्ष्य में किया है जिन्होंने मनोवैज्ञानिक सांस्कृतिक धरातल पर आत्मप्रकटीकरण किया।

8. त्रिलोचन की 'धरती'

'हंस' जुलाई 1946 में मुक्तिबोध ने प्रगतिशील कवि त्रिलोचन शास्त्री के 'धरती' नामक काव्य संकलन की समीक्षा की। उनका कहना था कि 'धरती' की कविताओं

1. नयी कविता का आत्मसंघर्ष, पृ. 89
2. वही, पृ. 91

का क्षेत्र बहुत विस्तृत है, जो उनके 'काव्य-सामर्थ्य' को प्रकट करता है। प्रयोग की दृष्टि से भी कवि ने इसमें अनेक सफल प्रयोग किये हैं, और साथ ही परम्परागत छन्दों और शैली का सहारा लेकर उस शैली को अपनी निजी मौलिकता भी प्रदान की है। मुक्तिबोध ने त्रिलोचन की काव्य-प्रकृति को इन शब्दों में पहचाना है—"कवि की अपनी अनुभूतियाँ बहुत संयम के साथ प्रकट होती हैं। उसमें चीख-पुकार या अट्टहास का आलोड़न नहीं है। न वह चीज है जिसे आप अतृप्त वासना कह सकते हैं। इन सब दोषों से मुक्त, विचारों और भावनाओं से आलोकित काव्य मिलना कठिन होता है। साथ ही कवि की प्रगतिशीलता अट्टहासपूर्ण आन्तरिक क्षतिपूर्ति के रूप में नहीं आयी है, बल्कि कवि अपने जीवन-संघर्ष से मँज-घिसकर तैयार हुई है।' पृष्ट 375, मुक्तिबोध रचनावली : पाँच)

'धरती' की कविताओं में कवि के गहरे आत्मविश्वास और सामाजिक लक्ष्य के प्रति ईमानदारी को लक्षित करते हुए मुक्तिबोध ने लिखा है कि नैतिक सच्चाई बहुत प्रबल होने के कारण ही वह सामाजिक लक्ष्य की ओर उन्मुख है। कुछ लोगों का कहना है कि नैतिक सच्चाई से अनुप्रेरित कविता में काव्य कम होता है और कोरा उपदेश अधिक परन्तु इस विचार में कोई सार नहीं है। कवि ने डायडैक्टिक काव्य के कई अपने उदाहरण रखे हैं, जो शुद्ध काव्य की दृष्टि से उत्कृष्ट चीजें हैं। इसी नैतिक भावना के कारण ही कवि अधिक मानवीय हो गया है।' (वही पृष्ठ) मुक्तिबोध के अनुसार, त्रिलोचन की संघर्ष सम्बन्धी कविताओं में यह नैतिकतामूलक धारा (डायडैक्टिक स्ट्रेन) ही प्रधान है।

मुक्तिबोध ने 'धरती' की कविताओं का खुलकर विवेचन किया है। अपनी बात को पुष्ट करने के लिए उदाहरण भी खूब दिये हैं। त्रिलोचन की कविताओंमें प्रकृति के उल्लास चित्र भी बहुत हैं। उनके प्रकृति-चित्र की विशेषता बताते हुए मुक्तिबोध लिखते हैं : 'प्रकृति उसके मन में एक बाह्य वास्तविकता के रूप में है, मन की इमेज़ के रूप में नहीं। वह उस वास्तविकता के चित्रात्मक रूप पर मुग्ध है, परन्तु उसका अन्तर्मुख चित्रात्मक अंकन नहीं करता। उसे देखकर अपने मन में उभड़े भावों को प्रधानता देता है। इसके अपवाद भी हैं। परन्तु प्रधान रूप से यही बात विद्यमान है (वही, पृ. 378)। त्रिलोचन संघर्षशील कवि हैं। इसी संघर्ष से 'विश्वास पाने के कारण प्रकृति के प्रति उसका दुख आत्मरत निविड़ भावनाओं का न रहकर अधिक स्वस्थ हो गया है। यहाँ मुक्तिबोध प्रयोगवादी व्यक्तिवादी कवियों से त्रिलोचन को अलग करते हैं। इसके कारण ही त्रिलोचन के काव्य में बेचैनी और विह्वलता नहीं, बल्कि एक विशेष प्रकार की तटस्थता है।

छायावादी कवियों से त्रिलोचन की तुलना करते हुए मुक्तिबोध ने लिखा है कि निःसंगता, रिक्तता आदि की भावनायें छायावादी कवियों में बहुधा पायी जाती हैं। परन्तु जिस उत्तमता से अपनी यथार्थ भावनाओं को इस कवि ने रखा है, वह देखिए 'आज मैं अेकला हूँ/अकेले रहा नहीं जाता/जीवन मिला है/रतन मिला है यह/धूल में/कि फूल में/मिला है/तो मिला है यह/मोल तोल इसका/अकेले सहा नहीं जाता।' मुक्तिबोध ने प्रयोगवादी व्यक्तिवादी कवियों से तुलना करते हुए लिखा है कि त्रिलोचन में अन्तर्मुखता की ओर ले जाने वाला फ्रस्ट्रेशन कम है। संघर्ष उसे आत्मध्वंस की ओर नहीं ले जाता, बल्कि निर्माण की ओर प्रवृत्त करता है।

मुक्तिबोध का निष्कर्ष है : कवि जन-जीवन की ओर अधिक अग्रसर है और 'धरती के गीतों में काव्य-सौन्दर्य सर्वत्र निखर उठा है।' और भी 'भाषा के परिष्कृत रूप और स्वर की गीतात्मकता के पीछे जो गीतात्मक भाव है वह बुद्धि द्वारा काफी अनुशासित है। यह कदाचित निराला की एक विशेषता है जो त्रिलोचन में भी मिलती है।"

अपने समकालीन प्रगतिशील कवियों से त्रिलोचन की तुलना करते हुए मुक्तिबोध ने लिखा है : केदारनाथ अग्रवाल, गिरिजाकुमार माथुर, भवानीप्रसाद मिश्र आदि नये उठते हुए कवियों में त्रिलोचन का स्थान महत्वपूर्ण है, भाव की दृष्टि से और टेकनीक की दृष्टि से। भवानीप्रसाद मिश्र की भावनाओं में जो व्यापक औदार्य है, ओर जो गद्य का टेकनीक है, वह त्रिलोचन में भी है, परन्तु अधिक सधे हुए और सँवारे हुए रूप में। शायद इस तटस्थता का कारण कवि पर निराला का प्रभाव हो। भवानीप्रसाद मिश्र में इतनी तटस्थता न होने के कारण बहुत अच्छे प्रकार से आरम्भ हुई कविता भी अन्त में शिथिल हो जाती है, कभी-कभी। परन्तु त्रिलोचन टेकनीक के प्रति सचेतन अधिक हैं (वही, पृ. 382)।

'धरती' की इस समीक्षा के आधार पर कहा जा सकता है कि प्रगतिशील कविता में त्रिलोचन के महत्व को सर्वप्रथम मुक्तिबोध ने ही समझा था। 'धरती' की यह सम्भवतः पहली गम्भीर समीक्षा थी जिसमें त्रिलोचन की काव्य-संवेदना एवं शिल्प को समझने की कोशिश लक्षित होती है।

9. हरिशंकर परसाई

'मध्य प्रदेश का जाज्वल्यमान कथाकार : हरिशंकर परसाई' शीर्षक से मुक्तिबोध ने एक छोटा-सा लेख लिखा है, जो सम्भवतः 'नया खून' के दीपावली विशेषांक 1956 में छपा था। परसाई जी का एक कहानी संकलन आया था—'तब की बात

और थी।' मुक्तिबोध के शब्दों में 'इस संकलन से परसाईजी की क्षमता का पता चलता है। परसाई जी की कहानियों में खरेपन की पहचान करते हुए मुक्तिबोध ने लिखा है : 'इस खरेपन में खुरदुरापन है, जो मौजूदा यथार्थ का एक गुण है, किसी आत्मग्रस्त सब्जेक्टिव वृत्ति का लक्षण नहीं। यदि संस्कृति का अर्थ मौजूदा यथार्थ से भागना है, या उस पर मुलम्मा चढ़ाकर उसे नकली सौन्दर्य प्रदान करना है, तो यह संस्कृति बेकार है। (पृ. 427 मुक्तिबोध रचनावली, खण्ड-5)

मुक्तिबोध ने परसाईजी की कहानी 'एक घण्टे का साथ' को उच्च कोटि की कहानी बताई है—'परिस्थितियों के फलस्वरूप चरित्र में विपर्यासपूर्ण असन्तुलन का जो चित्र लेखक ने प्रस्तुत किया है, वह बहुत ही ट्रैजिक है, किन्तु करुण नहीं। वह विद्रूप है। इस विद्रूप का उद्‍घाटन मानव-सुलभ करुण सहानुभूति से किया गया है। 'स्मारक' कहानी की चर्चा करते हुए मुक्तिबोध ने लिखा है कि 'बड़ी से बड़ी बात उड़ते-उड़ते कहने की सहज सुलभ बर्हिमुख वृत्ति के कारण अपनी पूरी ऊँचाई पर नहीं पहुँच सकी। किन्तु उसमें जो कुछ है वह परफैक्ट है।' 'भेड़ और भेड़िये' कहानी को मुक्तिबोध ने यथार्थ का उद्‍घाटन करने वाली एक महत्वपूर्ण कहानी बतलाया है जिसमें दन्तकथा का उपयोग हुआ है।

परसाई जी का रचनात्मक सामर्थ्य किस बात में है? मुक्तिबोध ने लिखा है : परसाई जी का सबसे बड़ा सामर्थ्य संवेदनात्मक रूप से यथार्थ का आकलन है, चाहे वह राजनैतिक प्रश्न हो या चरित्रगत। हमारे यहाँ की साहित्यिक संस्कृति ने सच्चाई के प्रकटीकरण पर जो हदबन्दी करके रखी है, उसे देखते हुए परसाईजी की कला सहज ही वामपक्षी हो जाती है। समाज और जनता से दूर अभिजातवर्गीय 'शिष्टता' 'भद्रता' और 'सौजन्य' ने जो सेंसर लगा रखे हैं। इस सेंसर से ग्रस्त कलात्मक अभिरुचि मौजूदा यथार्थ को ठीक-ठीक ढंग से प्रकट होने नहीं देती। यह तो परसाईजी की व्यक्तिमत्ता है कि वे इस प्रकार के साहित्यिक सौन्दर्य के झमेले में नहीं पड़े? उनकी कला यथार्थ प्रकट करने के लिए अनेक मार्गों, यहाँ तक कि दन्तकथाओं तक का प्रयोग करती है। 'भेड़ और भेड़िये' एक ऐसी ही महत्वपूर्ण दन्तकथा है।" (वही, पृ. 428)

10. सुभद्रा कुमारी चौहान

'हंस' के अप्रैल 1948 में मुक्तिबोध ने सुभद्रा कुमारी चौहान पर लम्बा लेख लिखा है— 'सुभद्राजी की सफलता का रहस्य।' यह लेख जमकर लिखा गया है। लेख की शुरूआत इन शब्दों से होती है : आधुनिक हिन्दी काव्य के प्रथम भावोल्लास

के काल में जिन कवियों ने जनता को उत्स्फूर्त किया, उसे प्रेम और देशभक्ति के आवेग और आह्लाद में सराबोर कर दिया, उनमें स्वर्गीया सुभद्रा कुमारी का महत्वपूर्ण स्थान है।

मुक्तिबोध ने यह देखने-परखने की कोशिश की है कि सुभद्राजी के काव्य में अनुठापन कहाँ है, और क्यों हैं।

"सुभद्राजी के काव्य-विषय के मूल तत्व, अपने प्रकृत रूप में, पारिवारिक, सामाजिक, राष्ट्रीय जीवन से लिये गये। इस जीवन परिधि से वे अधिक परिचित, निकट और उसके प्रति अधिक ईमानदार रहीं। छायावादियों के कुछ निजी गिने-चुने विषय थे जो एक विशेष अर्थ में उनकी सीमा भी निर्धारित कर देते थे। ये वैविध्यमय जीवन क्षेत्र में मानवीय संवेदनशीलता का इतिहास प्रस्तुत न कर पाते थे।..."

जीवन संघर्ष में भाग लेने वाली स्त्री ने (जिसने जन-संघर्ष में भी भाग लिया) अपने पति को सखा के रूप में पाया– अथवा पाने का आग्रह करने लगी। नवीन परिस्थिति में नवीन मानव-सम्बन्धों की उर्जस्वलता और माधुर्य अनुभव करने वाले जनों का काव्य ऐकान्तिक न रहकर अधिक मूर्त्त, अधिक सरल और जनसाधारण मूलक मानवीय हो गया। (वही, पृ. 387, मुक्तिबोध रचनावली, खण्ड-5)

मुक्तिबोध ने लिखा है कि 'सुभद्राजी के काव्य को हम उनकी पारिवारिकता से अलग नहीं कर सकते।' पारिवारिक और मानवीय सम्बन्धों पर सुभद्राजी ने बहुत सी कवितायें लिखी हैं। आधुनिक हिन्दी कवि के प्रणय-गीतों में (मैथिलीशरण गुप्त जैसे कवियों को छोड़कर) गार्हस्थ्य का सन्दर्भ और पारिवारिकरण की भूमिका का अभाव मुक्तिबोध को खटकता है। सुभद्रा कुमारी चौहान इस अभाव की पूर्ति करती हैं। मुक्तिबोध ने सुभद्राजी की कविताओं से बहुत सारे उदाहरणों के जरिये निष्कर्ष निकाले हैं। सुभद्रा जी की एक कविता और उसपर मुक्तिबोध की टिप्पणी देखिए–

मुझे कहा कविता लिखने को,
लिखने बैठकी में तत्काल;
पहले लिखा जालियाँवाला,
कहा कि बस हो गया निहाल।
तुम्हें और कुछ नहीं सूझता,
ले-देकर वह खूनी बाग;
रोने से अब क्या होता है,
धुल न सकेगा उसका दाग़।

भूल उसे जब हँसे मस्त हो,
मैंने कहा धरो कुछ धीर,
तुमको हँसते देख कहीं फिर,
फ़ायर करे न डायर वीर?

इस कविता की सारी स्पिरिट, सारी आत्मा, एक प्रसंग में है। ऊपर-ऊपर से वह एक तुकबन्दी-सी मालूम होती है। काव्य-शब्दावली का जैसे वहिष्कार-सा है। फिर भी कविता एक मधुर मानव-सम्बन्ध को एक विशेष प्रसंग में प्रकट करती है। ऐसा जहाँ-जहाँ हुआ है, सुभद्राजी का काव्य मधुर और वास्तविक हो गया है।'

मुक्तिबोध का मत है कि कुछ विशेष अर्थों में सुभद्राजी का राष्ट्रीय कार्य हिन्दी में बेजोड़ है। उनका राष्ट्रीय काव्य मात्र प्रलयवादी वृथा भावुकता पर आश्रित नहीं है। यह जीवन के प्रधान कर्त्तव्य की अभिव्यक्ति के रूप में हमारे सामने आता है। उस कर्त्तव्य को जीवन-सन्दर्भों से हटाकर अमूर्त रूप में नहीं रखा गया। बल्कि उसे वास्तविक स्थितियों में प्रात्यक्ष कर दिया गया है। यथा—

गिरफ्तार होने वाले हैं, आता है वारण्ट अभी!
धक् सा हुआ हृदय, मैं सहमी, हुए विकल आशंक सभी।
किन्तु सामने दीख पड़े- मुसकुरा रहे ये खड़े-खड़े;
रूके नहीं आँखों में आँसू, सहसा टपके बड़े-बड़े।

यह कविता सुभद्राजी की प्रसिद्ध राष्ट्रीय कविताओं में नहीं है, किन्तु वह यह स्पष्ट करती है कि कवि अपनी भावनाओं को किस प्रकार, किन उपायों के द्वारा, काव्य-स्तर पर प्रतिष्ठित करता है। उनकी 'झाँसी की रानी' कविता इतनी प्रसिद्ध है कि उसके उद्धरणों की यहाँ कोई आवश्यकता प्रतीत नहीं होती। 'जालियाँवाला बाग में वसन्त' उनकी राष्ट्रीय भावुकता का प्रमाण है। यहाँ कोकिला नहीं, काक हैं शोर मचाते, से आरम्भ होकर यह कविता वसन्त के प्रति कुछ अप्रतिम उद्‌गारों को प्रकट करती है।"

मुक्तिबोध ने सुभद्रा जी के वात्सल्य रस से सम्बन्धित कविता पर भी गम्भीर विमर्श किया है। 'सुभद्राजी की वात्सल्य रस से सम्बन्धित कविताएँ उनके मातृ-भाव से उत्पन्न है। उनमें उनका मातृ-गर्व झलक उठता है। साथ ही यह निस्पृह आनन्द जो बच्चों को देख कर होता है, जो सौन्दर्यबोध शिशु सुलभ भोलेपन के प्रत्यक्षीकरण से होता है, सुभद्राजी की कविताओं में यथेष्ट परिणाम में प्रस्तुत है। शैशव के विविध चित्र भी स्वाभाविकता के साथ प्रस्तुत किये गये हें।

सुभद्रा कुमारी चौहान के काव्य का मूल्यांकन करते हुए मुक्तिबोध का निष्कर्ष है कि "जीवन के प्रति वास्तविक संवेदनात्मक प्रतिक्रियाओं को काव्य-महत्व

प्रदान कर उन्हें पद्य-पद्ध करनेवाली स्त्री-कवि की संवेदनशीलता का काव्य अपनी विशेषताओं के द्वारा हिन्दी में एक बहुत बड़े अभाव की पूर्ति करता है।... प्रगतिशीलता की दृष्टि से इसका महत्व जितना अनुभव किया जा रहा है, उससे कहीं बहुत अधिक है।

सुभद्राजी के काव्य में भावों के बहुत गहरे रंग नहीं हैं, पर भावों में गहराई है। स्वाभाविकता है, सरलता है। आशा है, हिन्दी के लेखक तथा आलोचक सुभद्राजी की अनलंकृति में सुन्दर काव्य कैसे उत्पन्न हो सका, इसका अध्ययन करेंगे।

11. भारतभूषण अग्रवाल

ज्ञानोदय, सितम्बर, 1959 में मुक्तिबोध ने भारतभूषण अग्रवाल के काव्य-संकलन की समीक्षा करते हुए लिखा है : 'भारतभूषण की कविता संतोष नहीं असंतोष उत्पन्न करती है, और मन किसी ज्ञात-अज्ञात अधूरेपन की भावना से भर उठता है। यह अधूरेपन की भावना जीवन-जगत की अपूर्णता और व्यक्तित्व विकास की बाधाओं से सम्बन्धित है।"...

भारतभूषण दैनंदिन जीवन के अनुभवों को ही कविता का विषय बनाते हैं। दरअसल उनकी कवितायें एक मामूली आदमी की कवितायें हैं—एक सचेत मामूली आदमी की कवितायें। इसीलिए इन कविताओं में 'कोई पोज नहीं है, कोई चमत्कारपूर्ण भंगिमा नहीं है, कोई मसीहाई ठाठ नहीं है, कोई कवि-सुलभ स्वप्निलता भी नहीं है। रास्ता चलते जो कुछ मिल जाता है, उसी ने भारतभूषण के काव्य का रूप धारण कर लिया है।' (वही, पृ.)

जहाँ तक शैली का प्रश्न है, भारतभूषण ने इस छोटे से संग्रह में "इस समय हिन्दी में प्रचलित सभी शैलियों को अपनाया है। उन्हें नयी चमक दी है, उन्हें आधुनिक कर डाला है।" (वही, पृष्ठ)

मुक्तिबोध आगे लिखते हैं : 'भारतभूषण की उपलब्धियाँ खोटी नहीं हैं, न वे छोटी हैं। छन्द, लय, तुक आदि उनके वशीभूत होकर चलते हैं। भाषा स्वच्छ और अमिश्रित, वाक्य सुथरे, लघु और पूरे, अभिरुचि दोषहीन। दूसरे शब्दों में उनका काव्य-शिल्प एकान्तपूर्ण कुटीर नहीं है, सार्वजनिक संस्था है। इसके बावजूद, इस सार्वजनिक संस्था में चिर-परिचित अनूठा आत्मपरक स्वर है, तटस्थ निर्वैयक्तिक होते हुए। यही उसका सौन्दर्य है। (वही, पृष्ठ)

मुक्तिबोध का कहना है कि भारतभूषण की बहुतेरी कवितायें आत्म-समीक्षात्मक हैं।... ये कवितायें निःसन्देह अच्छी हैं। उसमें अस्वस्थ आत्मनिन्दा नहीं है, वरन्

कठोर आलोचना हैं स्वयं से मुठभेड़ करने का अच्छा दाव-पेंच है। बात खुलकर सामने आती है, छोटे छन्दों में, संक्षेप में, किन्तु सघन रूप में। पुरानी उपदेशवादी कविता का यह नया आत्मपरक संस्करण है :

रस तो अनन्त था, अंजुरी भर ही पिया
जी में वसन्त था, एक फूल ही दिया
मिटने के दिन आज मुझको यह सोच है :
कैसे बड़े युग में कैसा छोटा जीवन जिया!

मुक्तिबोध का यह मत है कि व्यंग्य और जीवन-आलोचना भारतभूषण की कविताओं का प्रधान उद्देश्य है। लेकिन उनकी कविताओं में एक प्रकार की तटस्थता भी है। मुक्तिबोध का निष्कर्ष है कि 'भारतभूषण का काव्य द्वितीय विश्वयुद्धोत्तर मध्यवर्गीय भावना के विकास की एक रेखा को स्पष्टतः प्रतिबिम्बित करता है।

12. अन्धायुग

'वसुधा' के दिसम्बर, 1958 अंक में मुक्तिबोध ने धर्मवीर भारती के 'अन्धायुग' की समीक्षा की है। मुक्तिबोध का कहना है कि 'सामाजिक ह्रास आज के युग की एक महत्वपूर्ण वास्तविकता है। इस वास्तविकता की कुछ महत्वपूर्ण विशेषताओं को एक फैण्टेसी के जरिये धर्मवीर भारती ने पाठकों के सामने प्रस्तुत किया है।' इस फैण्टेसी का भावात्मक केन्द्र है मौजूदा सभ्यता की समीक्षा जो महाभारत काल के कुछ चरित्रों के अंकन के द्वारा प्रस्तुत की गयी है।

'अंधायुग', मुक्तिबोध के अनुसार, चरित्रप्रधान नाटक नहीं है—'उसमें चरित्र का कोई विकास नहीं है, वे बने-बनाये हैं। उनका महत्व और मूल्य यही है कि वे लेखक के भाव, विचार और भाषा बोलते हैं।' वे प्रतीक हैं। लेखक की दृष्टि और वाणी प्रकट करने के साधन हैं।' और इसीलिए यह दृश्यकाव्य आत्मपरक है। यह आत्मपरकता आज की पीढ़ी का एक मूड बताती है और एक धारणा भी स्पष्ट करती है। धारणा यह कि मौजूदा सभ्यता या समाज का यथार्थ—जैसा कि वह है—से किसी मानव-प्रगति की आशा नहीं की जा सकती।' इस निराशा की भावना की तह में यह धारणा है कि मौजूदा सभ्यता के मसीहा जिस वर्ग या तबके से निकले हैं उनके नेतृत्व में चलने वाली सभ्यता या समाज का नाश अवश्यम्भावी है। इस मनोवैज्ञानिक केन्द्र से विकसित यह फैण्टेसी समाज की जिन विशेषताओं को प्रकट करती है उससे यह फैण्टेसी महत्वपूर्ण हो उठी है। उसका भावात्मक आघात अचूक हो गया है। उसका रसात्मक प्रभाव भाव या रस तक

सीमित न रहकर विचारोत्तेजक बन गया है। दूसरे शब्दों में, भावना की राइफल से विचारों के कारतूस कौंधकर निकल पड़े हैं। इस फैण्टेसी की यह सफलता द्रष्टव्य, विचारणीय और मूल्यवान है। (पृ. 445, रचनावली, 1913-5)

मुक्तिबोध ने 'अंधायुग' के कलात्मक प्रभाव की प्रशंसा की है लेकिन नाटककार के दृष्टिकोण की सीमाओं की ओर भी ध्यान दिलाया है। उनका कहना है कि भारती ह्रास के लक्षणों को उसके कारणों से कन्फ्यूज कर देते हैं। नैतिक गिरावट स्वयं एक लक्षण है, जो अन्य घटनाक्रमों या अन्य मानसिक विकार-दृश्यों का कारण हो सकती हैं। किन्तु इस गिरावट का कारण व्यक्तिगत और मनोवैज्ञानिक है या ऐतिहासिक समाजशास्त्रीय?... भारती सभ्यता की आलोचना तो करते हैं, किन्तु समाजशास्त्रीय जिज्ञासा के अभाव के शिकार होकर।' इस अभाव पर मुक्तिबोध ने खेद व्यक्त किया है।

धर्मवीर भारती ने अपने नाटक में जिन निष्क्रिय सत्यों, तटस्थ सत्यों और अर्द्ध-सत्यों को उद्घाटित करने का प्रयत्न किया है, वे सत्याणु, वस्तुतः कुछ प्रवृत्तियों को सूचित करते हैं– ऐसी प्रवृत्तियाँ जो संस्कृति और समाज के नेतृ-वर्ग की हैं। इस वर्ग के शासन में चलने वाली सभ्यता ह्रास-ग्रस्त है। उसका नाश भी अवश्यम्भावी है। किन्तु, सामाजिक घटनाक्रम विकसित करने वाली शक्तियाँ कौन-सी हैं, इसका क्रम-उल्लेख प्रस्तुत काव्य में नहीं है। इसका कारण यह है कि लेखक के मनोलोक में ऐसी किन्हीं शक्तियों की जानकारी या ज्ञान-संवेदना का अभाव है।' (वही, पृ. 440)

अंधायुग में निराशा और मूल्यहीनता का ऐसा दमघोंट अंधेरा उभरता है कि अन्त का आशावाद पूरी कृति पर आरोपित मालूम पड़ता है। अन्त के इस आशावाद पर भी मुक्तिबोध ने टिप्पणी करते हुए लिखा है कि 'जिस दायित्व और मुक्ति की कल्पना को सभ्यता के अवलम्ब के सच में भारती प्रकट करते हैं, वह व्यक्ति मानव की एक शुभेच्छा है। भारती का आशात्मक भविष्यवाद एक बहलावा है। वह बहलावा इसलिए है कि उसमें सामाजिक रूपान्तर के किसी ठोस वैज्ञानिक आधार का अभाव है। (पृ. 446, वही) फिर भी मुक्तिबोध के शब्दों में 'अन्धायुग' नयी साहित्यिक पीढ़ी का एक अत्यन्त मूल्यवान और महत्वपूर्ण प्रयास है जिसपर बहस होनी चाहिए।

पंचम अध्याय

आलोचना की भाषा

आज आलोचना के क्षेत्र में पंडिताऊ और शास्त्रीय भाषा की अपेक्षा सामान्य भाषा के प्रति आग्रह बढ़ा है। आलोचना एक संवाद है। पंडिताऊ और शास्त्रीय भाषा में न केवल अनुभव की पकड़ कठिन हो जाती है बल्कि सम्प्रेषण की दृष्टि से भी यह दुर्बोध होती है।

इस प्रकार की शास्त्रीय भाषा आत्मप्रस्थापना के साथ ही साहित्य-सृजन की सामान्य मानव-भूमि से कटाव का सूचक है। मुक्तिबोध इसे लक्षित करते हुए कहते हैं—'जब समीक्षक साहित्य सृजन की मूलाधार वास्तविक मानव-भूमि से सम्बन्ध त्याग करके, अपने आप में स्वयम्पूर्ण सम्पूर्ण बनकर उपस्थित होता है तब पांडित्य का चंडत्व और चिन्तक की चतुरता जताते हुए सैद्धान्तिक शब्दावली में अपने आपको स्थापित करने लगता है। ऐसे समय समीक्षक का उद्देश्य लेखक से परस्पर संवाद करना, आत्मीय आधार पर विचार विनिमय करना नहीं है वरन् कुछ और है। वह अपने अस्तित्व के महान् औचित्य को स्थापित करना चाहता है।'[1]

स्पष्ट है कि मुक्तिबोध आलोचना को 'आत्मीय संवाद' मानते हैं। संवाद सामान्य भाषा में ही सम्भव है। इसलिए वे आलोचना के क्षेत्र में पांडित्यपूर्ण एवं सैद्धान्तिक शब्दावली से युक्त शास्त्रीय भाषा को अनुपयोगी समझते हैं। यह उनकी साहित्य-सृजन की वास्तविक मानव-भूमि से गहरी सम्पृक्ति का परिचायक होने के साथ ही साहित्य को स्वस्थ विकास की दिशा में ले जाने की महत्वाकांक्षा का सूचक है।

कहा जाता है कि मुक्तिबोध की सारी रचनाएँ (कविता, कहानी, डायरी, निबन्ध) एक लम्बी बहस हैं। बहस की सारी विशेषताएँ उनकी आलोचनात्मक कृतियों में सहज ही लक्षित की जा सकती हैं, इस बहस के फलस्वरूप ही उनकी भाषा भी संवादधर्मी बन गयी है। जहाँ मुक्तिबोध की कविताओं में जब-तब

1. मुक्तिबोध : नयी कविता का आत्मसंघर्ष, पृ. 136

बहस होने लगती है और रह-रहकर परस्पर तमाचे लगने लगते हैं तो उनकी आलोचनात्मक कृतियों के बारे में तो कहना ही क्या जो घनघोर वैचारिक संघर्ष को वहन करती हैं। यह संघर्ष ही उनकी भाषा को नियमित और रूपान्तरित करता है। यह संघर्ष उनकी कविताओं और कहानियों में ही नहीं 'डायरी' में भी दो पात्रों को जन्म देता है जिनमें परस्पर उठा-पटक होती है और अन्ततः वे एक-दूसरे से सहमत असहमत दिखते हैं। जहाँ ये पात्र गायब हैं (जैसे निबन्धों में) वहाँ मुक्तिबोध प्रत्यक्षतः विरोधी विचारधाराओं से लड़ते दिखाई पड़ते हैं, कहीं प्रश्न करते हुए, कहीं उत्तर देते हुए और कहीं व्याख्या विश्लेषण करते हुए। यह संघर्ष उनकी भाषा को जोरदार, जीवन्त और आकर्षक बनाता है।

आलोचना एक संवाद ही नहीं, घनघोर वैचारिक संघर्ष है। यही संघर्ष आलोचना की भाषा को जीवन्तता प्रदान करता है। आचार्य शुक्ल की यथातथ्य, संयत, ओजस्वी, तेज-तर्रार तल्ख और प्रसन्न भाषा इसी लड़ाकूपन के बीच बनी है। निराला ने इसी अर्थ में गद्य को 'जीवन-संग्राम की भाषा कहा है। पं. हजारी प्रसाद द्विवेदी कबीर की भाषा का तेवर इस संघर्ष की अदा से ही दिखा सके हैं। और मुक्तिबोध की 'एक साहित्यिक की डायरी' के संवाद में इस तनावपूर्ण भाषा का जीवन्त संघर्ष है। हिन्दी आलोचना की 'भाषा का विकास ऐसे ही तथाकथित शास्त्रीय एवं वैयक्तिक प्रयासों के बीच हो सका है।'[1]

तनावपूर्ण भाषा का जीवन्त रूप केवल 'डायरी' में ही नहीं 'कामायनी एक पुनर्विचार' एवं मुक्तिबोध की अन्य निबन्ध-रचनाओं में भी मिलता है। उनकी भाषा सामान्यतः अनौपचारिक, अनगढ़ और भावानुसारिणी है। उसमें संवादशैली के सारे गुण मौजूद हैं। प्रश्नयुक्त तर्कमयी भाषा का रूप देखें–

'जीवन में जिए जाने वाले तत्व साहित्य-समीक्षा के बाहर की चीजें हैं। यह आपत्ति एकदम निराधार है। साहित्य में प्रकट तत्व की जाँच की कसौटी क्या है? सिद्धान्ततः समीक्षक की कल्पनाएँ? नहीं, बिल्कुल नहीं। साहित्य में प्रकट तत्व की जाँच की कसोटी है—वास्तविक जीवन में पाए जाने वाले तत्व। इस कसौटी के आधार पर हम कह सकते हैं कि अमुक कवि के आँसू वास्तविक करुणा नहीं, करुणा की विलासपूर्ण कल्पना है।"

विरोधी मत को काटकर प्रश्नचिह्न लगाते हुए जोरदार ढंग से उत्तर देने का यह ढंग मुक्तिबोध का खास अपना है। वस्तुतः आलोचना करते समय मुक्तिबोध

1. डॉ. नामवर सिंह : आलोचना, जुलाई-सि. 67

जिन प्रश्नों को उठाते हैं वे प्रश्न ही उनकी भाषा को निर्धारित करते हैं। फलस्वरूप उनकी भाषा भाव-विचारानुगमिनी बन जाती है। मुक्तिबोध ने कवि के लिए संवेदनानुसारी शब्दचयन को महत्वपूर्ण माना है। यह संवेदनानुसारी शब्दचयन अथवा भावानुगामिनी भाषा के कारण ही मुक्तिबोध गद्य के क्षेत्र में भी व्यक्तिगत अभिव्यक्ति शैली का विकास करने में सफल हो सके हैं। आलोचन कर्म के समय उत्तर प्रत्युत्तर के क्रम में मुक्तिबोध कहीं संयत दिखाई पड़ते हैं, कहीं आवेशपूर्ण–(यह सिद्ध हुआ। मैं कहता हूँ यह हुआ! मानो इसे!) तो कहीं आक्रोशपूर्ण भी।

आक्रोशपूर्ण भाषा का तीव्रतम रूप वहाँ देखने को मिलता है जब अपराधी मनु के श्रद्धा द्वारा दुलराए जाने पर 'कामायनी एक पुनर्विचार' में मुक्तिबोध कहते हैं–तो जी हाँ, यह क्षमा की फिलासफी है। नारी का घर्षण कीजिए, जनता पर गोलियाँ चलाइए, हमारे आदर्शवादी श्रद्धाधारी साधु-सन्त और उनके चेले-चपाटे सब क्षमा कर देंगे। किन्तु क्षमा किनको करेंगे जो गोली चलाते हैं, जनता पर जो शासन अत्याचार करते हैं, उनको। यह है कामायनीकार का श्रद्धावाद, जिसने हिन्दी के साहित्य क्षेत्र में प्रतिक्रियावाद के हाथ मजबूत किए।'[1]

यहाँ मुक्तिबोध काफी कठोर हो गये हैं। अपनी बात को बेलाग और साफगोई के साथ कहने के पीछे कोई अश्रद्धा का भाव नहीं, दुर्विनीतता नहीं, सच्चाई का जोर है। यह आक्रोश जन-चेतना एवं 'सत्-चित-वेतना' के संवाहक मन का आक्रोश है जो किसी एक व्यक्ति के प्रति न होकर व्यवस्था के प्रति है : ऊपर से कठोर और खुरदुरी होती हुई भी उसमें एक बड़ी भारी श्रद्धा छिपी है। समीक्षा तो मुक्तिबोध के अनुसार एक प्रेमदर्शन है जो आवश्यकता पड़ने पर अतिशय कठोर होता है, किन्तु सामान्यतः उदार और कोमल होता है।'[2]

संवादधर्मी एवं सहज सामान्य भाषा के अतिरिक्त मुक्तिबोध कहीं-कहीं अलंकृत काव्यात्मक भाषा का भी प्रयोग करते हैं–'ये सौन्दर्यवादी लोग यह भूल गये कि बंजर काले स्याह पहाड़ में भी अजीब वीरान भव्यता होती है, गली के अँधेरे में उगे छोटे से जंगली पौधे में भी एक विचित्र संकेत होता है।'[3]

'आसमान का चित्रण सधे न सधे सामने के मैले डबरे में सूरज के बिम्ब का चित्रण करना चाहिए, शायद वह मेरे जीवन सत्य के अधिक निकट होगा... हम

1. मुक्तिबोध : कामायनी : एक पुनर्विचार, पृ. 121
2. मुक्तिबोध : कविता का आत्मसंघर्ष, पृ. 251
3. वही, पृ. 125

सब लोग ऐसे ही डबरे हैं, जो अपने भीतर सूरज का प्रतिबिम्ब धारण किए हैं। पूरा वस्तुसत्य इस इमेज में आ गया है।'[1]

रूपकमयी काव्यात्मक भाषा के प्रयोग में कहीं-कहीं अस्पष्टता भी आ गयी है किन्तु उक्त पंक्तियों को विशेष सन्दर्भ में पढ़ने पर उनका अर्थ स्पष्ट हो जाता है। अलंकृत भाषा के ऐसे स्थल मुक्तिबोध में अत्यल्प हैं।

मुक्तिबोध की गद्य-भाषा पर जटिलता और रूक्षता का आरोप लगाया गया है...'इतना जरूर है कि मुक्तिबोध का गद्य जटिल और रूक्ष ही नहीं, विचार कोष का सम्मिश्रण भी है, जिससे पार पाना सहज व्यक्ति के लिए इसलिए कठिन है क्योंकि वह संयम और बुद्धि की ग्राहक क्षमता की परीक्षा देना नहीं चाहता, किन्तु उन लोगों के लिए जो बुद्धिविलास के प्रयोजन को जानते हैं यह एक रहस्य देश (हाच-पाच) भी है।'[2]

रहस्यदेश मुक्तिबोध की कुछ कहानियों में भले हो, अन्य गद्य-कृतियों में नहीं है। यह सच है कि उनकी आलोचनात्मक कृतियों की भाषा सूक्ष्म भावों एवं विचारों की अभिव्यक्ति प्रयत्न में कहीं-कहीं कष्टसाध्य हो गयी है किन्तु यह जटिलता भी विषयानुकूल है। काव्य की रचना-प्रक्रिया के सूक्ष्म विश्लेषण में उनकी भाषा सामान्यतः दुरूह हो गयी है किन्तु वहाँ भी उनकी विश्लेषणमयी प्रवृत्ति इतनी सक्रिय है कि ध्यान देने पर न तो वह सहज व्यक्ति के लिए कठिन है और न बुद्धिविलासियों के लिए 'हाच-पाच'। मुक्तिबोध की भाषा सामान्यतः कष्टसाध्य होते हुए भी विश्लेषण-परक है। 'कलात्मक अनुभव' की प्रक्रिया को समझाने के लिए मुक्तिबोध ने अपने एक निबन्ध में कथा-कथन की शैली का सहारा लिया है जिसमें अद्भुत प्रवाह, सहजता एवं स्पष्टता परिलक्षित होती है।

सवाल उठता है कि मुक्तिबोध की भाषा कहाँ तक सार्थक एवं प्रासंगिक है? किसी रचना से साक्षात् के समय आलोचक कौनसे सवाल उठाता है यह उसकी भाषा को नियमित करता है। अगर वे सवाल प्रासंगिक हैं तो उसकी भाषा में मानवीय तात्कालिकता होगी और वह रचना को उसके अर्थ और महत्व दोनों पक्षों में उपयोगी ढंग से उजागर कर सकेगा, यानी उसकी भाषा जीवन्त होगी, उसमें रचनात्मक उत्तेजना होगी, वह शब्दों की एक मूल्यवान और सार्थक व्यवस्था होगी। जरूरी नहीं कि आप उस भाषा के पीछे काम कर रही वैचारिक दृष्टि से सहमति रखें या रखना चाहें। इस दृष्टि से मुक्तिबोध की आलोचना की भाषा

---

1. मुक्तिबोध : एक साहित्यिक की डायरी, पृ.49 50
2. गंगाप्रसाद विमल : मुक्तिबोध का रचना संसार, पृ. 148

सार्थक, प्रासंगिक और प्रामाणिक भाषा है। उसमें एक तलाश है समकालीन दबावों और तनावों के प्रति खुला रहकर, उनसे प्रतिकूल होते हुए अपने समय की रचनाओं को समझने और उसकी सार्थकता को परिभाषित करने में सक्षम धारणाओं को विकसित करने की। इसलिए ज्ञान से बोझिल होते हुए भी उनकी आलोचना जीवन्त दार्तालाप है। यह आकस्मिक नहीं है कि एक साहित्यिक की डायरी में मुक्तिबोध इतने निजीपन और कहानी के ढंग से नये साहित्य का एक उदार और सार्थक शास्त्र परिभाषित करने की कोशिश करते हैं।'[1]

मुक्तिबोध की आलोचना की भाषा में व्यवस्था का अभाव मिलता है। उनके जीवन और व्यक्तित्व की तरह ही उनकी भाषा भी अव्यवस्थित है। 'कामायनी : एक पुनर्विचार' में मुक्तिबोध ने स्वयं स्वीकार किया है कि जिन्दगी ने उन्हें इतनी फुर्सत और सुविधा ही नहीं दी कि वे व्यवस्थित होकर लिख सकें। फलतः जो विचार मन में आते गये उन्हें ज्यों का त्यों वे व्यक्त करते गये। किन्तु इसका यह अर्थ नहीं कि उनकी गद्य-भाषा में रोमांटिक प्रवाह और अव्यवस्था है। वह सर्वत्र बौद्धिक तार्किकता के साथ विचारसंघर्ष में सक्रिय साझेदारी की सूचना देती है। भाषा की अव्यवस्था का दूसरा कारण यह है कि मूल प्रवृत्ति कवि की होने के कारण गद्य लेखन में उनकी रुचि कम रमती थी। उन्हीं के शब्दों में 'ट्रेजडी यह है कि मुझे लोग गद्य लिखने को कहते हैं। मुझे सलाह दी गयी है कि मैं उपन्यास लिखूँ और अपना दलिद्दर मिटाऊँ।' इस व्यंग्यपूर्ण शिकायत में कितनी मार्मिकता है! इसके बावजूद मुक्तिबोध गद्य लेखन की ओर प्रवृत्त तो होते हैं किन्तु उनके कविमन का जो आग्रह है वह विडम्बना को कितना करुण बना देता है—मैंने इस ओर काम भी शुरू कर दिया है। लेकिन क्या बताऊँ कि एक चीज है, जिसका नाम है धुन, जिसका नाम है लौ। वह मुझे कविता की ओर ही ले जाती है। लेकिन मैं वचन देता हूँ कि मैं कविता नहीं, गद्य लिखूँगा।'[2]

भाषा की अव्यवस्था का तीसरा कारण गद्य-भाषा के विषय में उनकी निजी धारणा रही है। उन्होंने अपनी भाषा को उतना सजाना-संवारना पसन्द नहीं किया है जितना कि अपनी कविताओं को। उनकी भाषा पर रूक्षता और अनाकर्षकता का आरोप लगाने वालों को उनकी निम्नांकित पंक्तियों पर ध्यान देना चाहिए जो मुक्तिबोध ने नेमिचन्द्र जैन को एक पत्र में लिखी थीं—'मेरी भाषा सुन्दर न भी हो, वह सशक्त होकर रहेगी, क्योंकि उसके पीछे अन्दर का जोर रहेगा।... मुझे

---

1. अशोक बाजपेयी : फिलहाल
2. मुक्तिबोध : एक साहित्यिक की डायरी, पृ. 34

साज संवार की प्रतिष्ठित बोली पसन्द नहीं। क्या मैं अपनी बोली सुधार सकता हूँ? उसे सक्षम, सप्राण और अर्थदीप्त कर सकता हूँ?'[1]

स्पष्ट है कि मुक्तिबोध ने सुन्दरता, व्यवस्था और बनाव शृंगार की जगह भाषा में सक्षमता, सप्राणता और अर्थदीप्ति की महत्व दिया है। अन्दर का जोर ही उनकी भाषा को सशक्त और सप्राण बनाता है।

मुक्तिबोध की भाषा का रूप सामान्य भाषा है किन्तु वह वैयक्तिकता की छाप लिए हुए होने के कारण विशिष्ट भी है। व्यक्तित्व की तरह ही मुक्तिबोध का गद्य ऊबड़-खाबड़ है। उसमें बागाडम्बर एवं कृत्रिमता नहीं, एक सहजता है। वह संवाद-धर्मी है। वह न तो शास्त्रीय और पंडिताऊ भाषा है और न ही पत्रकारिता की पिघलती उफनती भाषा। वह एकेडेमिक जड़ता एवं शास्त्रीयता से मुक्त यथातथ्य एवं संवेदनशील भाषा है। वह सामान्य तो है किन्तु सपाट नहीं है। गंगाप्रसाद विमल ने मुक्तिबोध की भाषा पर सपाटता का आरोप लगाया है—'ठीक मुक्तिबोध के सपाट व्यवक्तित्व की तरह उनकी गद्यभाषा है।'[2] सपाटता न तो मुक्तिबोध के व्यक्तित्व में है और न कविता में और न गद्य में। सामान्य भाषा का अर्थ सपाट भाषा नहीं है। मूल प्रश्न है भाषा की वाचकता और व्यंजकता का। अन्ततः भाषा सा इस बात में है कि उसकी काट से आलोच्य कृति में उत्तेजक चमकं उजागर हो। और इसके लिए आवश्यक है जीवट। यदि वह जीवट हो तो मामूली भाषा में भी बारीक से बारीक औजार की धार होगी।'[3] उत्तेजक चमक उजागर करने वाली, धारदार और जीवट से पूर्ण भाषा का यह रूप 'कामायनी : एक पुनर्विचार' एवं 'एक साहित्यिक की डायरी' में सहज ही देखा जा सकता है।

भाव-विचारों की पुनरावृत्ति उनकी भाषा की एक ऐसी विशेषता है जिसे नज़रअन्दाज़ नहीं किया जा सकता। यह विशेषता उनकी भाषा की शक्ति भी है और सीमा भी। शक्ति इस अर्थ में कि उसमें विज्ञापन कला के गुण मौजूद हैं। ऐसा लगता है कि मुक्तिबोध जानबूझकर एक ही बात को कई-कई ढंग से कई-कई बार कहते हैं ताकि उनकी बात सही-सही पाठकों के गले उतर जाए। पहले वे किसी बात को एक ढंग से कहेंगे, फिर, उसे दूसरे शब्दों में कहेंगे और फिर संक्षेप में। यही नहीं, उसी बात को वे अन्यत्र भी दुहरा देंगे। लगता है

1. मुक्तिबोध के पत्र नैमिचन्द जैन के नाम, आलोचना 6 जुलाई-सितम्बर
2. गंगाप्रसाद विमल : मुक्तिबोध का रचना-संसार, पृ. 151
3. डॉ. नामवरसिंह : आलोचना, जुलाई सितम्बर 67, पृ. 6

कि मुक्तिबोध को पीछे मुड़कर देखने की फुर्सत नहीं कि उसी बात को वे कई बार कह चुके हैं। कहना न होगा कि यह प्रवृत्ति उनकी निबन्धों में कहीं-कहीं एकरसता और ऊबाऊपन को जन्म देती है। किन्तु यह प्रवृत्ति भी उनकी वैचारिक दृढ़ता, स्थिरता और एकसूत्रता का परिचायक है।

उल्लेखनीय है कि जो स्थान छायावादी चतुष्टय के बीच निराला की जीवन-संग्राम की भाषा का है वही स्थान नयी कविता में मुक्तिबोध के समानधर्मा सर्जक-आलोचकों के बीच मुक्तिबोध की भाषा का है। छायावादी चतुष्ट्य के बीच प्रसाद, महादेवी और पन्त गद्य के क्षेत्र में मुख्यतः छायावादी अभिव्यक्ति भंगिमा से ही चिपके रहे थे जबकि निराला उससे मुक्त थे। मुक्तिबोध की भाषा भी 'सप्तकीय' कवि-आलोचकों में अपने स्वर एवं तेवर से ही अलग पहचान बनाती है। उनकी भाषा में ठंडापन और तनावहीनता नहीं, जीवन की उष्मा और गति है। वह सक्षम, सप्राण और सशक्त भाषा है। उसमें न कृत्रिमता है और न बनावटीपन। न ही शब्दाडम्बर या वाग्जाल। वह न तो अंग्रेजी की पैटर्न पर चढ़ाई हुई है और न ही कविता में डुबाई हुई सूत्रमयी भाषा है। वैचारिक संघर्ष की उत्तेजना और संवादधर्मिता उसकी मुख्य विशेषता है। काव्यात्मकता, पांडित्य और तड़क-भड़क से मुक्त उनकी भाषा बौद्धिक तार्किकता से सम्पन्न है। उसमें जीवन का खुरदुरापन है, पारिभाषिकता और पांडित्य की अपेक्षा अनुभव का खुलापन है, सार्थक और जीवन्त वार्तालाप की अनौपचारिकता है।

यह स्पष्ट कर देना जरूरी है कि मुक्तिबोध ने संवादधर्मी सामान्य भाषा को समीक्षा का आदर्श तो माना किन्तु व्यवहार में उसका पूरी तरह पालन न कर सके। कहीं-कहीं उन्होंने कष्टसाध्य भाषा का प्रयोग किया है। वस्तुतः मुक्तिबोध जहाँ अन्तर्जगत् अथवा रचना प्रक्रिया के सूक्ष्म विश्लेषण में प्रवृत्त होते हैं प्रायः वहीं उनकी भाषा कठिन है। किन्तु जहाँ वे बाह्य अथवा वस्तुजगत् की ओर मुड़ते हैं वहाँ उनकी भाषा सहज और स्पष्ट है। सहज, सामान्य और संवादधर्मी भाषा लिखने में प्रगतिवादी आलोचकों में डॉ. रामविलास शर्मा और डॉ. नामवरसिंह सिद्धहस्त हैं। डॉ. रामविलास शर्मा की भाषा वाद-विवादात्मक है। किन्तु उसमें नकारात्मक प्रवृत्ति का प्राधान्य, व्यंग्य का प्राचुर्य और प्रतिपक्षियों को मर्माहत कर देने की क्षमता है जो मुक्तिबोध में नहीं है। मुक्तिबोध की भाषा अन्य प्रगतिवादी आलोचकों की भाषा से इसलिए भिन्न है कि उसमें वह तनाव है जो अन्यत्र दुर्लभ है। युग के सारे तनावों, अन्तर्विरोधों, एवं द्वन्द्व को वहन करने के प्रयत्न में उनकी भाषा स्वभावतः तनावपूर्ण हो गयी है।

मुक्तिबोध के भाषा-सामर्थ्य का अन्दाज़ उनके द्वारा प्रयुक्त पदों और पारिभाषिक शब्दावली के द्वारा भी लगाया जा सकता है। मुक्तिबोध ने आलोचना के क्षेत्र में प्रचलित कई अनिश्चित अर्थ में प्रयुक्त शब्दों को भी निश्चित अर्थ प्रदान करने की चेष्टा की। उदाहरण के लिए नयी कविता के क्षेत्र में बहुप्रचलित 'ईमानदारी' शब्द की अनिश्चितता को उन्होंने अपने लक्ष्य के अनुरूप निश्चित अर्थवत्ता प्रदान की।' 'ईमानदारी' को उन्होंने स्वयंसिद्ध नहीं माना। उन्होंने एक रचनाकार के अन्दर काम करने वाले उन अन्तर्निषेधों की ओर संकेत किया जो लेखक की ईमानदारी के बावजूद अनजाने ही आत्मछल की सृष्टि कर सकते हैं। इसलिए उनके अनुसार व्यक्तिगत ईमानदारी वहाँ लक्षित होगी जहाँ वस्तु का वस्तुमूलक आकलन करते हुए लेखक उस आकलन के आधार पर सही-सही मानसिक प्रतिक्रिया करे।' डॉ. नामवरसिंह के शब्दों में—'मुक्तिबोध ने ईमानदारी की रोमैंटिक एवं आत्मपरक अवधारणा को मूल्यांकन में समर्थ आलोचना को वस्तुनिष्ठ कसौटी का रूप प्रदान किया। मुक्तिबोध का यह कथन सामान्यतः आलोचना की सभी युक्त अवधारणाओं के बारे में समान रूप से लागू होता है।'[1]

अस्पष्ट शब्दों को निश्चित अर्थ प्रदान करने के अतिरिक्त मुक्तिवोध ने सामान्य शब्दों को भी पारिभाषिकता प्रदान की। 'संवेदनात्मक उद्देश्य, संवेदनात्मक ज्ञान, तथा ज्ञानात्मक संवेदन' उनके ऐसे ही अवधारणात्मक शब्द हैं। इन शब्दों की उपयुक्तता स्थिति विशेष या सन्दर्भ द्वारा निर्धारित होती है। संवेदनात्मक ज्ञान तथा ज्ञानात्मक संवेदन में टी.एस. इलियट के यूनिफाईड सैंसिविलिटी का भाव निहित है, उसमें भाव, विचार और इन्द्रियबोध का समन्वय है। वस्तुतः ये सारे तत्व संलिष्ट रूप में ही काव्य-सृजन में योग देते हैं। मुक्तिबोध की विशिष्टता इस बात में है कि उनके इन अवधारणात्मक शब्दों में एक में विचारतत्व प्रधान है दूसरे में भावतत्व। कोरे विचार अथवा कोरे भाव के द्वारा काव्य-सृजन सम्भव नहीं है। दोनों का संलिष्ट योग जरूरी है। यह दूसरी बात है कि कभी भावतत्व प्रधान हो जाता है और कभी बुद्धितत्व। मात्रा की इस अधिकता और गौणता के आधार पर ही मुक्तिबोध ने ज्ञानात्मक संवेदन या संवेदनात्मक ज्ञान कहा। इन शब्दों में उनकी समस्त रचनाचिन्तन का आधार निहित है साथ ही उसमें उनकी विश्वदृष्टि समाहित है।

---

1. डॉ. नामवरसिंह : आलोचना जुलाई-सितम्बर 67, पृ. 5

उपसंहार

अब तक के विश्लेषण से स्पष्ट है कि मुक्तिबोध का व्यक्तित्व एक अत्यन्त प्रखर आलोचक के रूप में उभरकर हमारे सामने आता है। उनका आलोचक व्यक्तित्व अपने को मुख्यतः चार स्तरों पर व्यक्त करता रहा है। पहले स्तर पर वे काव्य की रचना-प्रक्रिया का गहन वैज्ञानिक विश्लेषण करते हैं। दूसरे स्तर पर वे मार्क्सवादी सौन्दर्यशास्त्रीय सिद्धान्तों एवं समीक्षा पद्धति को स्पष्ट करते हैं। तीसरे स्तर पर वे नयी कविता और समीक्षा के क्षेत्र में प्रचलित आधुनिकतावादी कला सिद्धान्तों से संघर्ष करते हैं और चौथे स्तर पर वे अपने समीक्षा-सिद्धान्तों को व्यावहारिक रूप देते हैं। इस प्रकार सिद्धान्त और व्यवहार दोनों ही दृष्टियों से वे एक सफल आलोचक के रूप में हमारे सामने आते हैं।

मुक्तिबोध के चिन्तन के उक्त चारों स्तर अलग-अलग खानों में बंटे हुए नहीं हैं। उनकी रचनाओं में वे कई स्तरों में लिपटकर व्याप्त हैं। अध्ययन की सुविधा के लिए ही यहाँ इस तरह विभाजन किया गया है।

काव्य की रचना प्रक्रिया वर्षों से विश्व के साहित्य-चिन्तकों के समक्ष प्रश्न चिह्न एवं चुनौती बनकर सामने आती रही है। पाश्चात्य साहित्य जगत् में तो इस पर विचार हुआ भी है किन्तु हिन्दी के विचारक इसमें पैठने से घबराते रहे हैं, उन्होंने इसकी प्रायः उपेक्षा ही की है और विचार किया भी है तो चलते ढंग से। एक तत्व चिन्तक के रूप में मुक्तिबोध ने इस विषय को अत्यन्त गम्भीरता से लिया। अत्यन्त साहस एवं सूक्ष्म दृष्टि के साथ रचना-प्रक्रिया की बारीकियों में पैठकर उसके रहस्य का उद्घाटन किया—उसे वस्तुनिष्ठ एवं सृजनमूलक विश्लेषण प्रदान किया, व्यष्टि एवं समष्टि के मूल्यों से संयुक्त किया। चिन्तन के इस स्तर पर उनकी महत्वपूर्ण देन यह है कि उन्होंने सृजन प्रक्रिया को यथार्थसापेक्ष मानते हुए भी उसे एक मनोवैज्ञानिक एवं स्वायत्त प्रक्रिया बतलाया। कला की स्वायत्तता का अर्थ जीवनयथार्थ से कटने में नहीं बल्कि रचना-प्रक्रिया में निहित मूल मर्म या संवेदनात्मक उद्देश्य के अनुसार नियन्त्रित होकर प्रतिफलित होने में है—वस्तु और

रूप के द्वन्द्व से गुजरते हुए कलाकार के अन्तर में उद्भूत समविषम संवेदन-बिम्ब के नवीन रूप में विकसित होने में है। इस द्वन्द्वात्मक अन्तःसंघर्ष में वस्तु और रूप दोनों ही संशोधित-सम्पादित होते चलते हैं—यहाँ तक कि अपने अन्तिम रूप में उपस्थित कृति को देखकर कलाकार को ऐसा लगता है कि कृति मूल अनुभव-बिम्ब से कुछ भिन्न हो गयी है। कला की विशिष्टता या स्वायत्तता का यही अर्थ है परन्तु यह विशिष्टता या स्वायत्तता जीवन निरपेक्ष नहीं होती—उसमें निहित अन्तर्तत्व जिन्दगी से बहुत गहरे रूप में सम्बद्ध होते हैं। कला में कलाकार जिस अनुभव-संवेदन को व्यक्त करता है उसका एक निश्चित सामाजिक या वर्गीय आधार होता है। इसलिए काव्य एक व्यक्तिगत प्रयास होते हुए भी एक सांस्कृतिक प्रक्रिया होती है। काव्य-सृजन में अगर रचनाकार की व्यक्तिगत आन्तरिकता, संवेदन-ज्ञान, वर्गीय सौन्दर्याभिरुचि एवं कविता के बारे में उसकी धारणा का समुचित महत्व होता है तो साथ ही युग-विशेष की सांस्कृतिक प्रक्रिया का भी। सामाजिक बदलाव के फलस्वरूप युगबोध में परिवर्तन सांस्कृतिक स्तर, प्रचलित भाषा-शिल्प, परिवेश एवं परम्परा का सृजन प्रक्रिया पर दबाव कम महत्वपूर्ण नहीं होता। इस प्रकार रचना प्रक्रिया को दैवी रहस्य और अवचेतन के अंधकार से निकालकर मुक्तिबोध ने उसे वस्तुगत एवं मनोवैज्ञानिक धरातल प्रदान किया।

रचना-प्रक्रिया के सन्दर्भ में ही मुक्तिबोध ने फैंटेसी पर विचार किया है। यहाँ उन पर काडवेल का पर्याप्त प्रभाव पड़ा है। फैंटेसी सम्बन्धी, मुक्तिबोध के विचारों के आलोक में स्वप्न, दिवास्वप्न, मुक्त विचार अनुषंग एवं कला में काम्य फैंटेसी की भिन्नता स्पष्ट हो जाती है। कविता में जहाँ संवेदनात्मक उद्देश्य (डाइरेक्टेड फीलिंग) होता है वहाँ स्वप्न में मुक्त विचार अनुषंग दीख पड़ता है। कविता की प्रक्रिया सचेतन होती है, स्वप्न की अचेतन। अतियथार्थवादियों की तरह कविता में कवि अपने असम्बद्ध स्वप्न-चित्रों को ज्यों का त्यों उतारता नहीं वरन् सचेत ढंग से अपने अनुभवों को कलात्मक प्रतिबिम्बन के द्वारा सामाजिक मूल्य प्रदान करता है। काव्य की रचना-प्रक्रिया के विवेचन में मुक्तिबोध का आलोचक व्यक्तित्व अधिक मौलिक एवं दार्शनिक प्रतीत होता है। एक अत्यन्त बौद्धिक एवं वैज्ञानिक विश्लेषण प्रवृत्ति उनके व्यक्तित्व में बद्धमूल रही है। कहना न होगा कि काव्य की रचना-प्रक्रिया का विश्लेषण हिन्दी आलोचना को मुक्तिबोध का विशिष्ट एवं महत्वपूर्ण प्रदेय है और केवल यही उन्हें हिन्दी आलोचकों के बीच महत्वपूर्ण स्थान दिलाने में समर्थ है। एक सर्जक कलाकार के लिए यह कम गौरव की बात नहीं है।

इस सन्दर्भ में हमने मुक्तिबोध की अपनी विशिष्ट रचना-प्रक्रिया एवं शिल्प तन्त्र पर भी विचार किया है। फैंटेसी-शिल्प पर आधारित अपनी लम्बी

महाकाव्यात्मक कविताओं में मुक्तिबोध विराट् बिम्ब-लोक एवं रहस्यमय वातावरण की सृष्टि करते हैं। इस शिल्प में निहित कवि के प्रखर यथार्थबोध को नज़रअन्दाज़ करने के कारण कतिपय आलोचकों ने मुक्तिबोध में रहस्यवाद एवं अस्तित्ववाद भी ढूँढ निकाला है। डॉ. रामविलास शर्मा ने शिल्पगत रहस्यात्मकता को भावगत रहस्यात्मकता से जोड़कर उनमें मार्क्सवाद, अस्तित्ववाद एवं रहस्यवाद का समन्वय देखने की गलती की है। मुक्तिबोध ने कुछ गलत नहीं कहा था कि 'मेरे ही खेमे में मेरी हत्या हो सकती है, हुआ है और होता रहेगा सम्भवतः।'

दरअसल मुक्तिबोध का यथार्थबोध इतना तीव्र एवं प्रखर था कि उसे प्रतिबिम्बित करने में प्रचलित कला-रूप या प्रगीत-शिल्प अक्षम थे और इसलिए अपने अनुकूल वे नया शिल्प गढ़ रहे थे। इस दृष्टि से प्रसाद और निराला के बाद वे एकमात्र क्लासिक प्रतिभा के कलाकार हैं। जनवादी भावधारा की दृष्टि से अगर वे निराला, नागार्जुन और रामविलास की परम्परा में आते हैं तो शिल्प-तन्त्र की दृष्टि से प्रसाद की परम्परा में। 'कामायनी' को वे जीवन का संश्लिष्ट चित्र उपस्थित करने वाली और सघन बिम्बमाला से समन्वित एक विराट् फैंटेसी के रूप में देखते थे। इस शिल्पसौन्दर्य से प्रभावित होकर वे 'नव क्लासिकवाद' की ओर मुड़ते हैं अर्थात् 'ऐसी रचना की ओर जिसका कथ्य व्यापक हो, जिसमें विश्लेषित तथ्यों और उससे संश्लिष्ट निष्कर्षों का चित्र हो।' इस दिशा में प्रयोग के लिए प्रतिबद्ध मुक्तिबोध ने व्यक्तिबद्ध प्रगीत कविता के सौन्दर्य प्रतिमानों पर प्रश्नचिह्न लगाते हुए कला एवं समीक्षा के क्षेत्र में नये सौन्दर्य प्रतिमानों की जरूरत पर बल दिया। नये युगबोध एवं अन्तर्विरोधपूर्ण समाज के संश्लिष्ट यथार्थ के दबावों ने उन्हें जिस फैंटेसी-तन्त्र को निर्मित करने के लिए बाध्य किया वह उनकी शक्ति है और वही सीमा भी। सीमा इस अर्थ में कि वे इस रूप तन्त्र से बाहर नहीं निकल पाते लेकिन उसे सम्भावना के उस उत्कर्ष-बिन्दु तक पहुँचा देते हैं कि कोई दूसरा कवि इस क्षेत्र में कदम रखने का साहस नहीं कर सकता। यहाँ वे अप्रतिम हैं। उनका शिल्प जटिल और दुरूह जरूर है... इतना कि वह इस महान् जनवादी कवि को लोकप्रिय जनकवि बनने में सबसे बड़ी बाधा है परन्तु परिणाम की दृष्टि से वह प्रतिबद्ध कविता के लिए शुभ हुआ। उस समय जब प्रतिक्रिया हम पर कलाहीनता और प्रचारवाद का आरोप लगा रही थी मुक्तिबोध जनवादी कविता के पक्ष से दुश्मन के हथियारों को लेकर एक ऐसा हथियार गढ़ने में व्यस्त थे कि तथाकथित कलावादियों की कलाकृतियाँ देखते ही देखते ध्वस्त होती हुईं नज़र आयीं। इस तरह मुक्तिबोध ने जनवादी कविता का पक्ष मजबूत किया—उसे अपेक्षित शक्ति प्रदान की।

चिन्तन के दूसरे स्तर पर मुक्तिबोध ने प्रगतिवादी सौन्दर्यशास्त्रीय सिद्धान्तों एवं समीक्षा पद्धति को स्पष्ट किया है। प्रगतिवादी समीक्षा की सीमा एवं सम्भावना का निर्देश करते हुए उसमें कुछ ऐसे तत्वों का समावेश किया है जो उसे नयी दिशा दे सकने में समर्थ हैं। आर्थिक व्याख्या को अपर्याप्त मानकर उन्होंने मनोवैज्ञानिक सौन्दर्यशास्त्रीय विवेचन के साथ कृति के सौन्दर्यशास्त्रीय व्याख्या पर वल दिया। मुक्तिबोध की सम्पूर्णाग्रही दृष्टि ने सम्पूर्ण मनुष्य को निजता एवं वस्तुगतता के अविछिन्न अन्तःसम्बन्ध को काव्य का विषय बनाया था। इसलिए एक ओर वे आत्मानुभूति का प्रयोजन मानने वाले पं. नन्ददुलारे वाजपेयी एवं डॉ. नगेन्द्र जैसे आदर्शवादी व्यक्तिवादी आलोचकों पर प्रहार करते हैं तो दूसरी ओर प्रयोगवादियों की जड़ीभूत सौन्दर्याभिरुचि के सेंसर पर और तीसरी ओर प्रगतिवादी आलोचकों की अतिशय कट्टरवादिता पर। जीवन की समग्र अवधारण ाा को ग्रहण करने और उसे साहित्यचिन्तन के केन्द्र में प्रतिष्ठित करने के कारण उनकी सम्पूर्णाग्रही दृष्टि ने अनेक अन्तर्विरोधों को समेटकर एकीकृत कर दिया है। अन्तर्जगत् और बाह्य जगत्, व्यक्ति चेतना और समष्टि चेतना, ऐतिहासिक समाजशास्त्रीय और सौन्दर्यात्मक मनोवैज्ञानिक दृष्टियों के प्रचलित विरोध का परिहार उनकी स्थापनाओं में तात्विक आधार पर हुआ है। इसका यह अभिप्राय नहीं कि मुक्तिबोध ने समन्वयवादी भावना से प्रेरित होकर बीच का रास्ता निकालने की कोशिश की है। उनकी दृष्टि एकपक्षीय अतिरेकों के विरुद्ध रही है। यथार्थ को उन्होंने उसकी समग्रता, संश्लिष्टता एवं गतिशीलता में ग्रहण किया है—यह दूसरी बात है कि यथार्थ की समग्रता का चित्रण किसी भी कलाकृति के सम्भव दायरे के बाहर की बात है। जीवन का यथार्थ कलाकृति में चित्रित यथार्थ से हमेशा बड़ा होता है। यह कलाकृति की सीमा है। वस्तुतः मुक्तिबोध की प्रतिभा बहुत हद तक महाकाव्यात्मक एवं क्लासिक स्तर की थी इसलिए उन्होंने कलाकार को निःसंगता, व्यक्तिबद्धता एवं किन्हीं विशिष्ट मानसिक क्षण-चित्रों से निकालकर जीवन के वैविध्यमय क्षेत्र एवं समय के कई काल-क्षणों को एक साथ आयामित करने के लिए प्रेरित किया है। वे अनुभव को उसके सम्पूर्ण सन्दर्भों में उसकी परिस्थितिपरक कथात्मकता के साथ चित्रित करने पर बल देते हैं। उन्होंने व्यष्टि को व्यापक सन्दर्भों से जोड़ा है, मानव मुक्ति के संघर्ष के परिप्रेक्ष्य में ही व्यक्ति संघर्ष को महत्व दिया है। मुक्तिबोध ने कला की व्यक्तिमूलकता की जो बात कही है उसे वर्ग-संस्कारों से काटकर नहीं देखा जा सकता। काव्य को घटित करने वाली मनोरचना का एक निश्चित वर्गीय आधार होता है। काव्य इसी अर्थ में व्यक्तिगत मनोवैज्ञानिक प्रयास होते हुए भी एक सांस्कृतिक प्रक्रिया है।

संस्कृति के क्षेत्र में वर्ग-संघर्ष को महत्व देने के कारण ही मुक्तिबोध प्रेमचन्द और नन्ददुलारे वाजपेयी के ऐतिहासिक विवाद को भी वर्गसंस्कारजन्य संघर्ष के रूप में देखते हैं। विचारधारा अथवा आस्था के प्रश्न को उन्होंने साहित्यबाह्य न मानकर लेखक की आतंरिकता से जोड़ा है। विचारधारा अथवा आस्था के आभ्यन्तरीकरण पर बल देकर उन्होंने रचना-प्रक्रिया के भीतर ही मूल्य चेतना प्रस्थापित की है ताकि विचारधारागत मूल्य बाहर से ओढ़े हुए प्रतीत न हों और वे लेखक की अन्तःप्रेरणाओं, संवेदनात्मक अनुभवों से उद्भूत होकर उनके भीतर ही गतिमान हो सकें। साहित्य के घटक तत्वों में मुक्तिबोध ने वर्ग के साथ व्यक्तिगत मनोरचना, सामाजिक परिवेश एवं परम्परा अथवा इतिहास के योगदान को महत्वपूर्ण माना है। साहित्य कलाकार के जिस ज्ञानात्मक संवेदना के अनुसार ढलता है वह उसे समाज से ही प्राप्त होती है। इस अर्थ में कलाकार यथार्थ के साथ मनुष्य के सौन्दर्यात्मक व्यवहारों को व्यक्त करने की सर्जनात्मक चेतना के रूप में आता है। मगर इस सर्जनात्मक चेतना का निर्माण भी बाह्य यथार्थ के आभ्यन्तरीकरण की प्रक्रिया से होता है। युगीन परिस्थितियों के साथ परम्परा भी हमारी साहित्य-रचना को प्रभावित करती है। परम्परालब्ध सामग्री वास्तविक जीवन मूल्यों के रूप में परिणत होकर जीवन एवं साहित्य को सम्पन्न बना सकती है। सैद्धान्तिक प्रश्नों पर मुक्तिबोध ने सर्वत्र दृढ़ता एवं गम्भीरता से विचार किया है। उनके विचारों में कहीं-कहीं अन्तर्विरोध के दर्शन भी होते हैं किन्तु वे जिस आत्मविश्वास एवं निष्ठा के साथ साहित्यचिन्तन में प्रवृत्त होते हैं। वह कई बड़े आलोचकों में भी दुर्लभ है।

मुक्तिबोध द्वारा प्रतिपादित 'बाह्य के आभ्यन्तरीकरण' के सिद्धान्त और 'वस्तु का वस्तुमूलक आकलन' करने की बात में कुछ लोगों को अन्तर्विरोध दिख सकता है। बाह्य का आभ्यन्तरीकरण व्यक्ति की चेतना एवं वर्गीय सौन्दर्याभिरुचि के अन्तर्नियमों के अनुसार ही होती है इसलिए सभी व्यक्तियों में बाह्य तत्वों के आभ्यन्तरीकरण की प्रक्रिया समान नहीं होती और इसी कारण उनकी रचना-प्रक्रिया एवं काव्यदृष्टि में भिन्नता मिलती है। आभ्यन्तरीकरण पर बल देने से वस्तु का वस्तुमूलक आकलन अन्तजर्गत् के रंगों से रंजित हुए बिना कैसे रह सकता है? मुक्तिबोध की कविताओं में अन्तः दर्शन एवं वहिदर्शन का संश्लिष्ट अन्तःसम्बन्ध व्यक्त हुआ है। यथार्थ की संश्लिष्टता यहाँ भावनाओं के रंग में डूबी हुई है। यही कारण है कि कई आलोचकों ने उन पर आत्मग्रस्तता का आरोप लगाया है। यद्यपि यह आरोप संगत प्रतीत नहीं होता क्योंकि उन्होंने परिस्थिति विशेष में आत्मतत्व और वस्तुतत्व के अन्तःसम्बन्ध को कलात्मक सौन्दर्य के साथ समाकलित करना चाहा है। उन्होंने आत्मपक्ष और वस्तुपक्ष को एक ही वास्तविकता के दो अंग

बतलाया है। इस प्रकार वे सामाजिकता और निजता के अविच्छिन्न अन्तः क्रिया को स्वीकार कर काव्य के सही स्वभाव की ओर निर्देश करते हैं और तब यह सवाल कि काव्य में सामाजिकता मूल्य है या सामाजनिरपेक्ष्य व्यक्तित्व, अपना सार्थक समाधान पा लेता है।

मुक्तिबोध की समीक्षा दृष्टि व समीक्षा पद्धति को समझने के लिए अन्य दो तीन बातों की चर्चा अपेक्षित है। चूँकि वे कलाकृति को स्वानुभूत जीवन की पुनर्रचना मानते हैं इसलिए समीक्षक के लिए जीवन ज्ञान को ठोस आधारभूमि के रूप में स्वीकार करते हैं। उनके अनुसार साहित्य में प्रकट वस्तुतत्व की सत्यता की कसौटी सिद्धान्त या कल्पना नहीं वरन् वास्तविक जीवन में पाये जाने वाले तत्व हैं। मगर इसका तात्पर्य यह नहीं कि वे समीक्षा-सिद्धान्त या विचारधारा के महत्व से इंकार करते हैं। वे समीक्षा में मार्क्सवाद प्रदत्त वैज्ञानिक विश्वदृष्टि को समीक्षक के लिए जरूरी मानते हैं क्योंकि इस विश्वदृष्टि को आत्मसात करके ही वह साहित्य में प्रतिबिम्बित जीवन-यथार्थ का विश्लेषण व्यापक सामाजिक ऐतिहासिक सन्दर्भों में कर सकता है। वे समीक्षा को रचना के आन्तरिक गुण-दोष विवेचन तक ही सीमित न रखकर उसे मूल्यांकन शास्त्र के स्तर तक उठाते हैं। और इसलिए समीक्षक में एक निश्चित जीवन दर्शन एवं मूल्यदृष्टि को अपेक्षित मानते हैं क्योंकि उसके आधार पर ही वह रचना में व्यक्त जीवन-मूल्य और रचनाकार की मूल्य-दृष्टि ऐतिहासिक सामाजिक मूल्यव्यवस्था के सन्दर्भ में परख संकता है। इस सन्दर्भ में उन्होंने मार्क्सवादी दृष्टि एवं मार्क्स के ऐतिहासिक समाजशास्त्रीय विश्लेषण से प्राप्त निष्कर्षो एवं सभ्यता समीक्षा को बहुत अधिक महत्व दिया है। कलाकृति में व्यक्त जीवन-यथार्थ की सच्चाई, उसकी वर्गीय अन्तर्वस्तु एवं रचनाकार की मूल्य-दृष्टि की जाँच-पड़ताल उन्होंने मार्क्सवादी जीवन दर्शन के बिना असम्भव मानी है।

परन्तु मुक्तिबोध इस वास्तविकता के प्रति भी असावधान नहीं हैं कि मात्र वस्तुतत्व की सच्चाई के आधार पर सारी समाजशास्त्रीय समीक्षा एकांगी होगी। आखिर कलाकृति यथार्थ की सामान्य अभिव्यक्ति मात्र नहीं है। वह यथार्थ के प्रति मनुष्य के सौन्दर्यात्मक रवैये का कलात्मक प्रतिबिम्ब भी है जिसका एक निश्चित सौन्दर्यात्मक प्रभाव होता है। अतएव समाजशास्त्रीय विश्लेषण के साथ सौन्दर्यात्मक मनोवैज्ञानिक विश्लेषण को अपनाकर ही हम एक समग्र समीक्षा पद्धति को विकसित कर सकते हैं। रचनाकार अपनी रचना में आत्मगतता एवं वस्तुगतता के अन्तःसम्बन्ध के यथार्थ के प्रति अपने सौन्दर्यात्मक रवैये को व्यक्त करने के लिए जिन शब्दों, प्रतीकों, बिम्बों एवं रूपतन्त्र का निर्माण करता है उसके

पीछे उसकी एक निश्चित वर्गीय सौन्दर्याभिरुचि प्रकट होती है। अतः रचना की आन्तरिकता में पैठने के लिए समाज-सापेक्ष मनोविज्ञान एवं सौन्दर्यशास्त्र के महत्व को मुक्तिबोध ने स्वीकार किया है।

मूल्यांकन या समीक्षा के लिए किसी स्थूल प्रतिमान या बँधे-बँधाये सिद्धान्त की अपेक्षा एक निश्चित पद्धति पर मुक्तिबोध ने बल दिया है। इस पद्धति की चर्चा करते हुए उन्होंने किसी भी साहित्य को हमें तीन दृष्टि बिन्दुओं से देखने का आग्रह किया है। एक तो यह कि वह किन स्रोतों या वास्तविकताओं से उद्‌गत हुआ है। दूसरे, उसका कलात्मक प्रभाव क्या है और तीसरे, उसकी अन्तःप्रकृति या रूप-रचना कैसी है? इस तीसरे प्रश्न को पहले प्रश्न से मिलाकर ही मुक्तिबोध दूसरे प्रश्न का उत्तर खोजने का आग्रह करते हैं। दूसरे सवाल को सर्वाधिक महत्वपूर्ण मानते हुए उन्होंने अपनी मूल्य-दृष्टि इन शब्दों में व्यक्त की है : 'उसके (रचना के) प्रभाव क्या हैं, किन सामाजिक शक्तियों ने उसका सदुपयोग या दुरुपयोग किया है और क्यों। साधारण जन के किन मानसिक तत्वों को उसने नष्ट या विकसित किया है।' कहना न होगा कि मुक्तिबोध की यह समीक्षा दृष्टि मार्क्सवादी समीक्षा-सिद्धान्तों के पूर्णतः अनुकूल है।

मुक्तिबोध ने समीक्षा की प्रक्रिया भी तय की है जो सृजन करते समय कलाकार की रचना प्रक्रिया से भिन्न होती है। मूल मर्म या संवेदना-बिम्ब के प्रस्थान बिदु से चलकर कवि की रचना-प्रक्रिया जिस शिल्प-तन्त्र की निर्मिति पर खत्म होती है समीक्षक की यात्रा वहीं से उल्टी दिशा में शुरू होती है। वह कलात्मक अभिव्यक्ति के सिंहद्वार से गुजरकर उसके पूरे भाषातन्त्र—शब्द, बिम्ब, प्रतीक और रचना-विधान को भेदकर रचना के मर्म और कलाकार के अन्तर्जगत् में प्रवेश करता है। फिर वह अपनी विश्वदृष्टि प्रदत्त सभ्यता-समीक्षा के आलोक में रचना की अन्तर्वस्तु, अन्तर्निहित रुझान या संवेदनात्मक उद्देश्य के वर्गीयस्वरूप एवं सामाजिक यथार्थों और प्रभावों का मूल्यांकन करता है। रचना के अन्तर्मन की प्रातिनिधिक अभिव्यक्ति रूपों और कलात्मक संगति और निर्वाह पर—वस्तु और रूप की संगति-असंगति-अनुकूलता-प्रतिकूलता पर, कलाकृति के सौन्दर्यात्मक प्रभाव पर वह अन्त में विचार करता है। चूँकि वस्तुतत्व ही रूपतत्व को निर्धारित करता है, इसलिए मुक्तिबोध वस्तुतत्व की आलोचना को रूप की आलोचना से अधिक मूलभूत मानते हैं—विशेषकर उस अवस्था में तो और भी जब कलाकृति का कलात्मक सौन्दर्य-प्रभावोत्पादक गुण अत्यन्त उन्नत हों और वह पाठक को अपने प्रभाव में जबरन बहाकर यथार्थ के प्रति कलाकार के रवैये एवं विचारों का डोज पाठक को दे जाते हों क्योंकि ऐसी स्थिति में कलात्मक प्रभाव क्षमता एक

खतरा साबित हो सकती है। स्पष्ट है कि दायित्व-सजग मुक्तिबोध अपने कर्त्तव्य कर्म के प्रति कलात्मक प्रभाव एवं साहित्यिक गुणों के प्रति असावधान नहीं हैं। उनकी समीक्षा दृष्टि में गहरी समझदारी एवं मूल्य-विवेक के दर्शन होते हैं।

चिन्तन के तीसरे स्तर पर मुक्तिबोध का मुख्य संघर्ष नयी कविता और समीक्षा के क्षेत्र में प्रचलित आधुनिकतावादी पश्चिमी भावधारा एवं कला-सिद्धान्तों से है। अस्तित्ववादी भावधारा से परिचालित नयी हिन्दी कविता में व्यक्त अवस्था, दुःख, अकेलापन, व्यर्थताबोध, क्षणवाद आदि को वे मनुष्य की अगतिकता एवं मानव-द्रोह का लक्षण मानते हैं। लघुमानववाद, कुण्ठावाद, दुःखवाद, क्षणवाद, व्यक्तिस्वातन्त्र्य, अनुभूति की प्रामाणिकता आदि कला-सिद्धान्तों को शीतयुद्धीय उद्देश्य से परिचालित मानने के कारण मुक्तिबोध ने इन पर ध्वसांत्मक प्रहार किया है और आधुनिक भावबोध के अन्तर्गत जनवादी सौन्दर्यबोध को प्रतिष्ठित किया है। सच्ची वर्गचेतना को महत्व देने के कारण वे अभिजातवर्गीय जड़ीभूत सौन्दर्याभिरुचि एवं आत्मछल को जन्म देने वाली प्रवृत्तियों की कठोर आलोचना करते हैं। इस स्तर पर उनके आलोचक व्यक्तित्व का वह रूप उभरा है जो जनवादी होने के साथ ही अत्यन्त साहसिक है। नयी कविता से सम्बद्ध होते हुए भी आधुनिकतावादी कला-सिद्धान्तों एवं अभिजातवर्गीय सौन्दर्याभिरुचि के प्रति नकारात्मक दृष्टिकोण मुक्तिबोध की सच्ची प्रगतिशील समीक्षा-दृष्टि का परिचायक है।

चिन्तन के चौथे स्तर पर मुक्तिबोध में व्यावहारिक आलोचना का वह रूप दिखलाई देता है जो अत्यन्त तेजस्वी एवं प्रखर है। अपनी काव्यगत मान्यताओं के आधार पर उन्होंने कलाकार के बाह्य एवं आभ्यन्तर जीवन की परीक्षा करते हुए कृति का मूल्यांकन किया है। उन्होंने 'कामायनी' का मनोवैज्ञानिक सौन्दर्यशास्त्रीय विश्लेषण के साथ ही उसका समाजशास्त्रीय मूल्यांकन किया है। 'कामायनी' के विषय में उनका निष्कर्ष है कि प्रसाद जी ने युग की सामाजिक, राजनैतिक एवं सांस्कृतिक हलचलों को वैयक्तिक धरातल पर विश्व-भूमिका में रखकर फैंटेसी के माध्यम से प्रतिफलित किया है। उन्होंने कामायनी के रहस्यवादी जीवन-दर्शन की तीखी आलोचना की है। 'कामायनी' के सम्बन्ध में मुक्तिबोध की उद्भावना मौलिक है। इस महत्वपूर्ण कृति के प्रति हमारी समझ को बढ़ाने में योग देती है। 'कामायनी' के अतिरिक्त छायावाद और नयी कविता एवं मध्ययुगीन भक्ति आन्दोलन-विषयक मुक्तिबोध की व्यावहारिक समीक्षा भी देखने योग्य है। उन्होंने हिन्दी साहित्य की परम्परा को वर्ग-संघर्ष की दृष्टि से देखा है।

आलोचना की सर्जनात्मक भाषा के निर्माण में भी मुक्तिबोध स्मरण किए

जायेंगे। उन्होंने समीक्षा के क्षेत्र में संवादधर्मी भाषा का आदर्श पेश किया जो डॉ. नगेन्द्र जैसे अकादमिक आलोचकों की भाषा की जड़ता, पाण्डित्य एवं शास्त्रीयता से बिल्कुल अलग है। हिन्दी आलोचना को संवादधर्मी एवं सर्जनात्मक बनाने में डॉ. रामविलास शर्मा का योगदान सर्वाधिक महत्वपूर्ण है। मुक्तिबोध की भाषा में एक तनाव है जो युग के अन्तर्विरोधों एवं संघर्षों की टकराहट को ध्वनित करता है और उसे संगत निष्कर्षों में गूँथने देखने की तलाशपूर्ण आकांक्षा से उद्भूत होता है।

कुल मिलाकर नवीन विषम परिस्थितियों के सन्दर्भ में और हिन्दी आलोचना में मुक्तिबोध का वैशिष्ट्य उभरकर सामने आता है। हिन्दी आलोचना की तीन प्रमुख धाराओं (प्राचीन शास्त्रीय आलोचना, पाश्चात्य आलोचना और प्रगतिशील आलोचना) में मुक्तिबोध का स्थान प्रगतिशील आलोचना में मिलना चाहिए। वे संस्कृत एवं पाश्चात्य समीक्षा-सिद्धान्तों को हिन्दी में उतारने वाले डॉ. नगेन्द्र जैसे टीकाकारों में से नहीं हैं। वे आत्मानुभूतिवादी व्यक्तिवादी धारा के विरोधी आलोचक हैं। वे आचार्य शुक्ल की परम्परा का निषेध करने वाले कठमुल्लावादी आलोचक भी नहीं हैं। सिद्धान्त और व्यवहार दोनों ही क्षेत्रों में उन्होंने अनेक सूत्रों को आचार्य शुक्ल से ग्रहण किया है और मार्क्सवादी विश्वदृष्टि के द्वारा उनका वैज्ञानिक विश्लेषण किया है। मार्क्सवादी दृष्टि के प्रति आस्था, व्यक्तिवादी अन्तर्मुखी कलासिद्धान्तों का विरोध, आधुनिकतावादी पश्चिमी भावधारा एवं कला-सिद्धान्तों का खण्डन, साहित्य में वर्ग-चेतना का महत्व आदि बातें मुक्तिबोध को जनवादी परम्परा में स्थान दिलाती हैं। प्रगतिवाद से सम्बद्ध होते हुए भी वे पुराने प्रगतिवादी आलोचकों से थोड़ा अलग हैं। वे हिन्दी साहित्य के हजार वर्षों के इतिहास को खारिज करने वाले शिवदानसिंह चौहान के अवसरवाद या प्रकाशचन्द्र गुप्त के उदारवाद और प्रभाववाद से मुक्त हैं। साहित्य की ऐतिहासिक समाजशास्त्रीय व्याख्या के साथ ही उसके मनोवैज्ञानिक एवं सौन्दर्यात्मक मूल्यों पर बल देने, काव्य में वस्तुनिष्ठता एवं निजता के अन्तःसम्बन्ध को महत्व देने और रचना प्रक्रिया के अन्तर्गत ही मूल्य-चेतना को प्रस्थापित करने के कारण उनका महत्व विशिष्ट बन जाता है। समाज एवं राजनीति से प्रतिबद्ध होते हुए भी मुक्तिबोध ने सामाजिक मूल्यों के साथ ही कलात्मक एवं सौन्दर्यात्मक मूल्यों पर बल दिया और इसी कारण उनकी दृष्टि प्रगतिवादी अतिरेकों से मुक्त हो गयी। हिन्दी आलोचना में मुक्तिबोध की मुख्य देन रचना-प्रक्रिया का उद्घाटन है। उन्होंने आत्मबद्ध प्रगीतात्मक कविता के दायरे को तोड़कर लम्बी नाटकीय कविता का सिद्धान्त निरूपित किया। व्यक्तिवादी गीतात्मक संस्कारों को तोड़ने में उनका

योगदान सर्वाधिक है। उन्होंने नयी कविता के क्षेत्र में आत्मछल को जन्म देने वाले अन्तर्निषेधों के खतरे से बचने के लिए कवि के अन्तःसंघर्ष पर जोर दिया। हिन्दी आलोचना के क्षेत्र में उन्होंने कुछ ऐसे अवधारणात्मक शब्दों का निर्माण किया जो नयी समीक्षा को उनका महत्वपूर्ण प्रदेय है। संवेदनात्मक उद्देश्य, संवेदनात्मक ज्ञान और ज्ञानात्मक संवेदन उनके ऐसे ही शब्द हैं। फैंटेसी की सार्थक अवधारणा के विकास में भी उनका योगदान अप्रतिम है।

अगर हम व्यावहारिक समीक्षा को आलोचक की कसौटी मानें तो इस दृष्टि से भी मुक्तिबोध खरे उतरते हैं। आचार्य रामचन्द्र शुक्ल और डॉ. रामविलास शर्मा के बाद वे हिन्दी के सबसे प्रखर आलोचक हैं। छायावाद की सर्वश्रेष्ठ उपलब्धि 'कामायनी' को प्रतिक्रियावादियों के हाथों दुरुपयोग होते देखकर उसे अपनी विस्तृत व्यावहारिक समीक्षा का आधार बनाया और उसका पुनर्मूल्यांकन करके अनुभूतिवादी रसवादी आलोचकों को चुनौती दी। कामायनी के पुनर्मूल्यांकन का यह प्रयास सम्पूर्ण हिन्दी-साहित्य के पुनर्मूल्यांकन की दृष्टि देता है। पं. नन्ददुलारे वाजपेयी एवं डॉ. नगेन्द्र जैसे छायावादी आलोचकों के समक्ष प्रेमचन्द तो क्या प्रसाद और निराला भी एक प्रश्न बने हुए थे। प्रगतिवादी आलोचना की सफलता इस बात में है कि छायावाद की वास्तविक समीक्षा और सम्यक् मूल्यांकन भी तथाकथित छायावादी आलोचकों के द्वारा नहीं वरन् प्रगतिवादी आलोचकों के द्व ारा ही हुआ। डॉ. रामविलास शर्मा ने निराला का, मुक्तिबोध ने 'प्रसाद' का और डॉ. नामंवरसिंह ने इस विधा विशेष के छायाचित्रों में निहित सामाजिक सत्य का पुनर्मूल्यांकन करके प्रगतिवादी समीक्षा की महत्व प्रतिष्ठा की। प्रगतिवादी आलोचना में शर्मा जी का स्थान इसलिए विशिष्ट बन जाता है कि उन्होंने आधुनिक साहित्य के आधार स्तम्भों भारतेन्दु, निराला, आचार्य शुक्ल और प्रेमचन्द का पुनर्मूल्यांकन करके एक तरह से आधुनिक हिन्दी साहित्य का 'क्रमबद्ध आलोचनात्मक इतिहास' प्रस्तुत कर दिया है। और डॉ. नामवसिंह का हाल यह है कि वे 'कविता के नये प्रतिमान' और 'कहानी' नयी कहानी से लेकर अब तक खुद को निगेट करने में लगे हुए हैं। ऐसी स्थिति में प्रगतिवादी आलोचकों में केवल दो ही नाम ऐसे ठहरते हैं जो आज की प्रतिबद्ध हिन्दी समीक्षा को शक्ति प्रदान करते हैं—डॉ. रामविलास शर्मा और मुक्तिबोध। इनमें भी मुक्तिबोध का स्थान इसलिए अलग है कि वे शर्मा जी की कट्टरता और नामवर जी के संशोधनवादी अतिरेकों से पूर्णतः मुक्त हैं। कहने की जरूरत नहीं कि बड़े प्रतिष्ठित आलोचकों से आलोचक मुक्तिबोध की तुलना उचित नहीं है क्योंकि वह एक सर्जक कलाकार—एक समर्थ कवि भी हैं और यहाँ वे अप्रतिम हैं।

परिशिष्ट

पुस्तक सूची

मुक्तिबोध-साहित्य

1. एक साहित्यिक की डायरी (आलोचना)
2. कामायनी एक पुनर्विचार (आलोचना)
3. नयी कविता का आत्मसंघर्ष तथा अन्य निबन्ध (आलोचना)
4. नये साहित्य का सौन्दर्यशास्त्र (आलोचना)
5. चाँद का मुँह टेढ़ा है (कविता)
6. विपात्र (उपन्यास)
7. काठ का सपना (कहानी)
8. सतह से उठता आदमी (कहानी)
9. भूरी भूरी ख़ाक धूल (कविता)

सहायक ग्रन्थ : हिन्दी अंग्रेजी

9. आस्था और सौन्दर्य-डॉ. रामविलास शर्मा
10. आधुनिक हिन्दी साहित्य की प्रवृत्तियाँ—डॉ. नामवरसिंह
11. आलोचना और आलोचना—डॉ. इन्द्रनाथ मदान
12. आधुनिकता और हिन्दी साहित्य—डॉ. इन्द्रनाथ मदान
13. आलोचना : प्रकृति और परिवेश—डॉ. तारकनाथ बाली
14. आलवाल—अज्ञेय
15. आत्मनेपद—अज्ञेय
16. आंगन के पार द्वार—अज्ञेय
17. आस्वाद के घरातल—डॉ. धनंजय वर्मा
18. आधुनिक हिन्दी आलोचना—डॉ. मक्खनलाल शर्मा
19. आधुनिक साहित्य और नवलेखन—डॉ. शिवप्रसाद सिंह

20. आधुनिक हिन्दी कविता और युगदृष्टि—डॉ. शिवकुमार मिश्र
21. अस्तित्ववाद और द्वितीय समरोत्तर हिन्दी साहित्य—डॉ. श्यामसुन्दर मिश्र
22. उपन्यास और लोकजीवन—हावर्ड फास्ट
23. कलासृजन प्रक्रिया—डॉ. शिवचरण सिंह
24. कविता के नये प्रतिमान—डॉ. नामवर सिंह
25. कुछ विचार—प्रेमचन्द
26. काव्य और कला तथा अन्य निबन्ध—जयशंकर प्रसाद
27. कामायनी का पुनर्मूल्यांकन—रामस्वरूप चतुर्वेदी
28. गजानन माधव मुक्तिबोध—सं. लक्ष्मणदत्त गौतम
29. तारसप्तक—सं. अज्ञेय
30. नयी कविता के प्रतिमान—लक्ष्मीकान्त वर्मा
31. नया साहित्य : नये प्रश्न—नन्ददुलारे वाजपेयी
32. नये प्रतिमान : पुराने निकष—लक्ष्मीकान्त वर्मा
33. नयी कविता : स्वरूप और समस्याएँ—जगदीश गुप्त
34. नयी कविता के सात अध्याय—देवेश ठाकुर
35. नयी कविता : नये धरातल—हरिचरण शर्मा
36. प्रगतिशील साहित्य की समस्याएँ—डॉ. रामविलास शर्मा
37. प्रगति और परम्परा—डॉ. रामविलास शर्मा
38. प्रगतिवादी समीक्षा—रामप्रसाद त्रिवेदी
39. प्रगतिवाद—डॉ. शिवकुमार मिश्र
40. पाश्चात्य काव्यशास्त्र : मार्क्सवादी परम्परा—सं. डॉ. नगेन्द्र
41. फिलहाल—अशोक वाजपेयी
42. बदलते परिप्रेक्ष्य—नेमिचन्द्र जैन
43. भवन्ती—अज्ञेय
44. भाषा साहित्य और संस्कृति—डॉ. रामविलास शर्मा
45. मुक्तिबोध का रचना संसार—डॉ. गंगाप्रसाद विमल
46. मानववाद और साहित्य—नवलकिशोर
47. मार्क्सवाद क्या है?—एमिल बर्न्स
48. मानव मूल्य और साहित्य—डॉ. धर्मवीर भारती
49. रस मीमांसा—आ. रामचन्द्र शुक्ल
50. लिखि कागद कोरे—अज्ञेय
51. लक्षित मुक्तिबोध—मोतीराम वर्मा

52. लोक जीवन और साहित्य—डॉ. रामविलास शर्मा
53. विचार और वितर्क—डॉ. हजारी प्रसाद द्विवेदी
54. स्वाधीनता और राष्ट्रीय साहित्य—डॉ. रामविलास शर्मा
55. साहित्य : स्थायी मूल्य और मूल्यांकन—डॉ. रामविलास शर्मा
56. सात गीत वर्ष—डॉ. धर्मवीर भारती
57. संवेदना के बिम्ब—डॉ. राजानन्द
58. साहित्य की समस्याएँ—डॉ. शिवदानसिंह चौहान
59. सुमित्रानन्दन पन्त—डॉ. नगेन्द
60. समीक्षा और आदर्श—डॉ. रांगेय राघव
61. समसामयिक हिन्दी साहित्य—डॉ. नगेन्द्र तथा अन्य
62. हिन्दी आलोचना—डॉ. विश्वनाथ त्रिपाठी
63. हिन्दी साहित्य का इतिहास—आ. रामचन्द्र शुक्ल
64. हिन्दी साहित्य : एक आधुनिक परिदृश्य—अज्ञेय
65. हिन्दी साहित्य की जनवादी परम्परा—प्रकाशचन्द्र गुप्त
66. हिन्दी साहित्य कोश—भाग 1 और 2
67. हिन्दी साहित्य : उद्‌भव और विकास—डॉ. हजारी प्रसाद द्विवेदी
68. इनसाइक्लोपीडिया अमेरिकाना
69. आन लिटरेचर एण्ड आर्ट—मार्क्स एण्ड एंजिल्स
70. मार्क्स एंजिल्स मार्क्सिज्म—लेनिन
71. सेलेक्टेड वर्क्स—कार्ल मार्क्स एण्ड एंजिल्स
72. आन लिटरेचर—गोर्की
73. आर्ट एण्ड सोशल लाईफ—प्लेखानोव
74. आन आर्ट एण्ड लिटरेचर—लूनाचार्स्की
75. इल्यूजन एण्ड रियलिटी—काडवेल
76. द नेसेसिटी आफ आर्ट—अर्न्स्टफिशर
77. मार्क्सिज्म एण्ड पोयट्री—जार्ज थामसन
78. द पाथ आफ सोशलिस्ट लिटरेचर एण्ड आर्ट—चाऊ यांग
79. आन आर्ट एण्ड लिटरेचर—माओत्से तुंग
80. लिटरेचर एण्ड रियलिटी—हावर्ड फास्ट
81. स्टडीज इन यूरोपियन रियलिज्म—जार्ज लुकाच
82. सोशलिस्ट रियलिज्म इन लिटरेचर एण्ड आर्ट—प्रोग्रेस पब्लिशर्स
83. द टेकनीक आफ स्ट्रेंजर्नस इन सिंबोलिक पोयट्री—जेम्म एल कुगेल

84. द राइटर एण्ड हिज क्राफ़्ट—इलिया एहरेन बुर्ग
85. प्रीफेस टू ए कंट्रीब्यूशन टू द क्रिटीक आफ पोलिटिकल इकानामी—मार्क्स
86. आइडियोलाजी एण्ड आर्ट—अर्न्स्टफिशर

पत्र-पत्रिकाएँ

आलोचना, माध्यम, कल्पना, ज्ञानपीठ पत्रिका, राष्ट्रवाणी, वीणा, ज्ञानोदय, वातायन, नयी दिशा, नयी कविता, सामयिक, विचार, सर्वनाम, समारम्भ, हंस, समालोचक, धर्मयुग, सोवियत लिटरेचर, सोशल साइंटिस्ट।